KB272846

The
New Rules
of
Investing

투자의 새로운 규칙

The
New Rules
of
Investing

부의 격변기를
돌파하기 위한
핵심 전략

마크 H. 헤펠레
리처드 C. 모라이스 지음
송이루 옮김

위즈덤하우스

안드레아스, 한나, 힐러리, 레나, 위르크, 사이먼에게
이 책을 바친다.

세계적인 투자은행 UBS는 고객에게 새롭고 혁신적인 서비스를 제공하려고 끊임없이 노력해왔다. 그런 점에서 UBS 글로벌 자산관리 최고투자책임자(CIO) 마크 H. 헤펠레(Mark H. Haefele)가 집필한《투자의 새로운 규칙》을 세상에 소개하게 되어 매우 기쁘다.

이 책은 투자 전문가뿐만 아니라 모든 투자자가 반드시 읽어야 할 책이다. 독자는 이 책을 읽음으로써 21세기 들어 정부와 중앙은행이 시장에 개입하면서 전 세계 경제가 극적인 변화를 겪었음을 이해하게 될 것이다. 아울러 투자자 심리에 대한 새로운 통찰도 얻을 수 있다. 특히 160년에 걸쳐 축적된 스위스의 프라이빗뱅킹(private banking, 은행이나 증권사 등 금융기관이 높은 소득이나 상당한 자산을 보유한 부유층 개인 고객을 대상으로 자산을 관리해주는 맞춤형 종합 금융 서비스 – 옮긴이) 경험이 UBS의 독보적인 자산관리 시스템을 구축하는 데 어떻게 기여했는지도 엿볼 수 있다.

실제로 이 책에서 강조하듯, UBS가 창출하는 가치는 전 세계 최정상급 자산가 고객으로 구성된 글로벌 네트워크와 신뢰받는 금융 전문가들에게서 비롯된다. 이들 덕분에 UBS는 전 세계 각지에서 여러 세대에 걸쳐 부(富)를 관리하고 지키고 축적하는 전략을 실행할 수 있었다.

저자는 현대 자산관리의 이면에 자리한 '과학'과 알고리즘뿐 아니라 자산관리의 '기술'에도 주목한다. 고객의 깊은 고민과 열망을 반영하여 그들이 개인적으로 의미 있는 방식으로 기회와 도전을 탐색하도록 지원할 방법을 살펴보는 것이다. 독자는 이 책에서 이러한 기술에 대한 UBS의 독특한 관점을 이해하고, 특별한 고객이 제시하는 새로운 방향과 앞으로 수년 동안 투자가 전개될 방식에 대해서도 통찰을 얻을 것이다.

● **세르지오 에르모티**(Sergio Ermotti), UBS CEO

이 책은 '무엇을 사야 할까?'라는 질문에서 출발하지 않는다. 대신 '어떤 질서 속에서 투자해야 하는가'를 묻는다. 거대 자본의 움직임, 정부의 역할, 자산 배분의 중요성, 그리고 투자자의 심리까지. 시장의 단기 소음에 휘둘리기 쉬운 개인 투자자에게 이 책은 한 발 물러서서 전체 지형을 보게 만드는 지도 같은 역할을 한다. 특히 인상 깊었던 점은, 투자를 단순한 수익 게임이 아니라 삶의 안정과 선택의 자유를 넓히는 도구로 바라본다는 관점이다. 유동성·노후·상속이라는 버킷으로 자산을 나누는 방식은 복잡한 금융 이론을 현실적인 언어로 풀어낸 좋은 예다. 이 책에는 확신에 찬 예측보다 겸손한 태도가 담겨 있다. 그리고 그 겸손함이야말로 격동의 시대에 가장 강력한 투자 원칙임을 조용히 설득한다. 투자에 대한 시야를 넓히고 싶은 독자, 특히 장기적인 자산관리의 기준을 세우고 싶은 분들께 기꺼이 추천하고 싶은 책이다.

매일 차트와 뉴스를 보며 일희일비하고 있다면 당장 멈춰야 한다. 투자 성공의 90%는 종목 선정이 아니라 '자산 배분'에서 결정되기 때문이다. 이 책은 UBS가 160년간 지켜온 부자가 되는 원칙, 즉 '유동성(단기), 노후(장기), 상속(초장기)'이라는 세 가지 버킷 전략을 통해 흔들리지 않는 포트폴리오를 구축하는 법을 공개한다.

전 세계 슈퍼리치들의 자산 4조 달러를 움직이는 UBS의 마크 헤펠레는 개인의 감정과 편향을 배제하고, 생애 주기에 맞춰 자산을 시스템화하는 것이야말로 부를 지키고 늘리는 최고의 비결이라고 단언한다. 일단 이 책을 읽어야 한다. 160년 동안 이어져온 부의 비밀이 모두 앞에 하나씩 공개될 것이다. 당신의 계좌도 이제 슈퍼리치의 금고가 될 수 있다.

투자에서 좋은 성과를 내기 위해서는 무엇이 필요할까? 단순히 이론적 지식만으로는 부족하다. 수많은 사람들이 얽혀 있으면서도 나 스스로의 탐욕과 공포를 과감히 극복해야 하기에 인간에 대한 깊은 이해가 필요하고, 이를 실전을 통해 수차례 경험해볼 필요가 있다. 저자는 헤지펀드 운용 및 UBS에서 자산관리업을 수행한 실전 전문가로서 수많은 자산가 및 투자자들에게 해오던 소중한 조언들을 이 책에 담아 제시하고 있다. 기존의 이론서와는 달리, 어떤 방식으로 투자자의 심리적 불안을 극복하는지, 그리고 향후 돈이 향하는 방향은 어디인지, 마지막으로 미래의 투자는 어떻게 변해가게 될 것인지에 대한 청사진을 보여준다. 투자 이론을 넘어 보다 지속가능한 투자의 시계를 넓히고자 하는 독자에게 좋은 지침서가 될 것이다.

● 오건영(신한 프리미어 패스파인더 단장, 《환율의 대전환》 저자)

이 책의 저자가 들려주는 이야기를 들으며, 과거의 수많은 실수가 떠올라 괴롭기도 하고 또 미소 짓기도 했다. 저자가 2008년 글로벌 금융위기 당시 정부가 거대 은행을 구제해줄 것임을 확신한 베팅으로 돈을 벌 때, 필자도 보유하던 달러 예금을 팔아 삼성전자 등 한국의 수출주를 매수했던 시기가 겹쳤기 때문이다. 저자와 필자 모두 그때의 베팅으로 돈을 벌었지만, 그 뒤로 다시는 그런 투자를 하지 않는다는 점도 공통점이 있다. 왜냐하면, 시장이 붕괴될 때 단행된 강력한 베팅은 짜릿한 충족감을 주는 대신 "한순간만 삐끗했더라도 인생이 끝장나는" 공포감을 함께 안겨주기 때문이다.

특히 저자가 큰돈을 번 후 자산배분 투자자로 전향해 스위스의 투자은행 UBS에서 새로운 자리를 잡기로 결심하는 부분에서 무릎을 칠 수밖에 없었다. 자산 배분은 매일처럼 개별 종목을 쳐다보지 않아도 되기에, 삶과 일의 균형을 잡는 데 도움이 된다. 게다가 전체 자산군에 투자하면 상대적으로 예측이 쉽다는 장점이 있다. 더 나아가 서로 다른 방향으로 움직이는 자산, 예를 들어 미국 주식과 금에 분산 투자하면, 외부 충격으로 시장 전체가 무너질 때에도 귀중한 자산을 보호받을 수 있기에 훨씬 더 안정적인 투자 방법이라 할 수 있다. 오랜만에 필자의 성향과 비슷한 저자의 글을 읽게 되어 너무 기뻤다. 단시간 내에 수배 혹은 백 배 이상의 수익을 내는 종목을 고를 비법을 알려준다는 책이 지배하는 경제경영 도서 시장에 내려온 한줄기 빛 같은 책이라 생각되어 강력 추천한다.

● **홍춘욱**(프리즘 투자자문 대표, 《돈의 흐름은 되풀이된다》 저자)

21세기 투자 환경이 근본적으로 달라졌음을 읽기 쉬운 문체로 전달하고, 투자자들이 새롭게 등장한 강력한 변화의 흐름과 충격에 어떻게 대응해야 하는지 설명한다. 현재 진행 중이거나 앞으로 전개될 구조적 변화는 부채(Debt), 탈세계화(Deglobalization), 탈탄소화(Decarbonization), 디지털화(Digitalization), 인구 구조(Demographics) 등 5대 파괴적 변화(5D)로 요약된다. 이 책은 급변하는 세상 속에서 방향을 잡는 데 유용한 틀을 제시한다.

● **마이클 스펜스**(Michael Spence), 2001년 노벨경제학상 수상자

월스트리트 업계 사람들은 대체로 복잡한 글로벌 거시 경제 문제가 21세기 부의 형성에 미치는 실질적인 영향을 일반 대중에게 이해하기 쉽게 설명하지 못한다. 그러나 마크 헤펠레는 예외다. 그는 고객과 자신의 인생 경험에 역사학자로서 예리한 통찰을 더해, 오늘날 시장에

서 정부 개입이 판도를 어떻게 바꾸는지, 개인들의 재무적 고민이 어떻게 재무적 성과를 망칠 수 있는지, 그리고 그 문제를 어떻게 바로잡을 수 있는지 생생하게 보여준다. 이 책은 그 자체로 '투자할 만한 가치'가 있다.

● **진 채츠키**(Jean Chatzky), HerMoney.com 최고경영자

매일 쏟아지는 시장의 소음에서 진정으로 중요한 신호를 포착하고, 현대 투자자들이 시장과 포트폴리오, 세계 정세를 새로운 시선으로 바라보도록 도와준다.

● **데이비드 M. 루벤스타인**(David M. Rubenstein), 칼라일 공동 창립자 겸 회장

나는 마크가 지난 10년 동안 어려운 글로벌 환경 속에서도 탄탄한 투자 전략을 성공적으로 실행하는 모습을 지켜봤다. 그의 접근 방식은 매우 효과적이다.

● **악셀 A. 베버**(Axel A. Weber), 전 독일연방은행 총재, 전 유럽중앙은행 정책 위원회 위원

내 이름은 마크 H. 헤펠레다. 아마 나에 대해 들어본 독자는 거의 없을 것이다.

나는 스위스 취리히에 본사가 있는 유니버설 은행(은행업과 증권업을 겸하는 종합금융사 - 옮긴이)인 UBS에서 글로벌 자산관리 최고투자책임자로 일하고 있다. 미국의 평범한 중산층 가정에서 태어난 내가 어쩌다 보니 스위스 은행가가 되어 어두운 정장을 차려입고 전 세계 부유한 개인과 가문을 상대로 투자 자문 서비스를 제공하기에 이르렀다. 나는 대중에게 잘 알려지진 않았지만 영향력 있는 인물로 평가받곤 한다. 그렇다고 해서 내가 틱톡(TikTok)에서 활동하는 다른 인플루언서들처럼 치와와에게 입을 맞추거나 테일러 스위프트(Taylor Swift)의 히트곡을 립싱크하는 동영상을 찍어 올릴 일은 없을 것이다.

나는 취리히에 있는 평범한 사무실에서 세계 최대 규모로 손꼽히는 사모펀드의 투자 프로세스를 총괄하고 있으며, 이러한 이력을 바탕으로 전 세계 투자자들에게 신뢰를 얻었다.

구체적으로 말하자면, 내가 이끄는 팀은 UBS가 관리하는 투자 자산 5조 7000억 달러 가운데 4조 달러에 대해 투자 관리와 자문을 맡고 있으며,[1] 그중 우리 팀이 적극적으로 운용하는 고객 자산 규모는 3500억 달러다. 참고로 세계적인 투자 거장 워런 버핏(Warren Buffett)이 버크셔 해서웨이(Berkshire Hathaway)에서 운용하는 포트폴리오 자산이 약 3000억 달러라는 점을 고려하면, 우리가 다루는 자산 규모를 대략 짐작할 수 있을 것이다.[2]

내가 하는 일을 간단히 소개하자면 이렇다. 2022년 10월, UBS는 독일 함부르크에 있는 5성급 호텔 폰테네이(Fontenay)를 통째로 대관했다. UBS가 주최한 행사에 참석하려고 전 세계에서 비행기를 타고 독일로 건너온 훌륭한 억만장자 고객 40명이 서로 편안하게 교류하도록 안전하고 사적인 공간을 폰테네이에 마련한 것이다. 이 행사는 매우 중요한 자리였기에, 내 상사이자 자산관리 부문 사장이던 이크발 칸(Iqbal Khan)이 탁월한 역량을 발휘하며 모든 과정을 세심하게 기획하고 주관했다. 칸은 회계감사인이자, 당시 전 세계에서 가장 폭넓은 인맥을 보유한 프라이빗뱅커 중 한 명이었다. 그는 행사에 초청할 고객을 신중하게 선별하고 모든 세부 사항을 살뜰히 챙겼다. 나는 그 자리에서 당시 뉴스 헤드라인을 장식한 지정학적 사건들이 몰고 올 나비 효과를 주제로 전 세계 전문가를 인터뷰할 예정이었다.

11월을 겨우 며칠 앞둔 시점이었지만, 날씨가 너무 따뜻해서 알스터 호수의 오리들도 이곳에 남을지 아니면 남쪽으로 건너갈지 갈피를 못 잡고 있었다. 그런데 어리둥절한 건 오리뿐만이 아니었다. 이 행사에 모인 대단히 부유하고 영향력 있는 사람들과 매주 개인적으로 대화를 나누며 얻은 한 가지 교훈이 있다면, 그것은 세상이 어떤 식으로든 변했다는 사실이다.

정신이 번쩍 들게 하는 충격적인 논평도 있었다. 참석자의 신원을 밝힐 수는 없지만, 그날 내가 진행한 오전 세션에서 어떤 유럽연합(EU) 국가의 전직 대통령이 한 발언은 매우 놀라웠다. 그는 러시아와 우크라이나가 수년 동안 전쟁을 이어갈 것이며, 푸틴이 물러난 이후에도 러시아가 EU와 정상적인 관계를 회복하는 데 적어도 20년은 걸릴 것이라고 주장했다.

나는 즉시 청중에게 시선을 돌려 유럽에서 계속되는 전쟁이 장기적으로 초래할 결과를 재고할 필요성을 강조했다.

행사가 진행된 3일 동안 나는 고객과 일대일로 만나 그들이 목표를 달성할 수 있도록 지원할 방법을 모색했고, 그사이 금융 업계와 정부 지도자의 연설도 이어졌다. 아시아와 미국에 있는 소식통에 따르면, 전 세계가 중국 본토와 대만의 관계를 예의주시하는 가운데, 중국은 겉으로는 러시아를 지지하면서도 미국의 심기를 건드리지 않으려 애를 쓰고 있었다. 실제로 미국의 제재를 위반하거나 러시아에 물자를 지원하는 방식은 피한 것이다.

우크라이나를 침공한 이후 러시아 시장의 급락을 보여주는 차트는 가히 충격적이었다. 만일 남중국해에서 적대 행위가 발생하여 그보다 훨씬 중요한 환태평양 경제권이 혼란에 빠진다면 전 세계 시장에 러시아 사례보다 충격적인 참극이 벌어질 게 분명했다. 우리 팀은 바로 이런 일을 한다. 우리는 가상 시나리오가 불러올 정치적·도덕적 파급효과를 모두 제쳐두고 시장을 편견 없이 분석하면서 다음과 같은 질문을 던진다. '고객의 포트폴리오는 세상이 시장에 어떤 충격을 가하더라도 견딜 수 있을 만큼 충분히 견고한 상태인가?'

우리는 구체적으로 이렇게 자문했다. '태평양 연안에서 전쟁이 벌어진다면 그 혼란의 여파를 완화할 수 있는 포트폴리오 헤지 전략은 무엇인가?'

한편 상승장을 예고하는 긍정적인 정보도 있었다. 러시아·우크라이나 전쟁 속에서도 한 줄기 희망은 유럽이 러시아산 석유와 가스 사용을 신속히 줄이고 친환경 에너지 인프라를 빠르게 확충하고 있다는 점이다. 이 사실을 뒷받침하듯, 행사가 끝나고 며칠 뒤 프랑스 상원에서 전국의 대형 주차장 건물 옥상에 태양광 패널 설치를 의무화하는 법안이 통과되었다. 이에 따라 프랑스에서는 11기가와트 규모의 에너지가 생산될 전망인데, 이는 원자력 발전소 10기의 생산량과 맞먹는 양이다.[3]

보스턴에서 건너온 세계 최고 수준의 과학자들은 이번 행사에서 특정 암을 퇴치하는 최첨단 면역항암제가 초기 발견 단계에서 실험실이 아닌 컴퓨터상에서 빠르게 개발되고 있다는 소식을 전했다. 한편 미래학자들과 한 노벨 경제학상 수상자는 노동의 미래와 생산성을 논하면서 이제 사람들이 원하는 새로운 근무 방식에 맞춰 도시 자체가 재창조되어야 할 때라고 강조했다.

임팩트 투자(impact investing)는 지구를 보호하는 수단으로 자주 언급되는 주제다. 국제연합(UN)에서는 연일 암울한 소식을 알리고 탄소 배출량 목표 미달에 관한 학술 연구가 이어지고 있지만, 매년 전 세계

총생산(GDP)의 2퍼센트를 환경친화적 기술과 인프라에 투자하면 치명적인 기후 변화를 막을 수 있다는 희망적인 이야기가 전해졌다.

행사 마지막 날, 독일 함부르크에 개관한 몽블랑 하우스(Montblanc Haus) 박물관에서 축하 만찬이 열렸다. 디지털 시대를 대표하는 한 기업의 공동 설립자가 무대에 올라 "스스로 혁신하지 않는 기업은 살아남지 못할 것"이라고 선언했다. 이 시대의 성공한 기업들은 "위험을 감수하는" 문화를 갖추고 "실패할지라도 끊임없이 시도하며"[4] 미래 성공의 기반이 될 진정한 보석을 찾아 나서야 한다. 행사에 참석한 금융 전문가들도 변화에 적응해야 한다는 사실을 모두 인지했을 것이다.

그들은 내게 어떻게 해야 할지를 물었다.

이 책은 이와 같은 시대의 요구에 부응하려면 투자 방식을 어떻게 획기적으로 바꿔야 하는지를 주제로 다룬다.

UBS에서 우리 팀이 관리하는 자산 규모가 상당했기 때문에 그만큼 많은 자원을 바탕으로 고객에게 더 나은 투자 결정을 내리는 데 필요한 정보를 수집하고 제공할 수 있었다. 하지만 시장에서 대규모 자본을 옮긴다는 것은, 내가 감독하는 투자 결정이 자본시장의 방향을 좌우할 수 있음을 의미한다. 이러한 이유로 전 세계에서 가장 강력한 금융기관들과 (앞서 말한 폰테네이에 모인 억만장자 40명과 같은) 부유층은 최근 우리 팀이 시장을 바라보는 관점과 눈여겨보는 투자 종목, 투자 방

법 등을 알고 싶어 한다.

물론 그런 기관과 고객만을 대상으로 이 책을 쓰지는 않았으며, 월스트리트 전문가들에게 국한된 내용만 다루지도 않는다.

이 책은 당신에게도 도움이 될 것이다. 일반 독자인 당신이 더 나은 투자자로 거듭나 평생에 걸쳐 다양한 물질적·비물질적 부를 꾸준히 축적하도록 지원할 것이다. 이 책에서 제시하는 금융과 경제에 대한 기술적 설명을 다 이해하지 못해도 괜찮다. 기술은 더 나은 투자자가 되는 데 핵심 요건이 아니다. 장담하건대 이 책을 끝까지 읽는다면 시장이 실제로 작동하는 방식을 더 깊이 이해할 뿐만 아니라 평생에 걸쳐 더 큰 부를 창출하는 방법에 관한 실용적인 팁도 얻을 것이다.

이 책에서 설명할 내용을 간단히 정리하면 다음과 같다.

- 돈의 흐름을 추적하고, 급변하는 세상을 이해하는 방법
- 이러한 변화로 더욱 복잡해진 투자 환경
- 이러한 변화 속에서 투자 접근법을 바꿔야 하는 이유
- 자산관리사의 도움을 받아 자산 배분 솔루션에 투자하는 고객보다 스스로 투자하는 자기 주도형 고객의 위험 조정 수익률이 더 저조한 이유
- 부를 세 가지 포트폴리오 '버킷'으로 나눠 관리해야 하는 이유
- 자기 자신을 이해하고 재무적 고민을 투자 과정에 통합하는 것이 중요한 이유
- 오늘날 탁월한 투자자들이 미래에 투자하는 방식을 혁신하려고 활

용하는 임팩트 투자 기법

- 돈의 흐름을 추적하면 21세기 중반에 달라질 투자 판도를 예측할 수 있는 이유
- 투자자로 성공하려면 반드시 길러야 할 겸손한 태도

어쩌면 당신은 내가 왜 이러한 지식을 공유하려 하는지 의문이 들 것이다.

간단히 말하자면 나는 이제 50대 중반이 되어 이력서보다는 묘비명을 쓰는 데 더 관심을 쏟아야 할 인생 후반부에 이르렀다. 이 책이 그동안 내가 쌓은 지식과 경험을 세상에 환원하는 수단이 되길 바란다.

그런데 이는 다소 거창한 답변에 속한다. 좀 더 실질적이고 중요한 진실을 밝히자면, 나는 앞으로 25년 동안 투자에 대한 내 생각을 글로 기록하고 명확하게 표현해야겠다고 느꼈다. 미래의 투자는 여러 면에서 과거 25년과는 다른 양상을 띨 것이기 때문이다. 더 나아가 오늘날 일반 투자자들이 오랜 세월에 걸쳐 검증된 많은 투자 규칙을 그대로 적용한다면 오히려 부를 위협받을 수 있다.

미래를 위한 성공적인 투자의 열쇠는 대규모 민간 자본과 공공 자본의 흐름이 어디로 향하는지 이해하고, 이를 투자 과정에 통합하는 데 있다. 이것은 아무리 강조해도 지나치지 않다. 지난 수십 년 동안 자본시장에서 일어난 중대한 변화는 세계 경제에서 정부가 수행하는 역할이 확대되었다는 점이다. 이는 우리의 투자 방식을 뒤흔들 만큼 강력한 영향을 미쳤다.

성공적인 투자자가 되는 또 다른 열쇠는 자신이 어떤 사람인지, 역량이 어느 수준인지 파악하고 겸손한 태도로 투자하면서 부의 혜택이 어떻게 흘러갈지를 이해하는 것이다. 제2의 워런 버핏이 되고 싶은가? 좋다. 그렇다면 이 책에서 유용한 정보를 찾을 수 있을 것이다. 그러나 그와 동시에 이 책에는 버크셔 해서웨이를 선택한 버핏과 똑같은 방식으로 주식을 고를 수는 없다는 주장도 담겨 있다. 그동안 세상이 너무 많이 변했기 때문이다. 그래도 괜찮다. 사실 투자 계획을 적절히 조정하기만 한다면 변화는 오히려 좋게 작용할 수도 있다.

1970년대에 유행한 투자 이론은 이제 더는 유효하지 않은 구시대적 방식이 되고 있다. 버핏이 추구하는 가치 투자 형태(기업의 수익 잠재력 대비 저평가된 종목을 찾아내는 투자 기법으로서 지금도 이를 찬양하는 신간이 수백 권씩 쏟아지고 있다)로 종목을 고르는 방식은, 대다수가 투자와 자산관리에 대해 배울 때 시간을 많이 쏟아야 할 주요 분야는 아니다.

그렇다고 해서 수백 개 기업의 재무제표를 분석하며 저평가된 보석 같은 종목을 찾아내는 것이 불가능한 일은 아니다. 저가 매수의 재미를 부정하는 것도 아니다. 그러나 부를 창출하는 전략으로서 저가 매수가 예전만큼 효과적이지는 않다. 최근에는 온갖 거시적·구조적 변화가 수년에 걸쳐 전개되고, 또 여전히 진행되는 까닭에 저평가된 주식이 언젠가 다시 인기를 끌기를 기대하면서 매수하는 전략은 이제 금융시장에서 실패할 수 있다. 물론 뛰어난 실력을 갖춘 소수의 사람들은 지금도 이러한 저가 매수 전략을 구사할 수 있다. 그러나 이 오래된 기법을 더는 예전과 똑같은 방식으로 쓸 수 없다는 사실을 많은 전문가가 인정했다.

　오늘날 버핏과 같은 가치 투자자이면서 헤지펀드인 그린라이트 캐피털(Greenlight Capital)에서 뛰어난 성과를 거둔 인물로 유명한 데이비드 아인혼(David Einhorn)조차도 가치 투자 방식을 바꿀 수밖에 없었다고 공개적으로 밝혔다. 그는 시장을 "근본적으로 망가진" 상태로 평가했다. 또 전통적인 투자 기법이 무너진 원인으로 시장을 완전히 장악한 패시브(수동적) 투자를 꼽았다. 아인혼은 최근 블룸버그 라디오(Bloomberg Radio)의 〈마스터스 인 비즈니스(Masters in Business)〉에서 "가치 투자 업계는 전멸했다"라고 말했다.[5]

　이 책의 1부에서는 내가 30년 전 가치 투자자로 투자를 시작한 이후로 투자 업계가 어떻게 변화했는지 살펴보고, 오늘날 성공적인 투자 전략을 세우고자 한다면 왜 이러한 큰 변화를 이해해야 하는지 설명한다. 나는 지난 30년 동안 성공적인 투자 전략 개발에만 초점을 맞추는 것은 대다수에게 부를 효과적으로 보호하고 불리는 방법이 아니라고 배웠다. 차별화된 내 투자관은 상당한 영향력을 휘두르는 전 세계 투자자들을 상대하며 프라이빗뱅커로서 쌓은 지식과 경험에서 비롯된다고 볼 수 있다.

　나는 헤지펀드에서 경력을 쌓은 후 현재 UBS 글로벌 자산관리 부문의 집행위원회에서 프라이빗뱅커로서 최장기간 근무하고 있다. 놀랍게도 스위스 금융계라는 비밀스러운 업계의 내부자가 된 것이다. 다시 말해 나는 세계에서 가장 부유하고 영향력 있는 수백 개 가문을 직접 만나 그들의 부를 지키고 불릴 방안을 논하는 업무를 맡고 있다.

전 세계 억만장자들과 수십만 투자자들은 가문의 부를 대대로 지키고 불리기 위해 UBS를 찾는다. 그 과정에서 내가 그들에게 부에 대해 알려준 것보다 그들이 내게 알려준 것이 훨씬 많다. 그들이 부를 축적하는 과정에서 보여준 태도와 자산 활용 기법은 경쟁이 치열한 재테크 서적 분야에서 이 책을 돋보이게 하는 매력적인 요소가 될 것이다.

사람들이 투자 아이디어를 실제 포트폴리오에 효과적으로 적용하는 방법을 알지 못한다면, 아무리 훌륭한 투자 이론일지라도 사실상 쓸모없고 위험을 초래할 수도 있다. 만약 UBS의 자산관리사가 잠재 고객을 처음 만나는 자리에서 가치를 입증하여 신규 사업을 수주하고 유지할 능력을 갖추지 못한다면 UBS는 사실상 UBS답지 못한 셈이 된다. 그들은 일반 투자자에게 UBS에 자산을 맡길 만한 가치가 있다고 어떻게 입증할까? 나는 지난 160년 동안 이론상으로나 존재하는 '합리적 행위자' 또는 상위 1퍼센트 상류층뿐만 아니라 실제 일반 사람들에게도 효과가 있다고 입증된 실질적인 '핵심 노하우'를 이 책에 공개하려 한다.

지식이 항상 전문가에게서 고객에게로 일방적으로 전달되는 것은 아니다. 지식은 반대 방향으로도 흐른다. 내가 헤지펀드 매니저를 그만두고 억만장자를 상대하는 자산관리사가 되었을 때 당시 고객들을 만나면서 알게 된 중요한 사실이 있다. 그것은 바로 내가 약 30년 전 처음 투자 업계에 진출했을 때 유행하던 방식을 사람들이 그대로 포트폴리오에 적용하여 투자 자산을 관리하고 있을 가능성이 크다는 점이다. 그런데 성공한 고객들은 이와는 대조적으로 부를 관리한다. 이는 매우 중요한 차이다. 이와 같은 세계관은 부유층이 어떤 사고방식으로 돈을 인식하고 삶의 질을 높이는 도구로 활용하는지, 그리고 최상위 고객들이 이러한 사고방식을 바탕으로 어떻게 전혀 다른 투자 방식에 집중하게 되었는지 이해하는 데 도움이 된다. 나는 오늘날 투자 세계를 바라보는 이들의 관점을 살펴보고 이들의 발자취를 따라가는 방법을 설명한 다음, 이 모든 자산관리 기법을 실제 고객 사례와 함께 소개할 것이다.

자산관리와 투자의 본질적 차이를 이해하려면 고객이 결국 다 같은 사람임을 인식해야 한다. 고객은 저마다 다른 삶을 살고 있으며 많은 경제경영서와 투자서가 가정하는 '이론상으로 존재하는 이익 극대화 기계'가 아니다. 세상의 어떤 교과서도 현실 세계에서 실제로 인간이 어떻게 투자하는지 알려줄 수 없다. 그래서 나는 돈에 관한 개인적인 고정관념처럼 '비본질적' 문제를 다루는 데 시간을 할애하려 한다. 그래야 당신의 투자 프로세스가 궁극적으로 매일매일의 인기 주식이나 인덱스 펀드를 추적하는 데 국한되지 않고, 부를 관리하고 축적하는 활동으로 폭넓게 확장될 것이다.

부디 절망하지 않길 바란다. 아무리 부유하고 재능이 뛰어난 사람일지라도 투자는 혼란스럽게 느껴지기 마련이다. 내가 제시하는 새로운 투자 규칙은 이러한 미시적 쟁점과 우리가 살아가면서 새롭게 접하는 거시적 현실을 두루 다룰 것이다. 또 끊임없이 변화하는 투자 환경 속에서 직접 또는 타인과 협력하여 부를 관리하는 데 활용하도록 견고하고도 실행할 수 있는 틀을 제시할 것이다.

본격적으로 투자에 뛰어들기 전에 이 책에서 반드시 이해하고 넘어 가야 할 중요한 개념이 있다. 바로 투자자의 관점에서 자산을 배분하는 방법을 익히고 재무적 고민을 깊이 이해하여 스스로 투자 성과를 망치지 않아야 한다는 점이다.

하지만 지난 수십 년 동안 시장이 어떻게 변했고, 그에 따라 투자 전략을 어떻게 바꿔야 하는지 파악할 때 가장 중요한 점은 자본의 흐름을 읽는 것이다. 오늘날 시장을 형성하는 것은 정부의 개입이다.

이와 같은 중대한 거시적 쟁점은 투자자의 모든 활동에 영향을 미친다. 따라서 이 책에서는 포트폴리오 구성의 본질과 부를 포괄적으로 관리하는 방법을 다루기에 앞서, 시장의 대대적인 전환부터 설명하고자 한다. 1장에서는 세상이 변화함에 따라 5대 파괴적 변화(5D)를 중심으로 투자 사고방식을 어떻게 재구성해야 할지 논한다.

2장과 3장에서는 2007~2009년 금융위기 때 정부가 매수하는 자산을 덩달아 매수하는 전략이 어떻게 새로운 투자 방식으로 부상했는지, 그리고 이 전략을 앞으로 어떻게 활용할 수 있을지 살펴본다. 4장에서는 투자 환경이 변화했다는 점을 인식해야 하지만 여전히 성공적인 투자 전략의 핵심은 자산 배분의 기본 원칙이라는 점을 강조한다.

5장에서는 투자자 본인을 알아가는 것에 대한 실질적인 조언을 담고 있으며, 평균 이상의 수익을 달성하고 싶은 투자자에게 자신을 이해하는 것이 중요한 이유를 설명한다. 훌륭한 투자자가 되고 싶다면 투자라는 게임에서 타인과 경쟁하고 이기는 것에만 몰입해선 안 된다. 버핏과 그의 멘토가 지적했듯이, 돈과 관련된 감정적인 문제를 통제하고 잘 다룰 수 있어야 한다.

6장에서는 160여 년 동안 실제 고객들과 함께한 UBS가 전통적인 금융과 행동 금융을 결합한 UBS 웰스 웨이(UBS Wealth Way) 투자 시스템을 구축하게 된 계기를 논할 것이다. 이 현실적인 투자 방식은 고객 수천 명이 투자 수익을 끌어올리고 투자 계획을 더 크게 확신하도록 지원했다.

UBS 웰스 웨이는 유동성, 노후, 상속이라는 세 가지 전략을 결합한 접근 방식이다. UBS 파이낸셜 서비스(UBS Financial Services Inc.)와 금융 전문가들은 고객이 다양한 생애 주기에 걸쳐 자산관리의 목표와 필요성을 탐색하고 추구하도록 지원하는 데 이 방식을 활용한다. 그러나 이 접근 방식은 자산 증식이나 재무적 성과를 보장하지 않으며, 모든 투자에는 원금 손실을 포함한 위험이 따른다. 투자 기간도 달라질 수 있다. 전략은 고객의 개별 목표와 목적, 적합성에 따라 달라진다.

7장과 8장에서는 21세기에 새롭게 떠오르는 투자 경향에 주목한다. 혁신적인 고객들이 직접 만들고 선도하는 흐름을 짚어본다. 이 책은 실제 고객 사례를 토대로 이들이 어떻게 개인적인 목적과 의미를 투자 결정에 반영하고, 이 시대의 중요한 문제를 중심으로 투자를 진행하여 기존 규칙을 무너뜨리고 있는지 보여줄 것이다. 또 마지막 주제로 현재 소수의 엘리트가 수행하고 있는 임팩트 투자 기법이 앞으로 주류로 발전할 가능성이 있는지도 논할 것이다.

마지막 장에서는 추가 규칙을 다룬다. 겸손한 태도는 투자자의 자질 중 가장 과소평가되는 요소다. 시장이 큰 변동성을 보일 때 겸손은 스스로 그 가치를 증명할 것이며, 이러한 가르침은 앞서 언급한 모든 규칙에도 적용될 수 있다.

이 책을 다 읽고 나면 전 세계에서 수집된 실제 고객 사례를 바탕으로 투자 이론을 충분히 습득하게 되어, 효과가 입증된 투자 방식을 직접 실행할 수 있을 것이다. 이로써 자신에게 적합한 투자 방식과 직접 관리할 자산의 범위를 현명하게 결정하고, 자산관리사나 투자 전문가를 선택할 때 고려해야 할 요소도 분명히 알게 될 것이다.

이 책에서 소개하는 다양한 도구가 배움의 여정에 실질적인 도움이 되어 만족할 만한 투자 성과와 과정으로 이어지길 바란다.

차례

The
New Rules
of
Investing

거대 자본을 따라
움직여라

지난 5년 동안 새로운 감염병과 백신 접종, 전쟁, 인플레이션, 정부 개입, AI(인공지능)의 발전 등 인류 역사상 유례없는 변화의 파도가 전 세계를 휩쓸었다. 금리[1]와 유가[2]가 마이너스로 전환되고 오랫동안 잠잠했던 인플레이션[3]이 다시 고개를 들었다. 미국 국채 등급은 또다시 강등되었다.[4] 핵전쟁의 위협을 상징하는 '운명의 날 시계(Doomsday Clock)'의 시곗바늘이 자정에 더욱 가까워졌고(인류에게 핵 위협을 경고하려고 미국 시카고대학교에서 처음으로 고안한 시계인데, 인류 멸망까지 남은 시간을 상징적으로 보여주며 자정에 가까울수록 위기가 심각해졌음을 의미한다. ─옮긴이),[5] 전 세계 지도자들은 기후 변화와 AI 중 어느 쪽이 인류에게 더 큰 실존적 위협으로 다가올 것인지에 대해 엇갈린 의견을 내놓았다. 한편 도시화로 인구 구조가 바뀌고 전 세계 인구의 99퍼센트가 건강에 해로운 공기를 들이마시고 있다.[6] 이제 모든 신생아가 세상에 태어나기도 전에 미세플라스틱이 축적된 태반에 노출된다.[7]

많은 고객이 내게 고백하길, 급변하는 세계에서 어떻게 투자해야 할지 혼란스러울 뿐만 아니라 인류에 대한 실존적 위협이 전례 없이 쌓여가는 현 상황에 두려움을 느끼고 있다고 했다.

그런데 투자자들이 말하듯이 세상이 정말 그렇게 확 바뀌어버린 걸까? 월스트리트에서 활동하는 노련한 투자자들이 흔히 말하는 '요즘 같은 시대'는 이전에도 언제나 존재했으며, 또 다른 격언처럼 '세상은 그리 자주 멸망하지 않는다'는 사실을 되새기는 것이 중요하다. 내가 보기에 돈의 흐름을 따라가면 투자 업계가 극적으로 변화했음을 비교적 쉽게 알 수 있다. 이제 투자자들은 자유 시장에 대한 생각을 재정립해야 한다. 엄밀히 말해 시장은 예전만큼 자유롭지 않기 때문이다.

하지만 투자 업계가 변했다고 생각하는 사람은 고객들만이 아니다. 이 책의 제목인《투자의 새로운 규칙(The New Rules of Investing)》을 보고 짐작했겠지만, 나 역시 거의 30년 전 헤지펀드를 설립했을 때와 비교하면 현재의 투자 환경이 크게 바뀌었다고 본다.

정부와 경제

최근 몇 년 동안 미국의 GDP(국내총생산) 대비 정부 지출은 특히 코로나19 팬데믹 이후로 대폭 증가했다. 각국 정부는 의도적으로 경제를 봉쇄했다가 경제를 다시 활성화하려고 대규모 경기부양책을 시행하는 등 전례 없는 비상조치를 취했다. 다음 도표에서 볼 수 있듯, 정부 지출이 최근 몇 년처럼 막대한 수준으로 치솟은 건 제2차 세계대전 시기뿐이었다.

미국의 GDP 대비 정부 지출은 코로나19 위기에 대응하고자 일시적으로 급증한 것이 아니라 그 이후로도 계속 증가세를 이어갔다. 제2

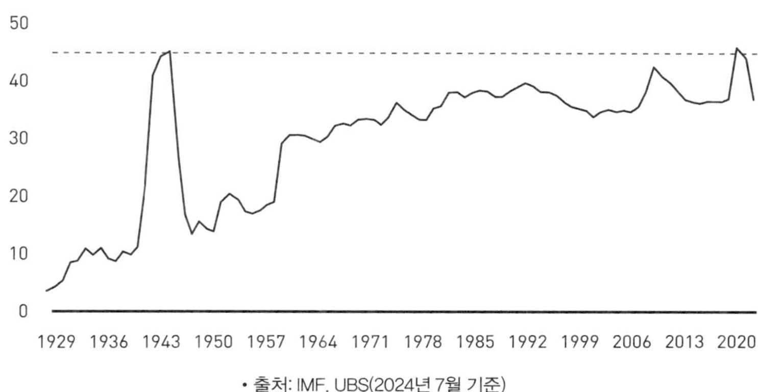

• 출처: IMF, UBS(2024년 7월 기준)

차 세계대전 이후 정부 지출은 곧장 10퍼센트 후반대로 떨어졌지만, 코로나19 팬데믹 이후 정부 지출은 GDP의 35~40퍼센트를 유지하고 있다. 미국의 GDP 대비 정부 지출 비율은 어느 정당이 집권하든 지난 수십 년 동안 꾸준히 증가하는 추세를 보였다.

돈의 흐름을 따라가려면 정부 지출을 이해해야 한다. 정부 지출이 야말로 거대 자본(Big Money)이기 때문이다. 계속 늘어난 미국 정부 지출은 이제 국가 경제의 3분의 1 이상을 차지하며 점차 민간 부문을 밀어내고 있다[정부 지출이 늘어나면 금리가 상승해 민간 투자가 줄어드는 구축 효과(crowding-out effect)가 발생한다. ─ 옮긴이].[8]

투자자라면 이러한 변화가 긍정적이든 부정적이든 미국의 '자유 시장' 경제에서 일어났을지라도 간과할 수는 없을 것이다.

판단을 유보하라

나는 자산관리사로서 정부와 시장이 교차하는 영역을 연구하는 데 일생을 바쳐왔다. 따라서 정부 개입에 대한 논의가 사람들의 감정을 자극하리라는 것도 잘 알고 있다. 어떤 사람들은 정부 보조금을 이용하여 이익을 추구해야 한다는 제안에 크게 반발할 것이다. 나 역시 사람들이 그러한 제안을 불쾌하게 받아들이는 이유를 충분히 이해한다. 하지만 내가 고객들에게 반복해서 강조했듯, 자유 시장에서 하향식 개입이 정치적으로 옳은지 그른지에 대한 개인적 견해는 중요하지 않다.

물론 나도 더 바람직한 사회와 세상이 어떤 모습이어야 하는지에 대해 내 나름의 철학이 있고, 개인적인 삶에서는 그러한 견해를 지지한다. 그러나 직업적 삶에서 고객들은 내게 다른 조언을 구한다. 그들은 세상이 어떻게 작동해야 하는지가 아니라 실제로 어떻게 작동하는지를 설명해달라고 말한다.

당신이 세상과 다음 세대의 미래를 걱정하고 외부 세계를 대할 때 도덕과 규범이 중요하다고 믿는 사람이라면, 정치 성향이 어느 쪽에 속하든 내가 제시하는 '냉철한' 투자 전략을 그대로 따르기는 어려울 것이다. 이러한 관찰자적 태도를 언제 버려야 하는지, 그리고 내 고객들이 어떻게 자신의 가치관을 투자에 성공적으로 반영하여 세상에 긍정적인 영향을 미치고 있는지는 뒤에 설명할 것이다.

세상이 점점 위험해지고 있는가에 대한 논쟁은 잠시 미뤄두자. 그 대신 각국 정부가 2023년에 국방비 지출을 9퍼센트 늘려 사상 최고치를 기록했는데, 이에 따라 어떤 자산이 혜택을 누리거나 소외될 수 있는지를 살펴보자. 국방비 지출은 사실상 전 세계 경제보다 3배 더 빠르게 성장하고 있다.[9]

이 책에서는 기후 변화의 존재와 원인, 해결책을 논하는 대신 돈의 흐름을 따라갈 것이다. IEA(International Energy Agency, 국제에너지기구)의 집계에 따르면, 2023년에는 화석 연료 채굴보다 이른바 '청정에너지'에 50퍼센트 이상 많이 투자했으며 이러한 추세는 계속 증가했다.[10] 텍사스주는 흔히 거대 석유 업계의 중심지로 여겨지지만, 2023년에는 청정에너지와 운송에 대한 공공 및 민간 투자가 37퍼센트 증가한 2390억 달러에 달했다.[11] 이는 그리스의 전체 GDP와 맞먹는 금액이다.[12] 좀 더 자세히 살펴보면, 러시아·우크라이나 전쟁 전후를 막론하고 텍사스주의 경제 규모는 놀랍게도 러시아를 넘어선다(텍사스산 보드카도 유명하다[13]).

나는 경제의 작동 방식을 이해하려면 도덕적 관념을 배제한 접근법을 취하고, 현재 상황을 냉철하게 관찰하고, 투자 과정에서 정치적 또는 종교적 이념을 배제해야 한다고 고객에게 조언한다. 돈의 흐름과 데이터를 추적하고, 그 흐름이 전하는 세상의 내용을 분리해서 생각하라고 권한다. 그러나 많은 이는 이러한 내 접근 방식을 받아들이기 힘들 것이다. 마치 법도를 거스르는 것도 모자라 부모님이 가르쳐주신 행동 양식에서 완전히 어긋나는 투자 방식을 강요하는 것처럼 들릴 수도 있다.

그렇게 느끼는 건 당신뿐만이 아니다. 나는 사무실에서 회의할 때 개인적인 투자 견해를 밝혀달라는 요청을 받곤 한다. 그러면 정부 정책이 미칠 재정적 파급효과에만 초점을 맞추고 (투자자로서) 그 정책이 불러올 도덕적 또는 사회적 여파나 후유증에는 완전히 무관심한 태도를 보인다. 그때 상대방의 표정만 봐도 속으로 무슨 생각을 하는지 알 수 있다. '정말 이상한 사람이군'이라는 눈초리로 나를 쳐다보니까.

당신도 그렇게 생각하는가? 그 마음은 충분히 이해한다. 하지만 초도덕적(amoral) 투자 접근법과 비도덕적(immoral) 투자 접근법 사이에는 미묘하지만 본질적인 차이가 있다는 점을 지적해야겠다. 나는 오히려 시장의 초도덕적 현실, 즉 시장이 도덕과 무관하게 자본 흐름의 변화에 실질적으로 반응하는 방식을 면밀히 살펴보는 태도 자체가 일종의 덕목이 될 수 있다고 주장하고 싶다.

판단하지 말고 그저 관찰하라.

나는 당신이 이러한 마음가짐을 얻도록 '평온을 비는 기도(Serenity Prayer)'를 권하고 싶다. 중독자 등을 대상으로 하는 회복 프로그램에 자주 사용되는 이 기도는 전 세계 여러 종교와 영적 사상에서 다양한 형태로 나타나는 세계관을 담고 있다.

신이시여, 내가 바꿀 수 없는 것을 담담히 받아들일 수 있는 평온함을, 바꿀 수 있는 것을 과감히 바꿀 용기를, 그리고 이 둘을 구별할 수 있는 지혜를 주소서.[14]

투자자의 관점에서 볼 때, 나는 이 평온을 비는 기도에 표현된 일종의 비영적이면서 금융시장에 특화된 세계관을 제안하는 셈이다. 시장의 현실과 세계 상황에 맞서 싸우지 마라. 현실을 그대로 받아들이되,

당신이 통제할 수 있는 부분을 바꿔라. 그것이 우리 앞에 펼쳐지는 새로운 현실과 당신의 투자 전략이 맞아떨어지는 방식이 될 것이다. 이 책에서 제시하는 어려운 조언을 따를 때는 높은 목표를 마음에 새기는 것이 중요하다. 그 목표는 부를 신중하게 불리고 관리하는 동시에 궁극적으로 당신에게 큰 의미가 있는 도덕적 사명을 추구할 수 있는 자원을 확보하는 데 집중하는 것이다.

큰 성공을 거둔 초고액 자산가 고객 중 일부는 이를 실천하고 있다. 그 과정에서 상당수는 임팩트 투자로 엄청난 개인적 만족을 얻고 깊은 도덕적 사명감을 느낀다. 임팩트 투자에 대해서는 뒤에 더 자세히 다룰 것이다.

정부 지출은 한 가지 문제일 뿐

이제 그동안 정부 지출 변화에 따라 투자 방식이 어떻게 변했는지에 대한 주제로 돌아가보자. 이전 차트에서 볼 수 있듯이 GDP에서 정부 지출이 차지하는 비율은 국가의 재정 지출, 즉 뉴스에서 자주 언급되는 재정 정책을 나타낸다. 재정 정책은 정부 지출과 조세로 경제에 영향을 미치는 행위를 말한다. 세부 내용은 논외로 하고, 여기에서는 단순하게 '지출'로 부르기로 하자. 그런데 투자와 관련해 중요한 또 다른 정부 지출이 있다. 바로 통화 정책이다. 통화 정책은 중앙은행이 성장과 고용을 촉진하려고 수행하는 조치를 가리킨다.

오늘날 가장 중요한 매수 또는 투자 중 일부는 이전 차트에도 나타

2008년 금융위기 이후 대폭 확대된 연준 자산

연준의 재무상태표, 총자산(조 단위, 미국 달러)

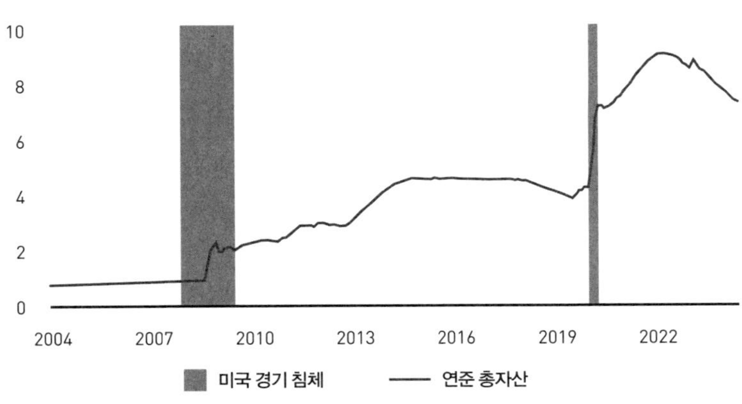

• 출처: 세인트루이스 연방준비은행, UBS(2024년 7월 기준)

나지 않는 정부 지출이다. 여기에서 말하는 지출은 미국 연방준비제도(Federal Reserve, 이하 '연준')와 기타 중앙은행들이 시행하는 자산 매입 프로그램을 의미한다. 이 매입 프로그램은 보통 양적완화(quantitative easing)라고 불리며 경제 성장을 촉진할 목적으로 시행된다. 이들이 실제로 목표를 달성했는지는 논외로 하자. 중요한 점은 6조 달러 이상의 채권, 주식, 주택담보 관련 자산 매입이 금융시장과 투자자들에게 상당한 영향을 미쳤다는 사실이다.[15] 위 차트는 글로벌 금융위기가 닥친 후 연준이 금융 자산의 주요 매수자로 부상한 과정을 보여준다. 투자자들은 이 시점을 계기로 시장의 작동 방식이 근본적으로 바뀌었음을 반드시 인식해야 한다.

나는 이 장의 서두에서 인류에게 실존적 위협을 가하는 변화에 고객들이 점점 부담을 느끼고 있다고 언급했고, 이어서 정부 지출과 자산 매입을 보여주는 차트를 제시했다. 왜 그랬을까?

변화에 효과적으로 대응하려면 최신 뉴스를 보고 느낀 두려움을 투자 위험과 기회로 전환해야 한다. 다시 말해 변화가 일어나는 영역을 인식한 다음 투자 관점에서 그 변화를 이해하고, 그 지식을 행동으로 전환해야 한다.

더 나아가 나는 문제를 단순히 문제 자체로 보는 것이 아니라 기회로 인식하도록 이끌 것이다. 고객들이 문제를 인식하고 부담을 느낀 채 은행에 찾아와 도움을 청할 때, 우리는 그들이 보고 느끼는 바를 이해할 수 있도록 지원한다.

우리가 현재 세상을 이해하고자 하는 방식은 투자 환경을 바꿔 새로운 위험과 기회를 창출하고 있는, 이른바 5대 파괴적 변화(5D)를 둘러싼 우려를 재구성하는 것이다. 거대 자본의 흐름을 따라가다 보면 그 자본이 결국 정부 지출이며, 정부가 자본을 투입해야 하는 훨씬 심각한 문제들을 파악할 수 있다. 그 문제들이 바로 5D다.

5D는 부채(debt), 탈세계화(deglobalization), 인구 구조(demographics), 디지털화(digitalization), 탈탄소화(decarbonization)를 의미하며 순서는 상관없다. 이 모든 파괴적 변화는 직간접적으로 정부 지출과 관련이 있고, 이 모든 변화는 어느 한 기업, 섹터, 자산군, 시장, 국가, 지역을 넘어 거대한 트렌드를 이룬다. 5D는 전 세계 경제를 관통하는 세계적 흐름이다. 나는 이 5D를 시작으로 변화하는 세상이 어떻게 S&P 500 기업의 다음 분기나 내년 실적 전망이 아닌, 더 큰 구조적 문제를 중심으로 투자 전략의 상당 부분을 재구성하도록 만들고 있는지 보여주려 한다.

부채의 역설

"은행에서 빌린 100달러를 갚지 못한다면 그것은 당신의 문제지만, 은행에서 빌린 100만 달러를 갚지 못하면 그것은 은행의 문제"라는 오랜 격언이 있다. 빌린 금액이 307조 달러라면 그것은 누구의 문제일까?[16]

현재 전 세계 부채 규모는 307조 달러에 달한다.

부채는 역사적으로 수많은 개인과 기업, 국가를 파산에 이르게 했지만, 선진국들은 여전히 국가 부채를 늘려왔다. 미국에서 GDP 대비 부채 비율은 1980년 31퍼센트에서 2020~2021년 코로나19 팬데믹 기간에 133퍼센트로 치솟았다가 현재는 약 122퍼센트 수준으로 다시 하락했다.[17]

미국의 국가 부채가 35조 달러[18]에 이르자 당파 색이 없다고 알려진 의회예산국(CBO) 국장 필립 스와겔(Phillip Swagel)은 재정이 '유례없는' 궤도에 진입했으며 이는 통화 위기를 초래할 위험이 있다고 경고했다.[19] 연준 의장 제롬 파월(Jerome Powell)은 "어쩌면 이미 늦었을 수도 있지만, 이제는 연방정부가 재정 상태를 지속 가능한 수준으로 되돌릴 수 있도록 선출된 공직자들이 성숙한 논의를 시작해야 할 때"라고 공개적으로 밝혔다. 미국 재무장관 재닛 옐런(Janet Yellen)도 의회에 출석하여 연방정부가 다시 "재정 책임"을 지는 데 집중하는 것이 "매우 중요"하다고 강조했다.[20]

현재 미국 정부는 국방 예산보다 더 많은 금액을 국채 이자 상환에 쓰고 있다.[21] 미국 의회예산국은 2030년에 정부의 이자 비용이 GDP

의 3.3퍼센트에 이를 것으로 전망했다. 이는 1991년에 기록한 제2차 세계대전 이후 최고치 3.2퍼센트보다도 높은 수치다.[22] 최근 미국은 기간에 따라 다소 차이는 있지만 일본(GDP의 236퍼센트), 그리스(GDP 의 185퍼센트), 이탈리아(GDP의 134퍼센트)에 이어 세계에서 넷째 또는 다섯째로 부채 비율이 높은 선진국으로 꼽혔다.[23]

이 수치는 산업화 국가들의 장기 부채 지속가능성을 우려하는 투자자가 점점 많아지는 이유를 설명해준다.[24] 선진국들이 미래 어느 시점에 재정 적자를 충당하는 데 어려움을 겪을 위험을 고려해서 시장은 그 보상으로 국채에 더 높은 금리를 요구할 수 있다. 이는 신용등급이 낮은 사람이 대출을 받을 때 더 높은 금리를 적용받는 것과 같다. 국가 부채 수준이 높아지면 연쇄적으로 투자자들이 느끼는 불확실성이 커진다. 금리 상승은 경제 성장에 압박을 가하고 정부가 거두는 세수도 줄어들게 만들 수 있다.

이 모든 부채가 투자자들에게 의미하는 바는 그리 단순하지 않다. 나와 다른 동료 투자책임자들이 보기에 부채가 누구의 문제인지는 명확하지 않다. 한 가지 위험은 투자자들이 앞으로 금리와 부채에 대한 최종 결정권이 시장에 있다고 가정하는 것이다. 그러나 실상은 시장이 아닌 정치가 이 문제에 개입할 것이다. 특히 저금리는 정부가 세금, 지출과 관련하여 어려운 결정을 미루는 데 도움이 될 수 있다. 따라서 높은 정부 부채가 일상으로 여겨지는 새로운 세상에서는 채권과 같은 '안전' 자산이 위험해지고 주식이 상대적으로 안전해지는 상황을 결정하는 주체가 시장이 아닌 정치라는 점을 명심해야 한다.

정책 입안자가 선호하는 위기 극복 방안은 견고한 경제 성장을 바탕으로 부채를 줄이는 것이다. 이는 정부와 민간 자본이 투자하는 세 가지 분야, 즉 광범위하게 활용되는 AI와 풍부한 재생에너지, 활성화된 지역 공급망으로 실현될 수 있다. 그러나 이러한 투자가 더 높은 성장과 생산성으로 이어지지 않는다면 다른 수단이 필요할 수도 있다.

정부가 모든 부채를 시장 가격에 상환할 것이라고 가정해서는 안 된다. 정부는 공정하게 행동할 필요가 없다. 억지로 금리를 내릴 수도, 채무 불이행을 일으킬 수도, 인플레이션을 촉발할 수도 있다. 석유가 풍부한 러시아는 1998년 루블화 표시 국채에 대해 채무 불이행을 선언하여 전 세계를 충격에 빠뜨렸다.[25] 그 후 2022년 러시아는 러시아·우크라이나 전쟁으로 해외 자산이 동결되자 외화 표시 국채에 대한 이자를 지급하지 못하게 되면서 또다시 사실상 채무 불이행 상태에 빠졌다.[26] 최근에는 전 세계적으로 중앙은행들이 국채 매입 프로그램을 실행하여 정부 부채의 금리를 인위적으로 낮추고 있다. 중앙은행은 명목상으로는 독립 기구이지만 궁극적으로는 부채를 발행하는 정부와 같은 책임을 진다.

각국의 높은 부채 수준은 이제 전 세계적인 문제가 되었다. 투자 환경을 전망하는 일은 단순히 자유 시장 안에서 증권의 적정 가치를 찾는 문제를 넘어 훨씬 복잡한 과제가 되었다. 앞으로 일부 포퓰리스트 (populist, 대중의 인기에만 기대어 권력을 유지하려는 정치인—옮긴이)가 이끄는 국가를 비롯한 여러 국가에서 급증하는 부채 부담을 어떻게 처리할지는 아무도 알지 못한다.

그러나 투자자의 관점에서 볼 때, 부채 문제를 해결할 첫 번째 단서를 여기에서 찾을 수 있다. 바로 다양한 정치 경제권을 고려하여 포트폴

　　　　　　　　　　　　　　　　　　　　　　　　　규칙 1

리오를 전 세계로 분산해야 한다는 점이다. 설사 한 국가가 채무 불이행 상태에 빠지거나 높은 인플레이션으로 피해를 보더라도, 다른 정치 경제권에서는 각기 다른 선택에 따라 전혀 다르거나 더 나은 결과가 나타날 수도 있다.

시장에서 정부의 역할이 확대되는 것은 시장에서 정치가 차지하는 비중이 점점 커진다는 것을 의미한다. 이에 따라 투자자들이 저평가된 주식이나 채권을 찾아내는 데 사용하는 공정가치 산정 방식의 중요성은 예전만 못하다. 즉 시장의 결과를 좌우하는 예측 불가능한 요인이 존재한다는 뜻이다. 아직 정치 분석이 금융 분석을 완전히 대체하는 단계에 도달하지는 못했다. 정치 과학자들조차 유권자와 정부의 행동을 여전히 정확히 예측하지 못하고 있다.

그러나 이 새로운 세상을 알 수 있는 몇 가지 사실이 있다. 예를 들어, 과도한 부채를 안고 있는 세상은 광범위한 디플레이션을 감당할 수 없다. 디플레이션이 발생하면 임금과 세수가 정체되어 기존 부채를 상환하기가 더욱 어려워진다. 반대로 인플레이션이 발생하면 실제로 경제가 성장하지 않더라도 임금과 세수가 증가하여 기존 부채를 상환하기가 더 수월해진다. 정책 입안자들이 디플레이션을 얼마나 두려워하는지는 이미 그들이 디플레이션을 막으려고 취한 극단적인 조치에서 드러난다.

금융위기의 여파로 디플레이션 위험이 고조되자 중앙은행들은 사상 초유의 마이너스 금리 정책을 도입했다. 소비와 위험자산 투자를 촉진하고, 물가를 끌어올리고자 소비자가 은행에 돈을 맡기기만 해도 수수료를 지불하게 만든 것이다. 반대로 2019년 덴마크의 한 은행은

세계 최초로 주택담보대출을 받는 사람들에게 돈을 지급했다.[27]

코로나19 팬데믹 기간에 디플레이션 위험에 직면한 미국과 유럽 정부들은 결국 인플레이션 폭등으로 이어지는 정책을 선택했다.[28]

투자자들은 부채가 늘어난 환경에서 전반적으로 인플레이션 위험이 증가한다는 사실을 인식해야 한다. 정치인과 정책 입안자들은 재정 문제를 완화하려고 전통적으로 약간의 인플레이션을 선호하는 경향이 있다. 인플레이션은 서서히 복리로 누적되므로 유권자에게 즉각적인 충격을 주지 않으면서 재정 부담을 덜어주는 해결책일 수 있다. 그러나 인플레이션은 전통적으로 안전자산으로 여겨지는 현금이나 채권을 장기간 보유하기 어렵게 만든다. 대부분의 채권은 구매력에 상관없이 고정된 이자를 지급한다. 과거에는 1달러로 버번위스키 넉 잔을 구매할 수 있었는데 오늘날에는 기껏해야 작은 생수 한 병을 살 수 있듯, 시간이 지날수록 1달러의 실질 구매력은 감소한다. 한편 예금 금리는 인플레이션율보다 낮은 경우가 많은데, 이는 시간이 지날수록 현금의 구매력이 줄어든다는 것을 의미한다.

이와 대조적으로, 상품이나 부동산 같은 자산은 인플레이션과 함께 가치가 상승하는 경향이 있다. 부동산은 사람들이 언제든지 돈을 지불할 의사가 있는 필수재이기 때문이다. 마찬가지로 가격 결정력이 있는 기업은 인플레이션이 발생하는 기간에도 가격을 인상할 수 있으므로, 그러한 기업의 주식은 인플레이션에 맞춰 수익이 증가할 수 있다. 물론 인플레이션과 연동된 채권과 같이 인플레이션에 따라 지급액이 증가하는 채권도 있다.

암호화폐가 만병통치약은 아니다

전 세계 금융 질서가 언젠가 부채의 무게에 짓눌려 위기를 겪거나 붕괴할 수 있다는 발상은 당연히 생존 본능을 자극했고, 이는 현재의 금융 시스템에서 벗어나 새로운 체제를 만들기 위해 어떤 수단이라도 동원하려는 움직임으로 이어졌다. 암호화폐(cryptocurrency)가 부상한 배경에는 의도가 무엇이든 이러한 생존 본능이 숨어 있다. 하지만 나는 암호화폐가 정말 세상을 구원할 수 있을지 의문이 든다.

정부 관료들은 암호화폐를 기존 금융 시스템에 대한 위협이자 자금 세탁의 도구로 인식했고,[29] 이 때문에 비트코인이 단기간에 50퍼센트 하락했을 때[30] "이미 폭락 가능성을 경고한 바 있다"라는 식으로 비트코인을 평가절하 했다. 미국 재무장관은 국민에게 "적절한 감독과 규제"가 결여된 암호화폐의 "극단적 위험성"을 날카롭게 경고했다.[31]

정부가 궁극적으로 암호화폐를 규제하여 전 세계 금융 질서에 편입시킬 것인지, 아니면 암호화폐가 현 체제를 위협하는 대체 금융 자산으로 남을 것인지는 아직 불확실하다. 최근 암호화폐에 투자하는 ETF(상장지수펀드)가 승인되어 시장에 출시된 이후 비트코인 가격은 다시 상승세를 보이고 있다. 이러한 흐름은 암호화폐 관련 사기 사건들이 드러난 이후로 암호화폐라는 새로운 자산군이 규제를 받는 주류 금융시장에서 거래되고 중산층의 신뢰를 얻으면서 조금씩 제도권에 편입되고 있음을 시사한다.[32] 물론 정치인들이 유권자의 표심을 얻기 위해 암호화폐 정책 개정을 언급할 가능성은 항상 존재한다. 일부 정치권에서는 미국 정부가 비트코인 준비금을 비축한다는 이야기도 흘러나오고 있지만, 한 국가가 자국 통화의 독점적 지위를 스스로 약화

하는 조치를 본격적으로 추진할 가능성은 극히 낮아 보인다.[33]

사실 암호화폐가 대체 자산으로 자리 잡는 것을 목표로 계속 나아간다면 이 산업은 결국 심판의 날에 직면할 수 있다. 내가 이와 같은 결론에 도달한 이유는 역사가 남긴 교훈 때문이다. 정부는 시장의 힘과 시장 가격을 일정 수준까지 용인하겠지만, 시장 가격이나 경쟁 자산이 기존 금융 시스템을 파괴하도록 내버려두지는 않을 것이다. 결국 주권과 법정 통화를 위협하는 것은 어느 것도 허용되지 않는다.

예를 들어, 대공황(Great Depression) 시기에 금은 현금, 주식, 채권에 비해 지나치게 매력적인 자산으로 떠올랐다. 공포에 휩싸인 대중은 달러를 금으로 바꾸어 금을 사재기했고, 이는 시장에서 유동성을 빨아들이는 계기가 되었다. 미국 정부는 당시 금융 시스템 전체를 위협하는 경쟁 자산으로 인식된 금에 강력한 제재를 가하기에 이른다.

1933년 3월, 긴급은행법(Emergency Banking Act)이 제정되었다. 이 법은 금융기관들이 보유한 모든 금화와 관련 증서를 정부에 제출하도록 강제할 권한을 미국 재무장관에게 부여했다.[34] 이후 프랭클린 D. 루스벨트(Franklin D. Roosevelt) 대통령이 서명한 집행명령에 따라 긴급은행법이 개정되어 확대 적용되었다.[35] 정부가 금을 압수할 수 있게 되면서 미국 내 많은 부유층이 수십 년간 해외 은행 금고에 금을 숨겨야 했다. 1974년에야 제럴드 포드(Gerald Ford) 대통령이 마침내 루스벨트 대통령의 행정명령을 폐지했고, 의회는 다시 미국 시민에게 금을 소유할 권리를 돌려주었다.[36]

이처럼 자국민을 대상으로 강경한 조치를 취한 국가는 미국뿐만이 아니었다. 1959년 호주는 개인이 소유한 금을 압수하는 법을 통과시켰다. 1966년 영국 정부는 자국민이 금화나 은화를 네 개 이상 소유하는 것을 금지했고, 이 법은 1979년까지 유지되었다.[37]

이는 단순히 과거 사례가 주는 교훈을 넘어 변치 않는 원칙이다. 위기 상황에서 정부와 당대의 정치인들은 현 상태를 유지하고 금융 시스템의 전면적인 붕괴를 막기 위해 기상천외한 조치를 취할 것이다. 2007~2009년 글로벌 금융위기 당시 미국 정부가 여러 차례 실수를 저지른 끝에 금융 시스템을 살리려고 취한 극단적인 조치에 대해서는 3장에서 자세히 살펴볼 것이다. 전(前) 유럽중앙은행(ECB) 총재 마리오 드라기(Mario Draghi)의 발언은 당시 절체절명의 위기에 몰린 유럽 정부의 보편적 세계관을 아주 잘 묘사했다.[38]

2012년 여름, 유럽의 국가 부채 위기로 유로화의 존립 자체가 흔들리자 드라기는 런던에서 열린 글로벌 투자 콘퍼런스에서 이렇게 선언했다. "ECB는 유로화를 지키는 데 필요한 모든 조치를 취할 준비가 되어 있습니다. 저를 믿어주십시오. 그것만으로 충분할 것입니다."[39]

우리는 "필요한 모든 조치를" 취해야 하는 시대에 살고 있다.

암호화폐가 기존 금융 질서를 위협할 만큼 경쟁력 있는 수단으로 인식되고 있으며, 정부의 개입에서 벗어나 금과는 다른 운명을 맞이할 수 있다고 믿는 사람들은 스스로를 기만하는 것이나 다름없다. 전 세계 암호화폐 시장은 2023년 말 기준으로 약 1조 7000억 달러[40] 규모에 달한다. 투자자들에게 충분한 유동성을 갖춘 매력적인 시장으로 보이지만, 이는 미국 상업용 부동산 시장의 14분의 1 규모에 불과하다. 상업용 부동산은 더 견고하지만 일반적으로 투자자들의 포트폴리오에서 차지하는 비율이 낮은 이색적인 자산군이다.[41] 나는 암호화폐가 여전히 매우 규모가 작은 자산군이므로 정부가 마음만 먹으면 얼마든지 전 세계 시장에 큰 충격을 일으키지 않으면서 억제할 수 있다는 점을 지적하고 싶다.

그렇기에 나는 암호화폐에 끌리는 사람들을 우려하지 않을 수 없다. 기존 체제를 이해하고 그에 맞는 투자 방식을 익히기보다는 암호화폐를 통해 현 체제에서 벗어날 수 있다고 생각하는 사람이 점점 늘어나고 있다. 그 과정에서 이들이 평생 모은 재산을 잃을 위험이 더욱 커질 수 있다.

금은 인플레이션을 대비하는 전형적인 포트폴리오 헤지 수단으로 자주 언급된다. 다만 절망적인 시기에, 절박해진 정치인들이 국민이 보유한 금을 몰수한 역사적 사례가 종종 잊히고 있다는 게 문제다. 게다가 금은 주식처럼 배당금을 지급하지도 않는다. 그래서 금을 저렴한 가격에 매수할 기회가 주기적으로 나타날 수 있지만, 우리 투자팀은 장기적인 전략적 자산 배분에서 금을 제외하고 있다. 인플레이션에 대비하는 더 나은 장기적 역사적 대안을 다른 자산군에서 찾을 수 있다고 보기 때문이다.

경제에 작용하는 인플레이션 압력으로 시장이 동요하는 상황에서, 우리는 인플레이션을 상쇄하고자 이른바 우량주에 대한 자산 배분을 늘리고 있다. 재무 상태가 탄탄하고 현금 흐름이 양호한 세계적인 브랜드 기업들은 전 지역에 사업장이 분산되어 있어 인플레이션이 상승하더라도 가격 인상을 감당해낼 수 있다. 물론 단기적으로 주식은 채권보다 변동성이 크지만, 이 새로운 투자 환경에서는 안전자산과 위험자산의 의미를 재정의해야 할 것이다.

탈세계화: 주요 경제 주체들의 분열

미국의 공식적인 국가 안보 전략은 중국과 중국의 동맹국들이 국제 질서를 중국의 이익에 맞게 재편하려는 시도를 저지하는 것이다.[42] 그런 반면에 중국은 미국의 패권과 현 상태를 유지하려는 시도를 미국의 실책이자 약점으로 여긴다.

이러한 갈등은 다양한 방식으로 전개될 것이다. 예컨대 미국이 2023년 가을에 첨단 AI 칩의 대중국 수출을 금지하자 중국은 미국을 상대로 갈륨과 저마늄 수출을 제한한 데 이어 흑연 수출까지 통제하며 맞대응에 나섰다. 모두 전기차 생산에 필요한 핵심 소재다.[43]

이는 일회성 사건이 아니었다. 유럽부흥개발은행(European Bank for Reconstruction and Development, EBRD)의 2023년 연구에 따르면, 핵심 제품의 30퍼센트가 어떤 형태로든 무역 제한 조치를 겪었다. 이는 2015년 5퍼센트와 대조되는 수치다.[44] 결과는 어땠을까? 미국과 유럽, 중국이 점점 제재, 관세, 수출 제한 조치를 주고받는 가운데, 전 세계 GDP에서 무역이 차지하는 비율은 당분간 정점을 찍고 내리막길을 걷게 될 가능성이 크다. 이러한 긴장은 전 세계를 공존하기 힘든 금융, 무역, 기술 영역으로 분열시킬 위험을 키운다.

이 모든 것이 투자자들에게는 무엇을 의미할까?

단기적으로 지정학적 긴장은 인플레이션을 더욱 부추길 수 있다. 미국과 중국 간 긴장이 고조되면서 발생한 주요 결과 중 하나는 양국이 주변 국가에 상당한 투자를 해왔다는 점이다. 예를 들어, 멕시코는 중국을 제치고 미국의 최대 교역국으로 올라섰다.[45] 아시아 지역에서

공급망이 전환되고 재편되면서 인도와 베트남 같은 국가들도 비슷한 수혜를 누리고 있다.[46]

그러나 가장 저렴하고 효율적으로 상품을 생산할 수 있는 지역(예: 중국)에서 더 안전하게 상품을 공급할 수 있는 지역(예: 베트남이나 멕시코)으로 공급망을 옮기는 과정에서 소비자 가격이 상승할 가능성이 있다. 인플레이션은 현금과 같은 '안전한' 자산의 가치를 체계적으로 잠식할 것이므로, 지정학적 위험을 피해 이러한 자산을 선택하는 것은 자산 가치를 지키는 데 도움이 되지 않을 것이다.

게다가 지정학적 긴장은 특정 시장의 위험을 높일 가능성이 있다. 주요 부품의 공급이 언제든지 중단될 수 있는 세상에서 소비자 수요 예측만을 근거로 전기차 제조업체에 투자하는 것은 그리 합리적이지 않은 선택일 수 있다. 이제 다양한 공급망을 갖춘 섹터와 기업에 분산 투자하는 것이 투자자들에게는 더욱 중요한 과제가 되었다.

결국 투자자들은 자국의 정치적 환경이 투자 지역의 정치적 환경과 어떻게 상호작용 할지 더 깊이 고민해야 할 것이다. 2022년 러시아 증권에 투자한 유럽인이나 미국인은 돌연 전액 손실이라는 결과를 맞닥뜨리게 되었다. 투자 가치 자체가 증발했기 때문이 아니라 해당 자산이 투자자 본인에게 더는 가치가 없어졌기 때문이다(당시 미국을 비롯한 주요국이 우크라이나 침공에 대한 보복 조치로 러시아 자산을 동결하는 등 제재를 가했다. ─옮긴이).

탈세계화에는 단순히 위험뿐만 아니라 기회도 존재한다는 점을 인식해야 한다. 전 세계 국방 예산의 증가는 각국의 에너지 안보, 사이버 보안, 수자원 안보 분야에 대한 지출 확대를 불러왔고, 관련 분야의 인프라와 서비스를 제공하는 기업들의 수익 증대로 이어졌다.

포트폴리오 관점에서 볼 때, 미국과 중국의 영향권이 점점 금융, 무역, 기술 영역으로 분리되는 현상은 꼭 나쁜 일만은 아니다. 밀접하게 연결된 세계는 효율적인 동시에 취약하다. 어느 한 지역에서 경기 침체가 발생하면 전 세계 경제가 위축될 수 있다. 따라서 역설적으로 지역 간 연결성을 줄이면 어떤 면에서는 세계 경제 성장을 더욱 견고하게 다질 수 있고, 투자자들은 다양한 정치 진영에 분산 투자하여 포트폴리오 다각화를 확대할 수 있다.

인구 구조: 급증하는 고령 인구

인구를 안정적으로 유지하려면 여성 한 명당 출생아 수가 2.1명이어야 한다.[47] 2024년 한국의 합계출산율은 0.75명으로 집계되었다. 이는 2015년 1.24명이라는 이미 낮은 수준에서 거의 반토막 난 수치다. 중국은 한 자녀 정책을 폐지한 지 거의 10년이 지났지만 출산율이 2017년 1.81명에서 2022년 1.09명으로 하락했다.[48, 49] 결과적으로 인구는 줄어들 것이다. 중국의 인구는 현재 약 14억 명이지만 감소세로 전환하여 2080년에는 10억 명 아래로 떨어지고, 2100년에는 8억 명으로 줄어들 것으로 전망된다.[50] 한국의 인구는 몇 년 전 5200만 명으로 정점을 찍었으며 2080년에는 무려 40퍼센트 가까이 줄어 3100만 명 수준으로 급감할 것으로 전망된다.[51] 이와 같은 추세가 전 세계적으로 이어지고 있다. EU 인구는 2020년에 7억 4600만 명으로 최고점을 찍었으며, 2080년에는 6억 2400만 명으로 감소할 것으로 전망된다.[52] 선진국 중에서는 미국만 예외로 꼽힌다. 현재 미국의 인구는 3억 3600만 명이며 2080년까지 3억 9100만 명으로 늘어난 뒤 증가세가 둔화될 것으로 예상된다.[53]

인구는 감소하고 있지만 동시에 고령화가 진행되고 있다. 2050년에는 80세 이상 인구가 4억 5900만 명에 달할 것으로 예상된다. 이는 2021년의 1억 5500만 명에서 약 세 배 증가한 수치다. 같은 해 전 세계 65세 이상 인구는 16억 명에 이를 전망이다.[54]

경제 성장은 노동과 자본 투자, 생산성의 증가로 결정되므로, 다른 모든 조건이 동일하다면 인구가 줄고 은퇴자가 늘어날수록 잠재적인 경제 성장은 둔화할 것이다. 더 나아가 노동자 대비 은퇴자의 비율이 높아지면 부양해야 할 인구가 많아져 부채 부담도 증가할 수 있다. 고령층이 더 많은 공공 서비스를 소비하는 반면, 소득세를 납부하여 공공 서비스 비용을 떠받칠 노동자는 줄어들기 때문이다. 노동자는 줄어드는데 은퇴자의 수요는 더욱 늘어나니 물가가 치솟을 가능성도 있다. 자동화와 AI가 일부 역할을 대체할 수 있겠지만 간호, 미용, 청소 등 서비스 분야에 로봇이 본격적으로 투입되기까지는 아직 상당한 기간이 필요해 보인다.

이처럼 장기간에 걸쳐 나타나는 거대한 변화의 여파가 전 세계로 확산하고 있다. 고령화에 직면한 고소득 국가들의 노동력 수요가 증가하면 이들 국가로 저소득 국가 출신 노동자의 이주가 늘어날 수 있고, 이에 따라 정치적 긴장이 더욱 고조될 수 있다. 현재 국경을 넘는 이민자 수가 1990년 1억 5300만 명에서 크게 늘어나 연간 2억 8100만

명에 이를 것으로 추정된다. 이는 전 세계 인구 28명 중 한 명이 이민자임을 의미한다.[55]

그러나 투자자들에게 이와 같은 인구 구조 변화는 또 다른 의미를 지닌다. 미국은 이미 GDP의 18퍼센트 이상을 헬스케어 산업에 지출하고 있으며,[56] 2023년 미국 정부 지출의 무려 14퍼센트가 메디케어 (Medicare, 미국 정부가 65세 이상 국민에게 제공하는 건강보험－옮긴이)에 투입되었다.[57] 헬스케어는 변화하는 인구 구조에 따라 점점 성장하는 산업이다.

많은 개발도상국이 인구 고령화와 소득 증가를 경험하고 있지만, 1인당 의료비 지출은 선진국의 절반 수준에 불과하다.[58] 인구 구조의 변화와 의료 기술의 급속한 발전, 공공 및 민간 부문의 의료비 지출 증가와 결합은 이 시대를 관통하는 견고한 트렌드 중 하나이며, 투자자에게는 기회로 작용할 수 있다.

디지털화: AI 혁신

AI의 부상은 생산성 향상의 시대를 예고한다. 자체 분석한 바에 따르면, AI는 미국에서만 생산성을 연간 0.3~2퍼센트씩 점진적으로 증가시킬 수 있다.[59]

그러나 AI 분야는 인구 구조나 부채만큼 명확하지 않다. 지난 2년 동안 챗지피티(ChatGPT)가 제품 생산 방식에 실질적으로 어떤 영향을 미쳤는지 생각해보자. 몇 가지 사례를 들 수는 있겠지만, 그 영향력을 정량화하기는 어렵다. 다만 AI 기술이 지난 2년 동안 금융시장에 상당한 영향을 미쳤다는 점은 분명히 알 수 있다. 챗지피티는 현대 AI의 잠재력을 직관적으로 보여주었고, 투자 열풍을 일으키며 수많은 포트폴리오에 활력을 불어넣었다.

S&P 500 지수에 속하는 7대 기업, 이른바 매그니피센트 세븐 [Magnificent Seven, 알파벳(Alphabet), 아마존(Amazon), 애플(Apple), 메타(Meta), 마이크로소프트(Microsoft), 엔비디아(Nvidia), 테슬라(Tesla) 등 빅테크 기업―옮긴이]에 투자한 사람들은 AI의 수혜를 누리고 있다. 2023년 S&P 500 기업들은 시가총액이 8조 2000억 달러 증가했는데, 그중 매그니피센트 세븐의 시가총액 증가분만 5조 1000억 달러에 달했다.[60]

물론 가장 큰 화두는 '다음은 무엇인가?'다. 오늘날 투자자들은 AI가 경제 성장이나 인플레이션, 실업률에 어느 정도 기여할지를 주제로 많은 시간을 들여 토론한다. 이 질문에 대한 답은 아직 너무 불확실해서 투자자들에게 큰 의미가 없어 보인다. 그러나 이 새로운 산업에는 주목할 만한 몇 가지 측면이 있다.

AI의 수혜자는 기존 기업과 선두 기업

AI 솔루션을 개발하려면 인재를 유치하고, 데이터를 수집하고, 컴퓨터 성능을 높이고, 소비자에게 다가가야 한다. 이러한 요소를 확보하려면 규모의 경제가 뒷받침되어야 하며, 기존 기업들은 이미 이러한 기반을 갖추고 있다. 결국 AI 발전의 최대 수혜자는 앞으로도 기존 IT 대기업들이 될 가능성이 크다.

AI와 지정학의 교차점

AI는 지정학과 점점 더 밀접하게 연결되고 있다. 각국은 기술적 우위를 확보하려고 AI 군비 경쟁에 뛰어들고 있으며, 이는 지정학적 긴장으로 이어질 수 있다. 최근 미국이 AI 기술에 취한 제한 조치와 중국의 보복 조치가 이러한 흐름을 잘 보여준다.[61] AI의 전략적 중요성이 커지면서 지정학적 변화는 AI 산업에 상당한 영향을 미칠 것이다. 이 같은 변화를 주의 깊게 관찰해야 한다.

AI로 폭증한 에너지 수요

AI는 인류가 소유한 에너지 용량의 한계를 시험할지도 모른다. 미국의 일부 지역은 이미 수용할 수 있는 데이터 센터의 한계에 도달했다.[62] 버지니아주가 대표적이다. 버지니아주의 데이터 센터 245곳에서는 총 3.6기가와트 전력을 소비한다.[63] 캘리포니아주도 비슷한 상황이다. 캘리포니아주에는 데이터 센터 208곳이 있는데, 그중 53곳이 샌타클래라에 밀집해 있다.[64] 여기에는 정치적 측면도 있다. AI 서비스를 제공하려면 당장 데이터 센터를 늘려야 하지만, 신규 발전소 건설은 재생에너지 도입 같은 정책과도 문제가 얽혀 있기에 매우 더디게 진행된다.

현재 투자자가 집중해야 하는 기업을 꼽아보자면 다음과 같다.

우선 AI 개발을 주도할 수 있는 규모와 자원을 갖춘 기술 기업에 더 집중해야 할 시점이라고 생각한다. 이는 분산 투자 개념과 상충할 수 있지만, 나는 '승자를 놓치지 않는 것'이야말로 분산 투자 전략을 지지하는 논리라고 본다.

둘째, 지정학은 AI 산업의 성과를 좌우하는 데 점차 중요한 역할을 할 가능성이 크기 때문에 투자자는 지정학적 동향을 꾸준히 파악하고 관련 위험을 완화하도록 포트폴리오를 분산할 방안을 고려해야 한다.

마지막으로, AI 때문에 늘어나는 에너지 수요는 도전이자 기회다. 투자자는 AI의 성장을 지원하는 데 핵심 역할을 할 에너지 인프라와 재생에너지 관련 기업에 주목해야 한다. 효율적인 에너지 관리 솔루션을 보유한 기술 기업 역시 가치 있는 투자 대상이 될 것이다.

요컨대 AI의 장기적 성장 잠재력은 상당하지만 중단기 전망은 여전히 불확실하다. 투자자가 AI를 이루는 핵심 요소에 집중한다면 정보에 기반한 의사결정을 내리고 진화하는 AI 시장 환경을 효과적으로 헤쳐 나갈 수 있을 것이다. 과거 기술 호황과 마찬가지로, 초기에 수요가 급증한 후 소비자와 기업과 시장이 변화에 적응하고 소화하는 시기가 뒤따를 것이다. 장기 투자자에게 이러한 변동성 국면은 AI 산업에 진입하는 데 매력적인 시점이 될 수 있다.

탈탄소화: 열기와의 전쟁

앞서 언급했듯, 이 책에서는 기후 변화를 논하지 않을 것이다. 그 대신 돈의 흐름을 추적하고 사실을 관찰한 다음, 투자자들이 이러한 변화하는 환경에 적절히 대응할 방식을 모색해보려 한다. 이 주제와 관련이 있는 몇 가지 중요한 사실은 다음과 같다.

각국 정부는 화석 연료 의존도를 줄이고 과학자들이 지구 온난화의 주요 원인으로 지목하는 탄소 배출량을 감축하고자 재생에너지 정책을 최우선 과제로 삼고 있다. EU는 2030년까지 유럽 에너지 소비량의 최소 42.5퍼센트를 재생에너지로 충당하겠다는 강력한 법적 목표치를 제시했으며,[65] 실제로는 45퍼센트 달성을 목표로 지향하고 있다.[66] 디지털화로 전력 수요가 급증하면서 생산된 전력을 누가 사용해야 하는지에 대한 정치적 논쟁도 일어나고 있다.[67]

다음 IEA 차트는 대체 에너지로 향하는 투자 흐름이 어떻게 전개되고 있는지를 명확하게 보여준다. 2015년만 해도 전 세계 화석 연료 투자는 대체 에너지 투자를 앞질렀다. 그 후 3년 동안은 두 섹터의 투자가 거의 엇비슷한 수준을 유지하다가 대체 에너지가 마침내 격차를 벌리며 급속히 성장하기 시작했다. IEA는, 2023년에 전 세계 모든 형태의 에너지 섹터에 2조 8000억 달러가 투자되었으나 현재 전체 투자금의 62퍼센트인 1조 7000억 달러가 대체 에너지에 투입되었다고 추

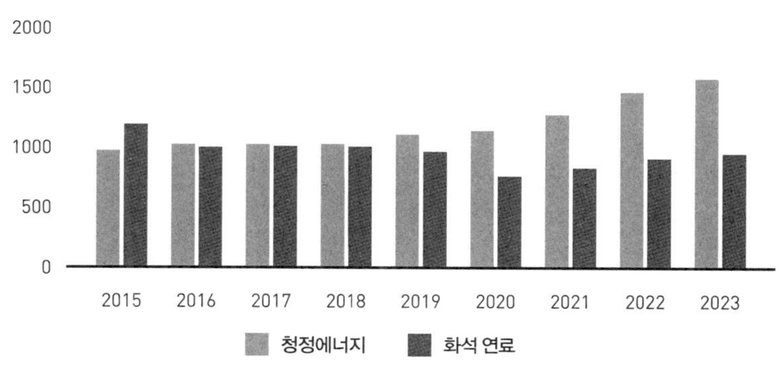

증가한 청정에너지 투자, 감소한 화석 연료 투자

청정에너지와 화석 연료에 투입된 전 세계 에너지 투자 총액(단위: 억 달러)

• 출처: IEA, UBS(2024년 7월 기준)

정한다.[68]

앞서 언급했듯, 이제 AI는 점점 디지털화되는 세상에서 전력 수요를 급격히 증가시키는 주요 요인이 되었다. 이는 파괴적 변화의 흐름이 교차하는 지점에서 정치적 쟁점을 제기한다. 투자자들이 이 혼란스러운 시국을 헤쳐 나가는 데 도움이 될 만한 몇 가지 이정표는 다음과 같다.

재생에너지에 집중 투자

대체 에너지로 투자 전환이 본격화하고 있지만, 여전히 재생에너지 분야가 한동안 성장을 지속할 가능성이 있다. 각국 정부는 재생에너지 정책을 최우선 과제로 삼고 있으며, 상당한 자본이 이 분야로 유입되고 있다.

여러 에너지 섹터에 분산 투자

재생에너지 비율이 증가하고 있지만 화석 연료에서 재생에너지로 전환하려면 상당한 시간이 소요될 것이다. 여러 에너지 섹터에 분산 투자를 하면 전통적인 에너지 시장과 대체 에너지 시장에서 위험을 관리하고 기회를 포착할 수 있다. 화석 연료에서 재생에너지원으로 전환하는 기업에 투자하는 것도 한 가지 방법이 될 수 있다.

AI가 에너지 수요에 미치는 영향

AI와 디지털 기술이 빠르게 발전하면서 에너지 소비가 늘어나고 예측하기 어려운 변수가 생겨나고 있다. 앞서 언급했듯, 데이터 센터는 에너지를 소비하는 대표적인 장소다. 데이터 센터를 겨냥한 에너지 효율을 높이는 기술과 솔루션을 개발하는 기업에 새로운 기회가 열릴 수 있다.

그런데 이런 의문이 들지도 모른다. "새로 집권하는 행정부가 이전 행정부의 재생에너지 중심 정책을 완전히 뒤엎는다면 어떻게 될까?" 실제로 그럴 가능성이 있다. 사실 한 국가의 정부 정책 변화는 전 세계 범위로 보면 그 영향이 미미할 것이다.[69] 거대 자본 세력은 너무도 강력하고 광범위해서 어느 한 국가가 이러한 글로벌 자본의 흐름을 실질적으로 바꾸기는 어렵다.

UBS 전문가들은 장기적으로 탈탄소화 트렌드가 전 세계 공급망에 긍정적 영향을 미칠 것으로 보고 있다. 더 저렴한 비용으로 더 풍부하게 에너지를 공급한다면 잠재 성장률은 높아지고, 인플레이션은 낮아지며, 공급망은 더욱 견고해질 것이다.[70] 투자자 관점에 볼 때, 공급 솔루션을 제공하는 기업과 초기에 에너지를 도입하는 기업이 이 거대한 재생에너지 전환의 최대 수혜자가 될 것으로 예상된다.

정리	만에 하나 당신이 부채, 탈세계화, 인구 구조, 디지털화, 탈탄소화 등 5대 파괴적 변화(5D) 중 어떤 것에도 동의하지 않을지라도 아직 이 책을 덮기에는 이르다. 현재와 미래의 다섯 가지 주요 투자 테마를 선정할 때 합리적인 사람들 사이에서도 다양한 논쟁이 오갈 수 있다. 이 장에서 이해해야 할 핵심은 투자 환경이 이미 변했다는 사실이다. 오늘날 투자자들은 정부 지출이라는 거대 자본과 각국 정부가 점차 주목하

는 거대한 문제를 추적하다 보면 실존적 위험에 관한 우려와 논의를 투자 위험과 기회에 관한 실질적 논의로 전환할 수 있다. 결과적으로 5D는 UBS 고객은 물론이고 당신과 같은 독자도 개별 종목을 선택하는 단계를 넘어, 궁극적으로 세계 경제에 작용하는 강력한 세력을 고려하여 부를 관리하는 방식으로 투자 여정에 나서도록 방향을 이끌어주는 훌륭한 길잡이가 될 수 있다. 그러나 이는 포괄적인 자산관리 전략으로 나아가는 투자 여정의 첫 걸음에 지나지 않는다.

정부를 따라
매수하라

이제 자유 시장에 투자하는 시대는 저물고, 정부가 투자하는 곳에 자본이 몰리고 있다.

21세기에 적극적인 투자자가 되고 싶다면 이 사실을 이해해야 한다. 2007~2009년 금융위기 이전에 자유 시장 경제가 얼마나 자유로웠는지에 대해서는 논란의 여지가 있다. 하지만 금융위기 이후 각국 정부의 시장 개입이 가속화되었고, 코로나19 팬데믹 기간이 보여주듯 이러한 추세는 좀처럼 멈출 기미가 보이지 않는다.

오늘날 시장에 적극적으로 투자하려면 정부가 무엇을 매수하는지 알아야 한다. 미국 정부 지출이 미국 경제의 35~40퍼센트를 차지한다면 정부가 시장에서 단연코 가장 중요한 주체라고 볼 수 있다. 특히 정부가 지원하는 인센티브가 관련 민간 부문에 투자를 촉진하여 더 큰 자본 흐름으로 확대된다는 점을 고려하면 더욱 그러하다. 이러한 투자 프로세스는 정부가 앞서 1장에 언급한 파괴적 변화에 대응하여 어떤 정책을 시행하는지 이해하는 데서 시작된다. 예상했겠지만, 이 책에서는 이를 위해 자금의 흐름을 추적할 것이다.

이를 풀어 설명하면 다음과 같다. 조 바이든(Joe Biden) 대통령은

2022년 8월 IRA(Inflation Reduction Act, 인플레이션감축법)에 서명하고, 국가의 청정에너지 전환을 촉진할 목적으로 에너지 인프라 재투자 프로그램(Energy Infrastructure Reinvestment Program)에 수십억 달러 규모의 보조금을 지급했다.[1] 시장은 즉각 반응했다. 이 법안이 시행된 지 21개월이 지났을 때, 미국 인프라 개발 지수(US Infrastructure Development Index)는 46퍼센트 상승했다.[2]

마찬가지로 바이든 행정부가 같은 해에 제정한 미국 반도체과학법(US CHIPS and Science Act)으로는 반도체 기술 분야에 대한 중국의 대규모 투자에 대응하고 미국 반도체 산업의 성장을 촉진하고자 530억 달러 규모로 인센티브를 제공했다.[3] 반도체과학법이 제정된 후 아이셰어즈 반도체 ETF(iShares Semiconductor ETF, SOXX)는 77퍼센트 상승했다.[4]

정부를 따라 매수하라는 새로운 투자 원칙은 미국이나 일부 선진 서구권에만 적용되는 것이 아니라 이제 전 세계에 통용되는 진리로 자리 잡았다.

중국은 이른바 '전국적 개입 이론'에 따라 국내 자본시장을 재편하는 데 박차를 가하고 있다. 언론 보도에 따르면, 다양한 정부 기관이 지역 투자은행에 기업의 상장 가능성을 신호등처럼 지시한다.[5] 〈파이낸셜 타임스(Financial Times)〉 보도에 따르면, 중국 정부는 음료 및 외식업의 상장을 불허하고(적색 신호), 전기차, 배터리, 태양광 등 국가 전략산업의 상장을 허용했다(녹색 신호). 중국의 여러 기관이 상부의 명령에 따라 국가 차원에서 전략적으로 중요한 기업공개(IPO)를 집중적으로 지원하여 사실상 기업의 성공을 보장했다. 이는 서구 자본주의와

다른 방식을 구축하려는 중국의 원대한 구상과 맞닿아 있다.[6]

부채를 짊어진 주체가 인센티브에 반응한다는 생각은 오늘날의 문화에 깊이 자리 잡아, 우리는 종종 행동을 유도하는 인센티브를 단순히 '당근과 채찍'으로 여긴다. 하지만 놀랍게도 정부가 대중과 시장을 상대로 정책을 시행할 때 사용하는 중요한 보상과 제재인 소위 '당근과 채찍'을 투자 과정의 핵심 요소로 주의 깊게 살펴보는 투자자는 거의 없다.

정부가 인센티브로 유도하는 자본의 흐름에 저항할 때 돌아오는 채찍질을 견디기는 점점 더 어려워질 것이다. 특히 독자적인 길을 걸으려는 기업일수록 더욱 그렇다. 실제로 정부가 원하는 방향으로 산업이 일사불란하게 나아가지 않으면 너무도 막대한 비용을 감수해야 하는 상황이라 감히 정부에 맞서 위험을 감수하려는 기업은 점점 줄어들고 있다.

최근 미국 법무부는 배기가스 조작 장치 수십만 개를 유통하여 청정대기법(Clean Air Act)을 위반했다며 이베이(eBay)를 고소했다. 혐의가 인정되면 19억 달러에 달하는 벌금형이 나올 수도 있다.[7] 새로운 환경 법규와 기존 법규가 점점 강력하게 집행되면서 위반 혐의가 있는 기업을 상대로 대규모 소송이 제기될 가능성이 커졌다. 이제 민간 부문은 징벌적 손해배상 소송을 활용하여 정부의 환경 정책을 강하게 밀어붙이는 새로운 전환점에 도달한 것으로 보인다.

비현실적인 이야기로 들리는가? 2023년 10월, 미국의 헤지펀드 그래머시 펀드 매니지먼트(Gramercy Funds Management)는 한 영국 로펌에 자산 5억 5000만 달러를 담보 대출 형태로 투자하여 BHP와 베일(Vale)

등 광산기업과 소위 디젤게이트(Dieselgate)에 연루된 14개 자동차 제조
업체를 상대로 제기된 대규모 환경 집단소송을 지원했다.[8] 디젤게이
트는 2015년 자동차 업체들이 차량 배기가스의 양을 축소하려고 소
프트웨어를 조작한 사실이 밝혀진 사건이다.[9]

프랑스 스트라스부르에 있는 유럽인권재판소(European Court of
Human Rights)는 최근 스위스 여성(대다수가 70대) 2000여 명이 스위스
정부를 상대로 제기한 소송에서 여성들의 손을 들어주었다. 이들은
기후 변화로 촉발된 폭염이 건강과 삶의 질을 저해한 탓에 조기 사망
위험을 높였으며, 스위스 정부가 이를 예방하는 조치를 충분히 취하
지 않아 인권을 침해했다고 주장했다. 결국 이 스위스 여성들은 이 소
송에서 승소했다.[10] 이를 계기로 앞으로 유사한 민사 소송이 이어질
것으로 보인다.

물론 정부의 당근과 채찍만 따라야 하는 것은 아니다. 정부의 개입
이 좀 더 명확하게 시장을 움직이는 경우도 있다.

러시아의 우크라이나 침공을 예로 들어보자. 2022년 2월 24일, 블
라디미르 푸틴(Vladimir Putin)이 우크라이나 국경 너머로 군사를 파병
했을 때[11] 러시아산 에너지의 서구권 공급이 차질을 빚었고, 이후 몇
달 동안 EU의 100만 메트릭 Btu당 천연가스 가격이 최대 157퍼센트
급등했다.[12] 에너지 가격 급등은 지난 수십 년 동안 유럽이 공개적으
로 시행한 에너지 정책이 낳은 결과였고, 유럽은 이와 같은 에너지 안
보의 병목현상에 취약해질 수밖에 없었다.

서방 국가들도 러시아의 침공에 뒤질세라 정부 개입에 나섰다. 정
부 개입을 무시할 수 있는 투자자는 없다.[13] 각국 정부는 사실상 하루

　　　　　　　　　　　　　　　　　　　　　　　　

아침에 러시아를 '투자 불가 국가'로 선언했고, 이에 따라 러시아 자산은 쓸모없는 휴짓조각[14]으로 전락한 것도 모자라 보유하는 것만으로도 형사 처벌 대상이 될 수 있었다.[15]

이러한 변화에는 어떤 의미가 숨어 있다. 한 걸음 물러서서 보면, 바이든의 산업 정책, 시진핑의 경제 공학, 러시아·우크라이나 전쟁의 여파 등 모든 사건이 결국 하나의 중요한 트렌드와 연결된다는 것을 알 수 있다. 각국 정부가 21세기 경쟁에서 우위를 점하려고 투자 우선순위와 통제 방식을 대대적으로 전환하고 있는 것이다.

서방 국가들은 에너지 산업 인센티브의 성질을 근본적으로 바꾸었다. 대체로 석탄 산업 지원을 철회하고, 천연가스 같은 대체 에너지원 의존도를 높이고, 풍력과 태양광 산업에 인센티브를 확대했다. 이는 투자자들이 알아야 할 중요한 정보이며, 자금의 흐름을 추적하면 바로 알아낼 수 있다. 거대 자본에는 막대한 수요가 따른다.

실제로 러시아·우크라이나 전쟁의 여파로 천연가스 가격이 상승하자 EU는 재생에너지 전환을 가속화하기 시작했다. EU 집행위원회는 러시아가 우크라이나를 침공한 지 두 달 만에 REPowerEU 계획을 통과시켜 유럽 대륙이 러시아산 에너지에서 벗어나 유럽산 재생에너지로 전환할 수 있도록 3000억 유로에 달하는 보조금과 대출을 지원했다.[16] 앞으로 이처럼 국가 에너지 안보를 지원하는 정부 인센티브가 더욱 늘어날 것이며, 이에 따라 시장이 나아갈 방향이 더욱 구체화할 것이라 확신한다.

헤지펀드 업계의 거장 레이 달리오(Ray Dalio)는 수십 년 동안 자신의 투자 전략을 자세히 밝히지 않았다. 하지만 〈뉴욕 타임스(New York

Times)〉의 특종 보도와 그의 일대기가 공개되면서 그가 브리지워터 어소시에이츠(Bridgewater Associates)를 이끌며 부를 쌓은 주요 비결 중 하나가 정부 개입을 따라 투자하는 전략이었음이 드러났다.[17] 이 사실이 공개되자 큰 파장이 일었고 논란도 많았다.[18] 보도 내용이 사실이라면, 월스트리트의 억만장자 달리오는 정부가 무엇을 매수하는지 알아내려고 고위층과 교류했고, 이렇게 얻어낸 정보를 바탕으로 브리지워터 어소시에이츠가 수익을 낸 셈이 된다.

하지만 여기에서 핵심은 반드시 정부의 고위 관계자를 통해서만 이러한 투자 도구를 활용할 수 있는 건 아니라는 점이다. 누구나 인터넷에 공개된 정보를 바탕으로 집에서도 편안하게 정부가 투자하는 자산을 똑같이 매수할 수 있다. 실제로 인플레이션감축법과 반도체과학법이 제정된 후 인프라 건설업체와 반도체 제조업체 관련 지수는 급등했다. 정부 지출에 따른 자금 흐름은 일반적으로 정부의 공식 발표 이후에 발생하며, 이와 같은 대규모 트렌드는 대중의 눈에 띄지 않을 수 없다.

이것이 앞으로 50년 동안 자금을 마냥 묻어둘 수 있는 완벽한 전략은 아니지만, 그렇다고 해서 가치 투자[기업의 주가가 주당 순이익에 비해 저렴하게 평가되어 주가수익비율(P/E)이 낮은 종목을 선별하는 과정]로 회귀하는 것이 정답이라는 의미도 아니다. 그러기에는 세상이 너무 많이 변했다.

2015년 이후 성장주는 가치주를 크게 앞질렀지만, 2022년에는 이례적으로 기술주가 경기순환의 역풍을 맞으면서 가치주가 상승했다.[19] 그러나 가치주 랠리는 오래가지 못했다. 모닝스타(Morningstar)에 따르면, 2023년 대형 성장주는 47.3퍼센트 급등하며 대형 가치주를 36퍼센트포인트 차이로 앞섰다. 이는 지난 25년 동안 성장주가 가치주를 압도한 사례 중 두 번째로 큰 격차였다.[20]

물론 우리는 시장에서 정부를 따라 매수하는 전략을 권장하기는 하지만, 그렇다고 해서 그것이 무위험 투자는 아니다. 게다가 여전히 일부 투자자들은 뛰어난 종목 선별 능력을 발휘할 것이다. 만약 정부가 매입을 중단하면 시장 흐름이 역전될 수 있으므로, 투자자는 정부가 매도에 나서기 전에 먼저 매도해야 한다. 다행히 정부의 정책 변화에 대응하는 일은 생각보다 수월하다. 일단 정부 정책이 성공적으로 작동하여 목적을 달성하고 난 이후에는 그 영향이 지나쳐 자승자박의 결과를 초래한 후 종료되는 경우가 많다.

독일 정부의 사례를 살펴보자. 2000년 독일 정부는 재생에너지지원법(Renewable Energy Sources Act)을 도입하여 태양광 산업에 본격적으로 개입했다. 이 법에 따라 가정과 기업의 태양광 패널 구매를 장려하려고 보조금을 넉넉히 제공하는 동시에 전력 공급업체에는 재생에너지로 생산된 전력을 매입할 때 추가 요금을 지불하도록 강제했다.[21] 이는 정치적으로 양측 정당이 대체로 합의할 수 있는 정책이었고, 한동안 독일은 태양광 에너지 생산 분야에서 선두 주자로 자리매김했다.

재생에너지지원법이 시행되고 10여 년이 흐른 뒤, 독일 정부는 태양광 패널 보조금을 50퍼센트 삭감한 데 이어 추가로 30퍼센트를 더 줄였다. 이 모든 조치가 단기간에 연속으로 단행되었다.[22] 왜 그랬을까? 2012년 독일의 태양광 패널 수요가 급증하고 태양광 산업이 급격히 성장하자, 정부는 보조금 정책을 더는 감당할 여력이 없다고 판단하여 지나치게 관대했던 보조금을 공격적으로 축소한 것이다. 이 소식이 전해지자 독일뿐만 아니라 전 세계 태양광 패널 제조업체의 주가가 급락했다.[23]

여기에서 핵심은, 의회에서 통과되어 법으로 제정된 바이든 대통령의 인플레이션감축법 역시 언젠가 이처럼 갑작스럽게 종료될 가능성이 있다는 점이다. 미국 정부가 더는 에너지 세액공제 지원을 감당할 수 없다고 판단하면 독일의 태양광 패널 보조금 사례처럼 갑자기 모든 지원을 중단할 수도 있다. 하지만 보조금이 지나친 성공을 거두면서 오히려 자승자박인 결과를 초래하거나, 정권이 교체되어 이전 정부의 특정 법안을 완전히 뒤집는다고 해도 실제로 그러한 변화가 일어나기까지는 상당한 시간과 비용이 소요된다. 그때부터 지금까지 정부 보조금은 수년 또는 수십 년에 걸쳐 일부 산업과 기업이 전 세계 또는 미국의 GDP 성장률보다 더 빠른 속도로 성장하도록 견인할 것이다. 더 나아가 전 세계적으로 탈탄소화 같은 분야에 투자가 확대되면 어느 한 국가의 정책이 시장에 미치는 영향력은 점차 줄어들 것이다.

투자 사고방식의 재구성

정부 정책이 투자에 미치는 중요성이 점차 증가하고 5D의 파급력이 전 세계를 재편하는 상황에서, 우리 투자팀은 적극적인 투자 전략을 재구성할 필요성을 느꼈다. 실제로 우리는 월스트리트가 오랫동안 투자에 대해 가르쳐온 전통적인 투자 방식의 상당 부분을 내려놓기 시

작했다.

월스트리트는 주식시장 정보를 지역과 섹터로 분류한다. 예를 들어, S&P 500과 MSCI(모건스탠리캐피털인터내셔널) 신흥시장 지수 등 주요 주가지수는 미국, 유럽, 신흥시장과 같은 지역을 중심으로 구성된다. 지역별 투자 대상은 에너지, 소재, 산업재, 임의소비재, 필수소비재, 헬스케어 등 광범위한 섹터로 세분화된다.

그다음 각 섹터는 산업 그룹으로 세분화된다. 예컨대 에너지 섹터는 석유 및 가스 산업과 대체 에너지 산업으로 구성된다. 다음으로 세분화된 섹터는 하위 산업이다. 예를 들어, 금융 서비스 섹터에는 은행 산업과 보험 산업이 포함된다. 보험 산업은 다시 자동차 보험, 생명 보험, 화재 보험과 같은 하위 산업으로 나뉜다.

월스트리트가 이러한 식으로 투자를 구성한다고 해서 그것이 당신의 부를 늘리는 데 반드시 도움이 된다는 의미는 아니다. 오히려 그 반대다.

UBS에서 중점적으로 다루는 하향식 투자 방법은 정부 정책에 반영되는 거시경제, 지정학, 사회, 기술의 흐름을 연구하고 탐구하는 것이다. 이전 장에서 5D 변화 요인을 논하며 오늘날의 세상에는 기존과 다른 투자 전략을 적용할 필요성을 강조했다면, 이번 장에서는 어떻게 바꿀지에 초점을 둔다. 현재 우리는 디지털과 에너지, 헬스케어 혁신을 중심으로 더욱 적극적 투자 전략을 펴고 있다. 이 세 가지 트렌드는 다름 아닌 '1조 달러 규모의 기회'다.

점점 복잡해지는 세상에서 이러한 집중은 전문 지식과 연구 자원에 기대어 지나치게 비현실적인 목표를 세우지 않도록 이끌어준다. 게다가 더 중요한 점은 디지털, 에너지, 헬스케어 혁신에 적극적으로 투자하는 방향으로 전환하는 과정에서, 초고액 자산가 고객들이 원하는 투자 방식을 둘러싼 두려움, 열정, 기대가 더욱 밀접하게 연계된다는 점이다.

루시는 동부 연안에서 활동하는 거물급 사업가의 딸인데, 그의 아버지는 사업체를 20억 달러에 매각한 후 얼마 지나지 않아 세상을 떠나면서 막대한 재산을 딸에게 남겼다. 루시는 어린 시절부터 물 부족 사태 같은 지역 환경 문제에 관심을 보였고, 지구의 자원이 언젠가는 고갈되고 말 것이라는 심각성을 절감했다. 성인이 되자 환경과 기후 변화 문제에 대한 깊은 관심은 적극적인 투자와 열정적인 자선 활동으로 이어졌다. 현재 루시는 인류가 직면한 주요 환경 문제를 해결하려는 기업에 연간 7000만 달러를 투자하고 있다. 에너지 혁신에 초점을 맞추는 투자 방식은 루시의 열정과 맞닿아 있을 뿐만 아니라 그가 중요하게 여기는 문제에 우리 투자팀의 전문성을 의미 있게 적용할 수 있는 길이기도 하다.

이러한 테마에 집중적으로 투자하는 것은 전문 투자자나 초고액 자산가가 아닌 적극적인 일반 투자자에게도 실질적인 가치가 있다. '거대 자본이 곧 중대한 문제'라는 투자 기법의 기본 전제는 매월 또는 매년 변동하는 단기적 트렌드가 아니라 오랜 기간 지속되는 크고 견고한 트렌드를 등에 업고 힘들게 벌어들인 자본을 배분하는 것이기 때문이다. 이러한 투자 전략을 실천하려면 장기적인 확신과 마음가짐으로 투자에 뛰어들어야 한다. 이러한 사고방식은 정신적으로 당신을 단련시킨다. 이를테면 시장 변동성이 불가피하게 발생하여 가격이 일

                    규칙 2

시적으로 하락할 때 남들은 공포에 휩싸여 자산을 헐값에 내던질지라도 당신은 조급하게 매도 버튼을 누르지 않게 된다.

게다가 이러한 사고방식을 갖추면 주식이라는 건초 더미에서 바늘을 찾을 필요가 없어진다. 이는 엄청난 장점이다. 포트폴리오에서 기업의 개별 위험을 줄이기도 훨씬 수월해진다. 광범위한 테마에 베팅함으로써 장기 트렌드의 수혜를 입을 투자 종목이나 생태계를 의도적으로 찾게 되고, 그러한 투자 바구니의 분산 효과는 특정 주식이나 섹터가 CEO의 실책 또는 새로운 경쟁업체의 등장과 같은 개별적인 이유로 문제에 봉착하더라도 변동성을 낮추는 데 도움이 될 것이다.

<table>
<tr><td>정
리</td><td>

나는 4장에서 '인기' 있는 개별 종목을 고르기보다 자산 배분에 집중하는 편이 훨씬 나은 전략이라는 주장을 펼 것이다. 하지만 내가 조언하는 투자자 중에는 이러한 조언을 무시하려 하면서도 5D에서 핵심 테마를 선택하는 논리에 공감하는 경우가 많다. 주목할 만한 주식의 범위를 좁히는 데 5D가 도움이 된다고 믿기 때문이다.

전문가로 구성된 우리 팀은 정부가 예산을 투입하는 거시경제 문제를 중심으로 생각을 정리함으로써 억지로나마 산업별 경계를 넘어 폭넓은 시각으로 사고하는 동시에 특정 주제에 전문성을 집중시킬 수 있다.

적극적 투자자가 되고 싶다면 당신도 같은 방식으로 접근해야 한다. 자유시장의 시대가 저물고 정부 개입이 강화되는 세상에서 투자 전략을 재구성하고 재검토해야 한다. 이는 월스트리트가 전통적으로 가르쳐온 투자 세계관, 즉 지역과 산업 섹터, 기업별로 나눠 생각하는 방식을 버리는 데서 시작

</td></tr>
</table>

된다. 오늘날 거대 자본이 중대한 문제를 해결하고자 세계 경제 구석구석으로 몰려들고 있고 그곳에 미래를 밝힐 커다란 기회가 숨어 있다는 사실을 이해할 때 비로소 성공적인 투자 전략을 세울 수 있다.

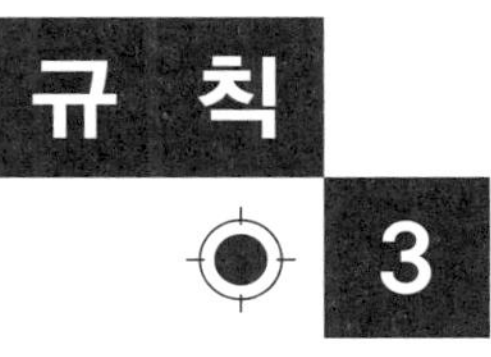

현재에 이르게 된
과정을 이해하라

글로벌 금융위기 때 발생한 사건을 깊이 들여다보면, 그 시기 정부의 개입이 오늘날 우리가 투자하는 시장을 얼마나 근본적으로 바꿔놓았는지 알 수 있다. 이러한 변화는 단기 매매뿐만 아니라 장기 전략에도 영향을 미친다. 둘 사이의 균형을 잡는 방법은 다음 장에서 다룰 주제인 자산 배분에 달려 있다. 이 장에서는 글로벌 금융위기 때 확립된 규칙이 여전히 강력하게 작동하고 있다는 점에 주목한다. 이러한 규칙은 거센 파도처럼 막대한 자금 흐름을 일으켜 투자자의 배를 들어 올리거나 가라앉힐 수도 있다.

먼저 이러한 현상이 일어나는 원인과 배경을 분석할 필요가 있다. 나는 다시금 독자에게 요청하고자 한다. 그 어려운 시기에 정부와 중앙은행이 시작한 후 오늘날까지 계속 취하고 있는 조치에 대한 모든 명시적·암묵적 가치 판단은 잠시 내려놓고, 그 대신 오늘날의 금융시장에 대한 진정한 통찰에 이를 때까지 냉정하게 돈의 흐름만 따라가길 바란다.

이렇게 요청하는 데는 그만한 이유가 있다. 현재에 이르게 된 이유를 이해하고 지난 수십 년 동안 축적된 정책과 경제 요인이 오늘날 금융시장에서 어떻게 작용하고 있는지 파악한다면, 설령 내가 추천하는 '정부를 따라 매수'하는 투자 전략에 철학적으로는 반대할지라도 그리 어렵지 않게 해당 전략을 실천할 수 있을 것이다. 특정 방식으로 투자하는 이유를 이해한다면 자신감이 충만하고 유능한 투자자가 될 수 있다.

이해의 씨앗: 정부와 시장의 교차점

나는 프린스턴대학교 2학년 시절, 역사학자 숀 윌렌츠(Sean Wilentz)의 강의를 들으면서 시장과 정부 개입의 연관성을 처음 알게 되었다. 그는 학생들에게 세상이 늘 사람들이 생각하는 대로만 작동하지는 않는다는 사실을 독특한 방식으로 보여주었다.[1] 윌렌츠는 학생들에게 업튼 싱클레어(Upton Sinclair)의 1906년 소설 《정글(The Jungle)》을 읽게 했는데, 그 소설은 시카고의 육류 가공업을 배경으로 더럽고 비위생적인 도축장의 실상을 적나라하게 폭로하며 충격을 주었다.[2]

그런데 내 예상과 달리, 싱클레어의 소설은 시카고 육류 가공업의 종말이 아닌 확장으로 이어졌다. 싱클레어의 폭로를 계기로 1906년 연방육류검사법(Federal Meat Inspection Act)이 제정된 덕분이다.[3, 4]

육가공업체들은 고기에 '미국 농무부(USDA) 검사 완료'라는 마크가 부착되는 것을 무척 반겼다. 이 인증 마크는 미국 정부가 그들의 사업에 관여한다는 의미로 간주되었고, 이후 세계 시장 진출의 길도 활짝 열렸다. 미국산 쇠고기에 정부의 검사 인증 마크가 부착되자 육류 도

매업자들은 잉여 물량을 전 세계 시장에 성공적으로 수출할 수 있었다.[5] 요컨대 정부 개입 이후 미국 쇠고기 시장이 확대되었다는 점에서, 이는 정부 개입이 실제로 새로운 산업을 육성할 수 있음을 보여주는 긍정적인 사례로 남았다. 나는 훗날 임팩트 투자에 참여할 때 이 교훈을 다시금 떠올렸다.

하지만 정부의 개입에는 항상 의도된 결과와 의도되지 않은 결과가 모두 뒤따른다. 정책이 현장에서 실질적으로 어떤 영향을 미칠지 분석하고, '희망'하는 결과가 아니라 '실제' 결과에 근거하여 투자 전략을 세우는 것은 투자자의 몫이다. 나는 프린스턴대학교에서 월트 휘트먼 로스토(Walt Whitman Rostow)의 발자취를 탐구하는 독립 연구를 진행하면서 정부 정책의 의도된 결과와 의도되지 않은 결과의 차이를 처음 인식했다. 로스토는 매사추세츠공과대학교(MIT)에서 교수를 지내다 존 F. 케네디 대통령의 연설문 작성자로 일했고, 이후 린든 B. 존슨 대통령의 국가안전보장 고문을 역임했다.[6]

나는 하버드 학위 논문《월트 로스토, 근대화, 그리고 베트남: 이론적 성장의 단계(Walt Rostow, Modernization, and Vietnam: Stages of Theoretical Growth)》를 집필하는 과정에서 몇 가지 사실을 알아냈다. 로스토는 예일대학교에서 역사학과 경제학 박사 학위를 취득한 후 뛰어난 지성과 매력을 갖춘 학자로서 경력을 쌓기 시작했다.[7] 1940년 전략사무국(Office of Strategic Services) 산하 연구 분석 부서에서 젊은 경제학자 50명으로 팀을 구성하면서 경제학 분과가 신설되었는데, 이때 로스토도 그중 한 명으로 선발되었다. 전략사무국은 중앙정보부(CIA)의 원형으로서 연합군의 전쟁 활동을 지원하는 정보를 수집하고 분석하는 임무를 맡았다.

당시 미국은 영국의 폭격 목표물 선정 방식에 불만을 품고 있었다. 영국군은 야간 공습과 민간인의 공포 유발에 치우친 전략을 고수했기 때문이다. 미국은 독일에서 폭격 목표물을 정할 때 좀 더 전략적으로 접근해야 한다고 생각했다. 이러한 이유로 1942년 9월 청년 로스토는 런던에 신설된 적군 목표물 부대(Enemy Objectives Unit, EOU)에 투입되었다. 독일 내 최적의 폭격 목표물 계산을 지원하는 것이 그가 맡은 임무였다.

EOU는 1918년 제1차 세계대전 종전을 앞두고 독일이 마침내 협상 테이블에 나선 이유를 연구했고, 독일 정부가 항복한 이유는 민간인이 공포에 질려 사기가 꺾였기 때문이 아니라 병력과 군수 물자가 바닥났기 때문이라는 결론에 도달했다. 이러한 관점은 제2차 세계대전 때 EOU의 행동 강령이 되었고, EOU 소속 경제학자들은 나치(Nazi) 산업체와 전시 생산 체계 간의 복잡한 연결 고리를 추적하기 시작했다. 그들이 던진 질문은 이렇다. 독일의 군사 생산 체계를 최대한 교란하려면 어떤 산업과 공장을 폭격해야 하는가?

EOU는 여러 이유로 중장비에 들어가는 핵심 부품을 공급하는 독일의 볼베어링 공장에 주목했다. EOU는 ‘단위 비용당 파괴 효과’에 대해 전략적 분석을 내놓았지만, 이는 잘못된 판단으로 드러났다. 그들은 나치가 유럽 전역에 볼베어링 비축분을 이미 확보해놓았다는 사실을 미처 알지 못했다. 하지만 내게 그것은 그리 중요한 사실이 아니었다.

나는 투자 업계에서 일하면서 종종 제2차 세계대전 당시 로스토의 사고 과정으로 돌아가 내가 직면한 경제 동향과 시장 상황에 EOU의 사고방식을 적용해보았다. 세계 경제가 특정 방향으로 나아가고 있다고 믿는다면, 중요한 거시경제 트렌드에서 가장 많은 수혜를 누리려면 한정된 귀중한 투자 자본을 어디에 투자해야 할까?

로스토에게 배운 또 다른 중요한 교훈이 있다. 바로 경제학자들이 구상한 지적 '시스템'이 정부 정책으로 전환되어 일반 대중에게 실질적인 (때로는 가혹한) 결과를 초래할 수 있다는 점이다. 제2차 세계대전이 끝나고 냉전이 시작된 후 로스토는 사회가 경제 발전 단계를 거치며 성장하고, 신흥국이 공산주의에 장악되기 쉬운 취약한 단계를 벗어나는 데 경제 원조가 도움이 될 수 있다는 이론을 정립했다. 로스토의 발전 이론은 케네디 대통령과 존슨 대통령의 재임 기간에 미국 소프트파워[soft power, 군사력이나 경제력 같은 강제적인 하드파워(hard power)가 아니라 문화, 이념, 지식, 정책 등으로 다른 국가의 자발적 동의와 지지를 이끌어내는 힘-옮긴이]의 근간이 되었으며, 그린베레(Green Berets)로 불리는 미국 육군 특전 부대와 평화봉사단(Peace Corps) 창설에도 기여했다.

로스토의 경제 이론은 경제 발전이 공산주의를 저지할 수 있다고 주장한다. 그러나 로스토는 베트남을 직접 방문한 후 개발도상국에서 공산주의를 종식할 방법은 폭격이라고 결론지었다.

결국 무수히 많은 폭탄이 필요했다.

로스토가 존슨 대통령의 국가안전보장 고문이 되면서 그의 사상은 베트남에 미군 '자문단'을 대거 파견하고 동남아시아의 광범위한 지역에서 융단폭격 작전을 수행하는 데 이르렀다. 하지만 로스토의 경제 이론은 공화당과 민주당이 모두 지지할 만한 공산주의 억제 정책을 필사적으로 모색해야 했던 케네디 행정부와 존슨 행정부에는 여전히 유용한 접근이었다.

로스토는 경제적 계산을 바탕으로 다음과 같은 주장을 전개했다. "보십시오. 우리는 베트남 사람들이 현대적인 전후 경제를 구축하도록 돕고 있습니다. 이러한 노력은 궁극적으로 평화와 번영을 가져오고 우리 모두에게 이익이 될 것입니다. 자본주의가 제대로 뿌리내릴 때까지만 몇 년 더 공산주의자들을 막아내면 됩니다." 로스토의 관점에서 경제 성장과 반공 투쟁을 바라보면 어떤 사람들은 '마을을 구하려면 그 마을을 파괴해야 했다'와 같은 논리에 설득되었을지도 모른다. 이는 광기나 다름없었다. 그러나 나는 로스토를 직접 연구하면서 한 가지 통찰을 얻을 수 있었다. 그것은 바로 가장 합리적인 정책이 아니라, 가장 많은 정치인이 양면적 입장을 밝힐 수 있는 동시에 영향력을 떨치는 특정 이익 집단을 만족시킬 수 있는 정책이 결국 시행된다는 점이다.

나는 금융 업계에 뛰어든 이후로 정부 정책이 의도치 않은 경제적 부작용을 초래하며 시장을 왜곡하는 사례를 수없이 목격했다. 패니메이(Fannie Mae)와 프레디맥(Freddie Mac)에서 일어난 회계 부정의 이면에는 정책이 있었다. 2000년대 초 전 세계 온라인 도박 산업은 정책에 힘입어 급성장했지만, 각국 정부의 개입으로 산업의 비즈니스 모델이 무너지며 혼란이 일었다. 선의를 내세운 정부 정책은 미국의 영리 교육 산업을 성장시킨 동시에 그에 따른 부패를 촉발했다. 나는 이들 사례에서 공통점을 깨달은 후 정부 개입의 중요성을 깊이 이해하게 되었고, 앞으로 투자 전략을 수립할 때 이 요소를 반영하기로 결심했다.

이 모든 것의 분수령이자 오늘날 그리고 미래의 투자 방식을 완전히 바꿔놓은 결정적 계기는 바로 글로벌 금융위기였다. 2007~2009년 금융위기 이전에는 거시적 테마나 매크로 투자(거시경제 지표를 분석하여 시장의 흐름을 예측하고 투자 전략을 수립하는 방식−옮긴이)에 관심을 기울이는 헤지펀드 매니저가 거의 없었다. 그들은 피터 린치(Peter Lynch)의 발언을 자랑스럽게 인용하곤 했다. 피터 린치는 1977년부터 1990년까지 피델리티(Fidelity)의 마젤란 펀드(Magellan Fund)를 운용하며 무려 2700퍼센트라는 경이로운 수익률을 기록한 인물인데, "경제를 공부하는 데 연간 13분을 소비한다면 그중 10분은 낭비한 셈"이라는 견해를 공공연히 여러 차례 밝혔다.[8]

그러나 금융위기 이후 헤지펀드 매니저들은 멋쩍은 듯 내게 "거시경제를 다루지 않으면 거시경제에 휘둘릴 것"이라고 말했다. 그렇다면 이제 던져야 할 논리적인 후속 질문은 이렇다. "무엇이 바뀌었고, 오늘날 투자자들에게 여전히 중요한 교훈은 무엇일까?"

지금까지 여정

많은 주식시장 투자자는 역사적으로 매크로 투자와 정부 개입을 무시해도 된다고 여겨왔다. 정부가 주도적 구제금융을 자제하며 일정 거리를 유지했기 때문이다. 과거 월스트리트는 늘 정부의 정책과 인센티브로 이익을 얻는 데 만족했다. 하지만 금융위기가 닥쳤을 때는 공공 자본이 아닌 민간 자본이 '최종 대부자(lender of last resort)' 역할을 맡아 사태를 수습해주길 기대했다. 대공황 시기에만 이례적으로 공공 자본이 투입되었다.

니커보커 신탁회사에서 뱅크런(bank run, 대규모 은행 예금 인출 사태—옮긴이)이 발생하여 '니커보커 위기(Knickerbocker Crisis)'로도 불리는 1907년 공황은 경제사학자들에게 세계 최초의 금융 붕괴로 평가된다. 뉴욕에 기반을 둔 금융기관과 금융시장에서 시작된 공황의 여파가 전 세계로 퍼져 나갔다는 점에서 1907년 공황은 2007~2009년 글로벌 금융위기와 유사했다.[9] 구리 시장을 장악하려는 시도가 실패로 돌아가면서 촉발된 1907년 공황은[10] 결국 1908년 미국 GDP가 12퍼센트 하락하는 결과를 초래했다. 이는 대공황 다음으로 심각한 경기 침체였다.[11] 하지만 1907년 10월 전 세계 시장의 위기로 이어진 뱅크런 사태는 몇 주 만에 해소되었다.[12]

위기가 터진 지 2주째 되던 어느 날, 은행가 존 피어폰트 모건(John Pierpont Morgan)은 당시 은행장들과 신탁회사 대표들을 매디슨 애비뉴에 있는 자신의 개인 서재로 불러 모으고는 아예 문을 잠가버렸다.[13] 그는 시장 붕괴의 심각성과 더 큰 위기로 확산할 위험을 깨달을 때까지 그들을 서재 밖으로 한 발짝도 내보내지 않을 작정이었다.[14] 당시 뉴욕 증시는 고점 대비 50퍼센트 가까이 폭락하고 있었다.[15]

이른 새벽 희미한 불빛 아래 구텐베르크 성서[16]로 둘러싸인 서재에서 일흔 살이던 모건과 동료들은 붕괴 직전인 월스트리트의 주요 기관을 구제할 신탁회사를 설립하려고 협상을 벌였다.[17] 은행가들은 공익과 이익 추구라는 두 동기가 뒤섞인 상태에서 자체 자금을 투입해 공황을 진정시켰다. 혼란이 가시기도 전에 모건은 전략 자산을 헐값

에 매입했다.[18]

그 후 100년 동안 위기 상황은 대체로 그렇게 흘러갔다. 1907년 공황은 흔히 연준 창설을 촉발한 계기로 평가되지만,[19] 그렇다고 해서 미국 정부가 곧장 전면적으로 최종 대부자의 역할을 수용했다는 의미는 아니다.[20] 당시 정부는 여전히 규모가 작고 자원도 부족해서 은행이 할 일을 대신 수행하기에는 경제에서 차지하는 비중이 작았다. 미국 정부의 GDP 대비 지출 비율은 1907년 6.6퍼센트에 불과했지만,[21] 2007년에는 34.2퍼센트, 2020년에는 사상 최고치인 47퍼센트를 기록했다.[22]

미국 정부는 다소 미흡하게 개입했던 대공황 시기를 제외하고 지난 한 세기 동안 금융위기가 닥칠 때마다 모건의 전통을 상기하며 은행 업계에 기대어 전 세계 금융 시스템의 붕괴를 막아왔다. 미국 정책 입안자들은 공적 자금을 동원하여 전 세계를 금융 붕괴에서 구하려는 의욕이나 명시적인 권한, 의지가 없었다. 위기가 닥칠 때마다 정부는 본능적으로 항상 "모건이라면 여러 은행을 불러 모아 문제를 해결했을 것"이라고 말하며 위기에 대응했다.

20세기 후반에 접어들자 주로 워런 버핏이 모건의 역할을 대신하며 고수익을 올렸다.[23] 이 오마하의 현인을 모방하려는 투자자가 많지만, 대다수는 그가 엄청난 성공을 거둘 수 있었던 핵심 요인을 쉽게 간과하는 것 같다. 그것은 바로 위기가 닥쳤을 때 '최종 대부자' 역할을 수행할 수 있었던 능력이다. 글로벌 금융위기 당시 버핏은 심각한 재정위기에 처한 GE[25]와 골드만삭스(Goldman Sachs)[26]에 구제금융을 유리한 조건으로 제공했다.[24] 그는 2011년 부채 위기가 불거졌을 때도 뱅크오브아메리카(Bank of America)에 투자했다.[27] 그러나 이러한 그의 고수익 전략은 2008년 금융위기 때 흔들리기 시작했다. 마침내 정부가 그의 무대에 뛰어들어 전례 없는 대규모 구제금융을 제공하며 워런 버핏보다도 더 워런 버핏다운 행보를 보인 것이다.

나는 20대 후반이던 1998년에 이러한 구조의 작동 원리를 뼈저리게 깨달았다. 당시 나는 친구 래리 캠(Larry Kam)과 함께 하버드 기숙사에서 소닉 펀드(Sonic Fund)라는 롱쇼트(long-short) 헤지펀드를 설립했다. 소닉 펀드는 우리가 적절하다고 판단하는 시점에 쇼트 포지션(주가 하락에 베팅) 또는 롱 포지션(주가 상승에 베팅)을 취할 수 있도록 설계되었다. 그런데 펀드를 설립한 바로 그해에 충격적이게도 LTCM (Long-Term Capital Management, 롱텀 캐피털 매니지먼트)이라는 초대형 헤지펀드가 파산하고 말았다. LTCM은 사실상 전 세계 금융 시스템을 붕괴 직전까지 몰아넣었고, 당국의 긴밀한 대응이 필요했다.[28]

LTCM은 살로몬 브라더스(Salomon Brothers)의 전 부회장이자 전설적인 채권 트레이더인 존 메리웨더(John Meriwether)가 설립한 펀드다. 게다가 이사회에는 노벨상 수상자가 무려 두 명이나 포함되었다. 바로 블랙 숄스 머튼(Black-Scholes-Merton) 모델을 만든 장본인으로 유명한 로버트 머튼(Robert Merton)과 마이런 숄스(Myron Scholes)다.[30] 이들은 월스트리트의 전설적인 인물로서 당대 최고의 지성을 자랑했다.

LTCM의 비즈니스 모델은 복잡했다. 간단히 말하자면, 유사한 채권들의 미세한 가격 차이, 즉 스프레드(spread)는 시간이 지나면 자연스레 해소되기 마련인데 LTCM의 모델은 이를 먼저 포착해서 수익을 내도록 설계되었다. 초반에는 이 전략이 잘 작동했다. 메리웨더는

1993년부터 1998년까지 펀드 투자자들에게 막대한 수익을 안겨주었다. 그러나 이러한 미세한 스프레드를 활용한 차익거래(arbitrage)로 의미 있는 수익을 내려면 막대한 레버리지를 일으켜야 했다. 즉 엄청난 자금을 차입해야 했던 것이다.[31]

LTCM은 계속해서 레버리지를 확대했다.[32] 1998년 LTCM의 자본금은 50억 달러였지만 레버리지 덕분에 무려 1300억 달러 상당의 자산을 관리하며 정점에 이르렀다.[33] 이론상 LTCM이 취한 포지션의 가치는 무려 1조 2500억 달러를 넘어섰다.[34]

그러다 이례적인 사건이 발생했다.

1998년 8월, 러시아는 루블화를 평가절하 하고 채무 불이행을 선언했다.[35]

그러자 전 세계 채권시장에서 풍부한 유동성에 대한 수요가 곧장 급증하면서 신용등급이 높은 미국 국채 가격이 학계 모델에서 예측하지 못한 방향으로 급변하기 시작했다. LTCM의 비즈니스 모델에 사용된 막대한 레버리지와 단기간에 모든 자산을 매각하여 부채를 상환하려는 움직임이 맞물리면서 전 세계 채권 가격에 충격이 일어났고, 금융시장에는 공포가 확산되었다.[36]

공황의 방아쇠를 당긴 러시아의 채무 불이행은 지리적으로 멀리 떨어진 곳에서 일어난 거시경제 사건이었지만, 결국 미국 내 채권 가격에 예기치 못한 가격 조정을 초래했다. 하지만 언제나 그렇듯이, 문제의 핵심은 너무 영리한 사람들이 과도한 레버리지를 사용해서 위험을 지나치게 집중적으로 축적한다는 점이다.

그러나 사건의 이면에는 또 다른 중요한 교훈이 숨어 있었다.

워런 버핏과 피터 린치 같은 투자 거장들의 방식이 주류를 이루던 시대였기에, 아직 시장이 발견하지 못한 숨은 진주를 찾기 위해 개별 종목을 분석하려는 사람이 많았다. 그러나 LTCM의 붕괴는 전 세계 시장이 서로 긴밀하게 연결된 새로운 세상에서 개별 종목만 분석하고 싶어도 거시경제를 더는 외면할 수 없음을 보여주는 초기 신호 중 하나였다.

LTCM이 거의 붕괴 직전에 이르렀을 때[37] 버핏이 제안한 구제금융을 확보할 실낱같은 기회를 놓치자,[38] 미국 정부가 시장에 개입하여 월스트리트가 자체적으로 구제하도록 조치했다. 미국 연준이 메릴린치(Merrill Lynch)와 골드만삭스 등[39] 주요 금융기관을 소집하여 구성한 은행 컨소시엄은 LTCM이 활용할 수 있는 36억 달러 규모 펀드를 조성했다. LTCM은 이 펀드 덕분에 스스로 초래한 거대한 파도를 견뎌낼 수 있었고, 마침내 안전지대로 겨우 빠져나가 질서 있게 청산을 진행했다.

이처럼 LTCM을 구제하는 데 공공 자금은 단 한 푼도 사용되지 않았고, 모든 자금은 민간 자본으로 충당되었다.

금융 시스템의 자체적인 회복을 유도했던 지난 100년의 확고한 시대 흐름 속에서 LTCM의 구제 조치가 진행되었다. 금융위기가 닥쳤을 때 그 위기를 빠져나오고 혼란 속에서도 이익을 얻는 방식을 이해하려면, 정부가 아닌 은행가들이 밀실에서 무슨 일을 벌이는지 알아야 했다.

그러나 글로벌 금융위기는 이를 바꿔놓았다.

나는 정부 개입이 글로벌 금융위기의 궁극적 해결에 기여했고, 그

와 동시에 역설적으로 위기를 초래한 책임이 있다고 생각한다. 2000
년대 중반 금융 버블이 그토록 커지게 된 것도 정부가 체계적으로 시
장에 개입했기 때문이다. 금융위기의 근본 원인이 정부후원기업
(Government Sponsored Enterprise, GSE)이 일으킨 주택 시장 왜곡에 있었
던 것이다.

GSE는 교육이나 농업 등 미국 경제의 특정 섹터에 신용 흐름을 촉
진하려고 설립한 준정부 기관을 말한다.[40] GSE의 주요 주체인 패니메
이와 프레디맥은 본래 더 많은 미국인이 주택 시장에 진입하도록 지
원하려고 정부가 설립한 기관이다.[41]

GSE는 기본적으로 '일종의' 정부 보증(거의 비슷하나 엄밀히 말하면 다
른 형태)을 등에 업고 자금을 저렴하게 조달한 후 미국의 주택담보대출
은 물론이고 주택 시장의 유동성을 늘리고 시장의 규모까지 키울 수
있었다. 이들은 은행의 주택담보대출을 대량으로 사들여 재포장했다.
지역 금융기관들은 GSE에 주택담보대출을 넘겨 위험을 이전함으로
써 대차대조표를 정리하고 해당 자금을 다시 더 저렴한 주택담보대출
로 대중에 공급했다.[42] 전 세계 어느 곳에서든 30년 만기 주택담보대
출을 고정금리로 받는 것은 쉽지 않은 일이다. 하지만 미국 중산층은
GSE 덕분에 이러한 형태의 대출을 거의 당연하게 여기며 혜택을 누
렸다. 이와 같은 예측할 수 있는 구조 덕분에 더 많은 가정이 많은 주
택담보대출을 일으켜 내 집 마련이라는 아메리칸드림에 한 걸음 더
다가설 수 있었다.

확실히 패니메이와 프레디맥은 미국을 재편했다.

GSE는 교외 단독 주택을 구매하는 데 필요한 주택담보대출의 비용

을 낮추었고, 결과적으로 도시 밖으로 대규모 이주를 촉진했다. 미국의 주거 환경은 저밀도 지역 중심으로 빠르게 재편되었고, 이러한 지역에서 이동하려면 더 많은 자동차가 필요했다.

이 시스템은 잘 작동했고, 미국 주택 시장은 수십 년 동안 견고한 성장세를 보였다. 그러나 패니메이와 프레디맥이 누린 암묵적 정부 보증은 결국 급증하는 주택담보대출 부채가 갖는 위험의 상당 부분을 납세자에게 떠넘긴 것이나 다름없었다. 모두 그 점을 간과했다. GSE가 저비용 주택담보대출 부채를 계속해서 시장에 추가로 공급하면서 주택 수요는 증가하고 집값은 치솟았다. 그렇게 '신뢰할 만한' 주택 가격 상승세가 너무 오랜 기간 통계에 반영되면서 '주택 가격은 오로지 우상향한다'는 착각을 불러일으켰다. 이러한 현상이 너무 오래 지속되자 위험 모델들은 주택 시장이 점점 더 안전해지고 있다는 신뢰할 수 없는 데이터를 마구 뱉어내기 시작했다.

당시 연준 의장 앨런 그린스펀(Alan Greenspan)이 의회와 언론에 전국적인 부동산 버블이 발생하거나 주택 가격이 주식처럼 폭락할 가능성이 매우 낮다고 말한 것도 바로 그러한 통계 때문이었다.[43] 금융 전문가들도 "주택 가격은 절대 떨어지지 않는다"라는 식의 발언을 이어갔다. 하지만 패니메이와 프레디맥이 제공한 주택담보대출 '보조금'이 지나치게 오랜 기간 지속되고 규모가 커지면서 주택 버블의 주요인으로 작용했다. 실제 위험이 납세자에게 알려지지 않은 데다 이에 대한 논의도 하지 않은 탓에 은행들은 논란의 여지가 있을 주택 및 경제 모델까지 마음껏 구축할 수 있었다. 이러한 흐름은 패니메이와 프레디맥이 발행한 주택저당증권(Mortgage-Backed Securities, MBS)을 기반으로

더 많은 레버리지를 일으키게 했다.[44]

굳이 수학 천재가 아니더라도 이것의 위험성을 충분히 이해할 수 있을 것이다. 주택을 구매할 여력이 있는 사람이 많아질수록 주택 가격은 오르기 쉽다. 할리우드 영화 〈빅쇼트(The Big Short)〉[45]에서 볼 수 있듯, 대체로 소득을 증명하기 어려운 스트립댄서조차 대출을 받아 투기 목적으로 주택 다섯 채와 콘도 한 채를 소유할 수 있다면 분명히 뭔가 잘못된 것이며, 주택 가격이 폭락할 가능성도 충분히 존재한다.

하지만 일반 시민도 부유층과 특권층처럼 금융 시스템을 이용해서 돈을 벌려는 상황에서, 과연 어떤 정치인이 그러한 기회를 박탈하려 할까? 누가 먼저 풍선을 터뜨리려 할까? 그렇게 세상이 망할 때까지 공포는 방치되어 쌓여만 갔다.

여기에서 얻을 수 있는 교훈은 정부 개입이 여러 방향으로 날이 선 날카로운 칼과 같으며, 그 칼날이 향하는 방향을 이해해야 한다는 점 이다. 즉 정책의 결과가 의도되었든 의도되지 않았든, 21세기에 성공하고 싶은 투자자라면 그것을 이해하는 것이 핵심 과제다. 위 사례에서 불거진 위기는 앞서 언급한 상황과 형태가 같다. 주택 시장에 '당근' 역할을 하는 보조금을 제공하는 정책은 미국 정부의 선의에서 비롯되었지만, 지나친 성공을 거둔 나머지 기어이 자승자박의 결과를 초래했다.

1장에서 설명한 바와 같이, 이것은 정부 부채가 파괴적 변화를 일으키며 자산 배분에 영향을 미치기 시작한 이유이기도 하다.

2007년 금융위기의 첫 전조 증상이 전해지자 미국 정부는 혼란스러운 신호를 연이어 내보내며 오히려 더 큰 문제를 자초했다.[46] 2008

년 3월 16일, 미국 정부는 곤경에 처한 베어스턴스(Bear Stearns)를 구제하려고 처음으로 시장에 개입했다. JP모건 체이스(JPMorgan Chase)가 14개월 전 베어스턴스 기업 가치의 1퍼센트[47]에 불과한 가격인 주당 2달러[48]에 베어스턴스를 인수하기로 했는데, 이는 연준이 290억 달러를 우회적으로 지원하면서 이뤄진 합의였다.[49] 정부의 자금 지원으로 이뤄진 이 구제 조치에 시장은 안도했다. 3월에 베어스턴스 사태로 S&P 지수는 1256.98까지 폭락했지만,[50] 5월 중순에는 15퍼센트 상승하여 1440.24를 기록했다.[51]

연준은 대공황 이후 처음으로 파산 직전에 몰린 금융기관을 구제하는 데 공적 자금을 대출해주었다. 베어스턴스의 몰락은 분명히 중대한 변화였고, 금융위기의 전환점으로 보였다. 결국 정부는 압박에 못 이겨 월스트리트를 구제하려고 개입하기 시작했다.

당시 래리와 나는 소닉 캐피털 매니지먼트(Sonic Capital Management)를 운영하고 있었다. 자본주의가 발전하는 과정에서 벌어진 이 역사적 단절을 즉각적으로 인지하고 이를 이용해서 이익을 챙겼다고는 자신 있게 말하지 못하겠다. 우리는 그저 무슨 일이 일어나고 있는지 확신할 수 없다는 사실을 깨닫고 더욱 신중하게 대응했다. 당시 상황은 매우 기이했다. 사실 많은 기업의 가치가 이미 고평가되어 그리 매력적이지 않았지만, 정부가 매도세를 막으려고 개입하겠다는 의지를 보여주었기 때문에 너무 비관적으로만 대응할 수도 없는 노릇이었다. 정부가 불안에 휩싸이기 시작할 때 현명한 투자자들은 매수 기회를 노리기 시작한다.

우리는 오래지 않아 베어스턴스 구제 조치가 일종의 눈속임에 불과했음을 깨달았다. 2008년 9월, 연준이 채무에 허덕이는 리먼 브라더스(Lehman Brothers)를 구제할 권한이 없다고 판단하자[52] 시장은 곧장 최종 대부자가 존재하지 않는다는 사실을 알아차렸다.

최종 대부자는 워런 버핏도, 정부도 아니었다.

베어스턴스를 시작으로 리먼 브라더스로 이어진 위기가 그토록 치명적이었던 이유 중 하나는 당시 연준 의장이었던 벤 버냉키(Ben Bernanke)가 어떤 입장을 취할 것인지 시장 참여자 모두가 확실히 알고 있다고 믿었기 때문이다.

버냉키는 MIT, 스탠퍼드, 프린스턴 대학교에서 경제학 교수로 일했다.[53] 대공황은 그의 전문 연구 분야였고, 대표 저서로 프린스턴대학교 출판부(Princeton University Press)에서 펴낸 《대공황에 관한 에세이(Essays on the Great Depression)》가 있다.[54] 버냉키는 위대한 경제학자 찰스 킨들버거(Charles Kindleberger)의 생각을 깊이 이해하고 있었다. 킨들버거는 영란은행과 연준이 전 세계에 위기가 미칠 영향을 인식하지 못한 탓에 최종 대부자 역할을 수행하지 않았다는 점을 대공황의 원인으로 지적했다.[56] 이는 어떤 비주류 경제학 관점에서 제시하는 경기 침체 대응 방법이 아니었다. 나 역시 하버드대학교에서 그것을 주류로 배웠고, 박사 논문을 쓰던 시절에는 은퇴한 찰스 킨들버거의 자택을 찾아가 그에게 직접 가르침을 받기도 했다.

버냉키는 미국 연준이 두 가지 중대한 실책을 저지르며 1929년 경기 침체를 세계적인 재앙으로 키웠다고 생각했다. 첫째, 연준은 위기가 발생했을 때 필요한 유동성을 공급하기는커녕 오히려 통화 공급을 축소했다.[57] 둘째, 은행이 최악의 시기를 견디도록 지원하기는커녕 오히려 파산할 때까지 방관했다. 이에 따라 신용 시장이 큰 타격을 받았고, 경제는 자정 능력마저 상실하고 말았다.

버냉키는 무엇을 해야 할 차례인지 알았고, 연준이 개입하는 데 쓸 수 있는 다양한 수단이 있으며 경제 체제를 회복 국면으로 되돌리는 데 그러한 수단을 활용할 수 있음을 이해했다. 버냉키는 연준 의장이 되기도 훨씬 전인 2002년에 워싱턴 D.C.에서 열린 전미경제학자클럽 (National Economists Club)에서 정부의 디플레이션 대응 정책 수단을 주제로 연설한 적도 있다. 그는 선견지명을 발휘하며 이렇게 말했다. "미국 정부는 인쇄기(오늘날의 전자식 인쇄기)를 돌려 사실상 아무 비용도 들이지 않고 달러를 원하는 만큼 찍어낼 수 있습니다."[58]

베어스턴스 인수 소식이 전해지자마자 시장이 반등한 이유도 바로 이 때문이었다.

버냉키가 지휘권을 잡는 한 정부가 최종 대부자 역할을 할 것이라는 믿음이 널리 퍼졌다. 가장 부실하거나 불운한 기업은 파산을 면치 못할 테지만, 그것은 본래 시장이 돌아가는 원리였다. 위기 확산을 막는 정부의 역할을 이해하는 인물이 연준을 이끌고 있었기에, 많은 투자자는 경제가 다시 흔들리면 버냉키가 구제 조치를 취할 것이며 어쩌면 인쇄기를 가동하여 화폐를 발행할 것이라고 여겼다.

이후 리먼 브라더스가 파산하면서 S&P 지수는 2007년 10월 고점에서 2009년 3월 저점까지 무려 57퍼센트나 폭락했다.[59]

정말 두려운 시기였다. 알면 알수록 상황은 더욱 심각해 보였다.

미국 정부는 베어스턴스 사태가 발생했을 때 금융 시스템에 최종 대부자가 필요하다는 사실을 인식했고, 전례 없는 조치를 취하며 시장에 개입하여 최종 대부자 역할을 수행하고 금융 시스템을 구제했다.

하지만 리먼 브라더스 사태 이후 시장에 전달된 메시지는 혼란스러웠다. 간략하게 정리하면 이렇다. "금융 시스템에 최종 대부자가 필요하다는 사실을 인지하고 있고, 그에 따라 베어스턴스 사태 때 필요한 조치를 취했다. 하지만 이제 미국 정부는 금융 시스템을 구제할 권한이 없다고 생각한다."

결국 재무장관 행크 폴슨(Hank Paulson)이 하원 의장 낸시 펠로시(Nancy Pelosi)에게 간곡히 도움을 청하는 상황에 이르렀다.[60] 폴슨과 버냉키는 미국 정부의 전폭적인 지원이 필요했다.

2008년 10월 3일, 미국 의회는 긴급경제안정법(Emergency Economic Stabilization Act)[61]을 통과시켰다. 마침내 정부 정책 기조에 중대한 전환이 이루어진 것이다. 이 대대적 법안은 7000억 달러 규모의 TARP(Troubled Asset Relief Program, 부실자산 구제 프로그램)를 탄생시켰다. 이 기금의 목적은 금융 시스템에 유동성을 다시 불어넣고, 위험자산을 대량 매각하며 가격 하락을 부추기던 은행들을 안정시키는 것이었다.[62] 절박한 상황에서 취한 최후의 조치였다. 은행들은 좀처럼 자금을 조달할 수 없었고, 대다수가 붕괴 직전에 몰려 있었다.[63]

다시 한번 강조하지만, 이 책에서는 내가 금융위기를 예측해서 큰돈을 번 후 행복하게 살았다는 이야기를 늘어놓지 않는다. 그런 이야기는 다른 책에서 찾길 바란다. 나는 다년간의 경험과 수많은 시행착오를 거치며 위험에 대한 민감도가 점점 발달했다. 이미 투자 시스템을 구축했고, 균형 잡힌 자산 배분 포트폴리오를 운용하고 있었다. 이번 약세장에서 내 주식 비율이 하락했으므로 평소 같으면 주식을 추가 매수해서 리밸런싱(rebalancing, 포트폴리오 재조정)에 나섰을 것이다. 하지만 시장이 끝도 없이 폭락하는 상황에서 억지로 리밸런싱을 하는 것은 너무도 고통스러운 일이었다.

나는 두려웠다. 상황이 점점 악화하는 것 같았다.

당시 사람들은 금융 시스템이 완전히 무너지고 파괴될 것이라고 확신했다. 나는 영화 〈쥬라기 공원(Jurassic Park)〉에서 포식자인 랩터(육식 공룡)들이 울타리의 취약한 지점을 시험하는 장면이 떠올랐다.[64] 트레이더들도 비슷한 방식으로 은행들의 취약점을 집요하게 공략하여 무너뜨리려 했다. 나는 이 위험한 게임에 뛰어들 준비가 되어 있지 않았다. 만약 정부가 제대로 대응한다면 하락에 베팅하는 포지션이 순식간에 무너질 수 있었기 때문이다. 랩터들이 울타리를 뚫고 나와 시스템이 붕괴할 경우 내가 베팅으로 딴 돈을 제대로 챙길 수 있을지조차 확신할 수 없었다. 더 심각한 문제는 현명한 투자자들마저 자기 땅에 금을 파묻고 식량을 비축하기 시작했다는 점이었다.

그러나 행운은 준비된 자에게 돌아갔다. 씨티그룹(Citigroup)은 서브프라임 모기지(subprime mortgage, 일반적인 대출 심사에 통과하지 못하거나 신용등급이 낮은 사람을 대상으로 제공되는 주택담보대출 – 옮긴이)로 몸살을 앓았고, 3600억 달러에 달하는 부실자산을 떠안고 있었다.[65] 2008년 11월, 이 거대 은행의 주가가 순식간에 60퍼센트나 하락하여 3.77달러가 되었다.[66] 그러자 씨티그룹은 정부에 지원을 요청했다.[67] 11월 23일, 미국 정부는 씨티그룹의 주택담보대출과 증권을 보증하겠다고 발표했다. 씨티그룹은 전체 포트폴리오 손실을 최대 290억 달러까지 감당하며, 이를 초과하는 금액에 대해서는 미국 정부가 먼저 TARP로, 그

다음에는 FDIC(Federal Deposit Insurance Corporation, 연방예금보험공사)에서 손실의 90퍼센트를 부담하기로 했다. 씨티그룹이 그 대가로 두 정부 기관에 70억 달러 상당의 씨티그룹 우선주를 발행하고, 미국 재무부에 배당금을 8퍼센트 지급한다는 조건이었다.[68]

결국 미국 정부가 모건과 버핏을 대리인으로 내세우지 않고 최종 대부자로 나선 셈이다. 리먼 브라더스 사태 때 개입하기를 주저했던 정부가 이제 본격적으로 시장을 지원하고 나섰다.

재무제표를 분석하는 데 일가견이 있던 래리는 2009년 2월 말에 더 많은 세부 사항이 담긴 정부의 장황한 구제금융 패키지 보고서에서 중요한 단서를 발견했다.[69] 미국 정부는 씨티그룹의 우선주를 주당 3.25달러에 보통주로 전환하기로 했는데, 이는 당시 주가보다 상당히 비싼 수준이었다. 시장은 이 발표에 실망했고, 이후 며칠 동안 씨티그룹의 보통주 주가는 0.97달러까지 하락했다.[70]

나는 충격이 너무도 커서 말문이 턱 막혔고, 래리는 그런 내게 현재 상황을 두 번이나 설명해야 했다.

나는 이렇게 물었다. "잠깐만. 정부가 씨티그룹 주식을 매수하고 있고, 우리는 정부가 제시하는 가격보다 더 저렴하게 시장에서 주식을 살 수 있다는 말이야?" 래리는 고개를 끄덕이더니 정부가 사실상 씨티그룹의 주가에 하한선을 설정했다며 천천히 설명을 되풀이했다.

"이건 전국에 보도된 뉴스잖아!" 나는 어안이 벙벙한 채로 말했다.

정부의 씨티그룹 개입은 시장에 훨씬 광범위한 영향을 미쳤다. 여러 면에서 그것은 버핏식 가치 투자가 자취를 감춘 순간이었다. 이제 투자자들은 미시적 집착을 버리고 거시적 사건이 시장에 미치는 영향을 고민해야 할 차례였다.

정부가 씨티그룹에 투자한 이유는 충분한 조사 끝에 씨티그룹 주식이 저평가된 보석이라 곧 급등할 것으로 판단했기 때문이 아니었다. 씨티그룹이 파산하여 경제 전체가 침체에 빠지지 않도록 막으려고 투자했을 뿐이었다.

그러한 결정은 가치 투자가 아니었다. 전통적인 의미에서 종목을 선정한 것도 아니었다. 정부가 위험자산의 추가 하락을 막을 수 있을 정도로 대규모 거래를 진행한 사례라고 할 수 있다.

당시 노벨상을 수상한 경제학자들은 미국 은행들의 국유화를 요구했다.[71] 그러나 미국 재무장관 티머시 가이트너(Timothy Geithner)는 대규모 투자라는 다른 길을 선택했다. 미국 정부는 민간 기업에 공적 자본을 투자하고 미국 은행 시스템의 자본 구성을 재편할 계획이었다.

행동에 나서다

정부의 투자 결정은 거시 정책의 중대한 전환점이 되어 주식시장에 큰 변화를 불러올 게 자명했다. 래리와 나는 다시 주식을 매수하기 시작했고, 나는 그날 밤 아내에게 계획을 설명했다.

"우리 돈을 다시 주식에 넣어 포트폴리오를 조정하려고 해." 내가 말했다. "하지만 이 계획이 실패하면 돈이 얼마 남지 않을 수도 있는데, 그래도 해볼까?"

"해봐." 아내가 말했다. "듣고 보니 일리가 있어. 나는 안정적인 직장에 다니니까 만에 하나 일이 잘 안 풀려도 괜찮을 거야. 다시 처음부터 시작하면 돼."

나는 자산을 주식으로 다시 배분하기 시작했다.

일단 정부 개입이 효과를 내기 시작하고 시장이 반등하자 노련한 투자자들조차 이제 정부가 손을 뗄 시점은 아닌지 고민하기 시작했다. 하지만 나는 정부가 의회를 거쳐 개입할 권한을 얻은 이상, 오히려 시장에 더 적극적으로 관여할 것으로 내다보았다.

2009년 3월 15일 일요일, 연준 의장 벤 버냉키는 유명 시사 프로그램 〈60분(60 Minutes)〉에 출연하여 진행자 스콧 펠리(Scott Pelley)와 인터뷰를 했다. 그는 이전에 정책 전문가들에게 한 발언을 일반 대중을 대상으로 그대로 되풀이했다.

버냉키는 카메라 앞에서 이렇게 설명했다. "은행들은 연준에 계좌를 보유하고 있습니다. 사람들이 시중은행에 계좌를 개설해놓는 것과 아주 비슷한 방식이죠. 연준이 은행에 돈을 빌려줄 때는 컴퓨터로 은행들의 연준 계좌 잔고를 늘려주기만 하면 됩니다. 이건 대출이라기보다 돈을 찍어내는 것에 훨씬 가깝습니다."

"돈을 찍어내고 있나요?" 펠리가 물었다.

"실질적으로 그렇습니다."[72]

옛 금융 질서는 막을 내렸고, 새로운 질서로 전환하려는 혁명은 모든 이가 볼 수 있도록 텔레비전으로 중계되었다.

나는 월요일 내내 그의 인터뷰 영상을 반복 시청했다. 시장은 좀처럼 움직이지 않았다. 하지만 결국 사람들은 그의 메시지를 이해하기 시작했다. 2009년 3월 17일 화요일에 시장에 진입한 투자자들은 이득을 보았을 것이다. 그다음 해에 S&P 500 지수가 55퍼센트나 상승했으니 말이다.[73]

우리는 미국 정부가 시장에 유동성을 불어넣기 위해 새로 도입한 개입 정책에 근거하여 투자를 진행했고, 소닉 펀드는 그에 따라 상당한 수익을 올릴 수 있었다. 매크로 투자는 확실히 1년에 단지 3분만 할애해도 될 만큼 하찮은 일이 아니었다.

게임이 계속되는 이유

나는 2011년 UBS에 입사하여 글로벌 자산관리 부문의 자산 배분 투자 과정을 구축했다.[74] 그 과정에서 정부 개입과 시장의 방향성 간 상관관계가 점점 중요해지고 있다는 사실을 알게 되었다.

내가 이 사실을 깨달은 건 2014년의 일이다. 나는 그해 UBS의 글로벌 CIO가 되어 저명한 금융 콘퍼런스 참석차 아시아로 출장을 떠났다. 콘퍼런스 대기실에서 우연히 전(前) 미국 재무장관 티머시 가이트너를 만났다.[75]

우리는 부유한 청중 앞에서 연설할 차례를 기다리며 자연스레 대화를 나누기 시작했다. 나는 씨티그룹의 구제금융으로 시장 상황이 반전되면서 수익을 거둘 수 있었기에 가이트너에게 직접 감사를 전하고 싶었다.

가이트너는 이 사적인 자리에서도 자신과 버냉키가 언론 인터뷰에서 공개적으로 밝힌 내용과 일치하는 이야기를 들려주었다.[76] 그들이 가진 수단을 고려하면, 먼저 금융시장을 구하지 않고서는 실물경제를 구할 수 없었을 것이다. 미국에는 노동자를 고용할 수 있는 기업이 필요했다. 밀물이 들어와야 모든 배가 같이 떠오른다는 논리였다. 말하자면 유동성이 공급되어야 모든 경제 주체가 살아날 수 있다는 주장이었다. 그는 정부가 이후에 누진세 정책을 도입하여 불균형을 일부 바로잡을 수 있기를 바랐다. 여기에는 순투자소득세(NIIT) 3.8퍼센트 같은 제도가 포함되었을 것으로 보인다.[77]

그는 기존 금융 시스템을 활용하여 경제 전체를 번영으로 이끌고 조세 정책으로 자본주의가 초래한 부의 불균형을 재분배하는 것이 앞으로 나아갈 유일한 길이라고 믿는다고 밝혔다.[78] 민주당이 장악한 백악관에서 임명한 전(前) 고위 관료에게 직접 들은 이 이야기는 역사학자이자 투자자인 내게 큰 의미로 와닿았다. 이러한 접근 방식은 장기 투자자들의 위험을 줄여주었다.

미국 민주당은 오랜 기간 노동자의 편에 서서 자본에 맞섰고 체제를 바꿔야 한다고 주장했다. 하지만 버락 오바마(Barack Obama) 행정부는 글로벌 금융위기 당시 일부 민주당원이 오랜 신념을 갖고 적극적으로 재추진한 은행 국유화 정책[79]을 우회했을 뿐 아니라, 실제로 해당 은행들의 주식을 매수하기에 이르렀다.

다시 말해 오바마 행정부는 수익을 올리려고 납세자의 돈을 주식에 투자한 것이다. 이는 민주당이 오랜 기간 고수한 자본주의와는 전혀 다른 관점이다. 민주당의 계획이 더는 체제를 바꾸는 것이 아니라 최악의 결과 중에서 일부라도 그 여파를 완화하는 것임이 분명해졌다.

이 계획이 옳든 그르든 미국의 전반적인 정치 및 경제 담론을 우파 쪽으로 이동시켰고, 자본을 보유한 투자자들의 장기적 위험을 줄여주었다.

나는 UBS에서 일하면서 세계 각국 정부가 여전히 금융 시스템에 유동성을 공급하는 데 전념하고 있다는 사실을 알게 되었다. 최악의 상황이 지난 것처럼 보였고 시장은 이미 2009년과 2010년에 강하게 반등했지만,[80] 정부의 개입이 계속된 것이다. 2012년 유럽중앙은행 총재 마리오 드라기는 유로화를 지키는 데 "필요한 모든 조치"를 취하겠다는 유명한 연설을 했다.[81] 당시 각국 정부가 금융위기 이후로 지속된 디플레이션 국면에서 경제를 되살리려고 시장에 개입하면서 활용한 금융 정책 수단 중 하나가 바로 양적완화(quantitative easing)였다.[82]

2008년 말, 버냉키가 〈60분〉에서 정부의 경제 정책 변화를 공식적으로 발표하기 직전에 연준은 영란은행에 이어[85] '위험자산'을 매수하여 자체 재무제표에 추가하기 시작했다.[84] (위험자산은 원자재부터 주식에 이르기까지 다양하지만,[86] 당시 연준은 주택담보증권을 대거 매수했다.) 2010년 일본은행도 ETF로 주식을 매수하기 시작했다.[88] 내가 2014년 아시아 투자 콘퍼런스에 참석했을 때도 연준과 다른 중앙은행들은 여전히 매월 활발하게 매수 규모를 확대하고 있었다.[89] 사실 2017년 이러한 자산 매입 과정을 되돌리려는, 이른바 양적긴축(quantitative tightening) 시도가 코로나19 팬데믹 기간에 빠르게 철회되었고, 연준이 다시 매입 속도를 본격적으로 늦추기 시작한 건 2022년 6월 이후였다.[90] 가이트너는 명칭이 무엇이든 간에 금융시장을 국민 세금으로 지원하는 것이 계획이었다고 다시금 밝혔다.

나는 가이트너 재무장관과 대화를 나누면서 정부가 위험자산을 매수하는 것 외에는 다른 선택지가 없다고 인식했음을 알게 되었다. 경제 전체가 다시 활기를 되찾을 때까지 자산을 계속 사들이는 전략이었다. 투자할 자본이 없는 사람이 많았기에, 실물경제를 살리려면 주식을 상당한 규모로 매수해야 할 판이었다. 반면 투자 자본이 있는 사람이라면 정부가 사들이는 자산을 그저 따라 매수하기만 하면 될 일이었다. 정부가 추가로 자산을 매수하면 가격이 더 상승하기 마련이었다.

마침내 콘퍼런스의 다음 연사로 내가 지명되었다. 대기실에서 무대까지 걸어가는 짧은 시간 동안, 무슨 말을 해야 할지 더욱 분명해졌다.

나는 연단 앞에 섰다.

"신사 숙녀 여러분, 여러분께 해결책을 제시하겠습니다!" 나는 청중에게 말했다. "지금은 위험자산을 매수하기에 좋은 시기입니다. 연준과 다른 중앙은행들이 위험자산을 매입하고 있고, 이들은 경제가 위기에서 벗어났다고 150퍼센트 확신할 때까지 자산 매입을 멈추지 않을 것입니다."

정부를 따라 매수하라.

고백하건대 그렇게 대담하게 선언하는 것이 썩 유쾌하지는 않았다. 전 세계 많은 투자자가 정부가 하는 일을 이해하지 못해 불안해하고 투자할 자본도 구하지 못하는 어려운 상황이었기 때문이다. 하지만 내가 그토록 대담하게 발언한 이유는, 2014년 UBS 고객 중 다수가 여전히 글로벌 금융위기의 충격에서 벗어나지 못해 주식에 투자하려 들지 않았기 때문이다. 나는 정부 지원이 이어지는 상황에서 주식과 위험자산이 여전히 최고의 투자처라는 사실을 고객에게 알리고 설득해야 한다고 판단했다. 정부는 자산 매입 정책에 따라 더 높은 가격 상승을 유도하려 했다.

마침내 예상했던 시나리오가 현실에서 전개되었다. S&P 500 지수는 2010년부터 2014년까지 77퍼센트 상승했고, 이후 4년 동안 추가로 59퍼센트 상승했다. 2014년 1월부터 2022년까지 8년 동안 203퍼센트 상승했고,[91] 2022년 여름에 연준은 증권 매입 속도를 늦추며 또다시 자산 규모를 축소하기 시작했다.

글로벌 금융위기는 정부의 운영 방식과 세계 시장의 작동 원리, 심지어 자본주의의 본질 자체까지 바꿔놓았다.

더 많은 사례를 찾고 싶다면 코로나19 대응 과정을 떠올려보길 바란다. 각국 정부는 먼저 전 세계 경제를 전면 중단시킨 후 돌연 정책 방향을 틀어 막대한 보조금을 투입했고 경제를 되살리려는 모습을 보였다. 1장에 제시된 차트에서 볼 수 있듯, 이는 제2차 세계대전 수준의 대규모 개입이었다. 코로나19 팬데믹에 따른 매도세가 이어진 후 며칠 만에 연준이 금융위기 대응책을 가동하자 UBS는 '정부를 따라 매수하라'는 전략을 다시 실행했다. 2021년 8월 S&P 500 지수는 코로나19 저점에 비해 두 배로 뛰어 역사상 가장 빠른 상승세(354일)를 기록했다.[92]

다시 한번 강조하지만 '정부를 따라 매수하라'는 이론의 핵심은 씨티그룹 구제금융부터 버냉키의 TV 출연, 일본의 주식 매입, 연준의 코로나19 대응, 바이든 행정부의 인플레이션감축법에 이르기까지 주요 경제 정책을 예측하려고 굳이 내부자 정보를 알 필요가 없었다는 점이다. 이 정책들은 모두 전국에 뉴스로 보도되었고, 공식 발표 이후에도 투자하고 수익을 올릴 시간이 충분했다.

이는 그때나 지금이나 마찬가지다.

정부를 따라 매수하는 전략은 수정 구슬을 들여다보며 미래의 주요 시장 전환점을 예측하는 것과는 다르다. 물론 정부의 당근과 채찍, 즉 인센티브와 제재가 초래한 진정한 병목현상과 과잉을 이해하고자 심층 연구를 진행한다면 다음 금융위기가 언제 발생할지, 어떤 자산이 가장 큰 타격을 받을지 통찰을 얻을 수 있을 것이다.

그러나 이 전략의 목적은 미래를 예측하는 것이 아니다. 공개 시장에서 정부 정책이 시행되고 나면 정부 자금(결국 납세자의 돈)의 흐름을 추적하며 이후 벌어지는 일에 대응하는 것이다.

그렇다고 해서 현재 이 접근 방식이 영원히 똑같은 방식으로 작동할 것이라는 의미는 아니다. 정부가 원하는 시장의 움직임과 결과를 달성하려고 점점 급증하는 국가 부채를 이용해서 당근을 제공하거나 채찍을 휘두르는 방식이 언제까지 유지될지는 아무도 모른다. 미국을 보라. '채권 자경단(bond vigilantes, 중앙은행 정책 등에 불만을 표출하려고 국채를 매도하는 투자자−옮긴이)'이 부채가 과도한 정부에 돈을 빌려줄 때는 훨씬 높은 금리를 요구할 것이고, 그러면 현재와 같은 '정부를 따라 매수하라'는 전략은 결국 자승자박의 결과를 초래할 수 있다.

그러나 막상 위기가 닥치면 글로벌 금융위기 때처럼 정부는 납세자의 돈으로 기존 시스템을 지탱하려고 똑같은 수단을 활용할 가능성이 크다. 투자자들은 정책의 미묘한 변화를 놓치지 말고 민감하게 반응해야 한다. 그러나 지금까지 미국과 유럽은 모두 금융시장을 먼저 지원하지 않고서는 실물경제를 살릴 수 없다는 근본적인 문제를 해결하지 못했다. 나는 이것이 옳다거나 그르다고 말하려는 것이 아니다. 현재 정부의 정책 수단이 지닌 제약을 지적할 뿐이다.

이 점을 다시 짚기 위해 자금의 흐름을 따라가보자. 지난 반세기 동안 미국 금융 시스템에 일어난 큰 변화 가운데 하나는 조부모 세대가 누렸던 확정급여형 연금 제도가 401(k) 같은 확정기여형 연금 제도로 대체되었다는 사실이다. 이처럼 노후 자금을 준비하는 방식이 근본적으로 바뀌었으니 오늘날 자본과 노동의 주체가 정확히 누구인지 의문이 들 수 있다.

연준에 따르면, 2019년 기준 미국 가구의 58퍼센트가 상장 주식을 보유하고 있다.[93] 최근 갤럽(Gallup) 조사에 따르면, 2023년 미국 가구의 61퍼센트가 주식을 보유했다.[94] 부유층이 주식의 상당 부분을 소유하고 있으므로 이러한 통계는 정책 결정에 그다지 의미가 없다고 주장하는 사람들이 있을 것이다. 그렇다면 유권자들을 주시하는 선출직 공직자들에게 그렇게 말해보라. 부유층이 주식을 가장 많이 보유하고 있다고 해서 소액 주주들이 주식에 신경을 덜 쓴다고 볼 수는 없다. 실상은 오히려 그 반대다. 일반인에게는 생계를 유지하는 데 필요한 자산 대비 주식의 비중이 부유층보다 상대적으로 크기 때문에 주식은 훨씬 큰 가치를 지닌다. 따라서 이들 역시 주식에 깊은 관심을 가질 수밖에 없다.

61퍼센트라는 수치를 고려하면 미국 정치인들이 어느 정도 주가를 보호하는 방향으로 치우칠 수밖에 없는 이유를 쉽게 이해할 수 있다. 주가를 떠받치는 것은 곧 미국 가구의 재산을 보호하는 것과 같다. 이러한 논리는 국가적 차원의 정치 담론에서 직접적으로 언급되지는 않지만, 정치인들의 실제 행동에서 간접적으로 드러난다. 주식시장이 크게 폭락한 후에 정부 관료들이 나서서 시장을 진정시키려는 모습이 자주 포착된다. 반대로 자산 가치가 하락할 때 소비자가 느끼는 자신감이 덩달아 감소하는 현상인 '부의 효과(wealth effect)'가 인플레이션을 억제하려는 중앙은행의 역할을 대신할 때도 있다.

나는 시장과 정부가 맞닿는 교차점을 대학 시절에 이해하기 시작했다. 하지만 지금 시점에서 금융 시스템이 얼마나 근본적으로 변화했는지, 그리고 무엇보다 앞으로 다가올 불가피한 충격을 견딜 수 있도록 새로운 규칙에 따라 탄탄한 포트폴리오를 구축하여 이 새로운 세계에 어떻게 적응해야 하는지를 독자도 이해하길 바란다.

<table>
<tr><td>정
리</td><td>이제 대다수 투자자는 과거보다 주식 비율을 늘리고 채권 비율을 줄여야 한다. 인플레이션과 높은 정부 부채 부담은 역사적으로 '안전하게' 여겨졌던 채권 투자를 확실한 투자 대상에서 멀어지게 만들고 있다. 그런 반면에 과거 금융위기와 금융시장에서 일어난 붕괴 사례에서 우리는 현재의 주식 소유 시스템을 지키려고 "필요한 모든 조치"를 취하겠다는 정부의 의지를 확인했다. 따라서 장기적으로 위험 대비 수익 관점에서 볼 때는 주식 같은 위험자산이 더 매력적인 자산군이 된다.

그러나 이 책에서는 전통적인 투자 서적에서 조언하는 내용을 그대로 되풀이하지 않는다. 전통적인 투자서는 대체로 시장에서 외면받는 저평가 개별 주식을 충분히 저렴한 가격에 매수한 후 다시 시장의 기대감이 높아질 때 해당 주식을 매도하라고 조언한다. 이는 이론적으로 훌륭한 전략이며, 세계 최고 수준의 재능과 집중력을 갖춘 소수에게는 항상 마땅한 보상을 안겨줄 것이다. 그러나 실제로 이 전략은 종목 선별을 다루는 여러 책에서 설</td></tr>
</table>

명하는 것만큼 일반인이 따라 수행하기에 쉽지 않았다.

이 책에서 강조하는 핵심은 이렇다. 정부 개입으로 영향을 받는 거시적 요인에 따라 장기적으로 주식이 채권보다 더 매력적인 자산군이 되었다는 사실을 이해하는 것이 중요하다. 하지만 그와 동시에 과도한 거시적 개입은 개별 종목에 대한 전통적인 가치 투자를 흔들어 오히려 포트폴리오의 재무 건전성을 위협할 수도 있다.

오늘날 시장에서 미시적 전략은 대개 의미가 없고, 정부의 거시경제 정책에 따라 이런저런 방식으로 거대 자본 흐름에 휩쓸리기 쉽다. 이후 정부가 내미는 당근을 좇아 민간 부문의 막대한 자금이 몰려들거나, 반대로 채찍이 등장하면 일제히 자금이 빠져나가 거시 정책의 파급효과는 더욱 증폭된다. 다시 말해 거시경제를 다루지 않으면 거시경제에 휘둘릴 것이다.

주식형 펀드가 승자와 패자로 뚜렷하게 갈린 이유가 바로 여기에 있다. 2023년 말에 전 세계 투자자들은 지난 5년 동안 주식형 헤지펀드에서 순 1500억 달러를 회수했는데, 이는 글로벌 금융위기 이후 최대 규모의 자금 유출이었다.[95] 우수한 수익률을 올린 펀드도 있지만, 전반적으로 주식에 투자하는 헤지펀드는 지난 10년 중 9년 동안 미국 주식시장 수익률을 밑돌았다. 전문가들조차 종목 선정에 어려움을 겪고 있다는 뜻이다.[96]

나는 이제 접근 방식을 바꾸라고 조언하고자 한다.

　　　　　　　　　　　　　　　　　　　　　　　　　　규칙 3

The
New Rules
of
Investing

종목을
고르지 말고
자산을
배분하라

2001년 9월 11일 오전 8시 46분, 첫 번째 비행기가 뉴욕에 있던 세계 무역센터(World Trade Center)의 북쪽 타워를 들이받았다.[1] 당시 나는 보스턴에 있는 내 사무실에 앉아 모니터를 들여다보며 파트너인 래리와 대화를 나누고 있었다.

나는 그 광경을 지켜보며 공포에 휩싸였다.

"이것 좀 봐." 방금 무슨 일이 일어난 건지 도무지 확신할 수 없었다.

시장이 열리기 전에 비행기가 건물에 충돌했고, 선물 시장은 즉각 반응하기 시작했다.

잠시 후 두 번째 비행기가 또다시 건물을 들이박았다. 오전 9시 3분에 벌어진 일이다.

래리가 말했다. "테러 공격이야."

내가 뉴스를 제대로 파악하기도 전에 래리는 선물 시장에서 S&P 500을 공매도했다. 두 번째 비행기가 타워에 충돌한 후 거래소가 문을 닫기 직전 몇 분 동안 거래가 체결되었다.

9월 17일, 미국 증시가 마침내 다시 개장했다. 다우 지수는 9·11 테러 이후 첫 거래일에 7.1퍼센트 하락했다.[2] 세상은 달라졌고, 우리는 목숨을 잃은 동료들을 애도했다. 하지만 소닉 펀드는 재무적으로 견고한 상태였다. 우리는 주식시장 공매도라는 형태로 보험을 들어둔 덕분에 이후 전개되는 기회와 위험을 차분하게 평가할 수 있었다.

9·11 테러는 너무도 충격적인 순간이었다.

래리는 상황을 파악한 뒤 순식간에 방향을 틀어 판도를 뒤집는 거래를 체결했다. 내가 입을 다물지 못한 채 계속해서 모니터만 바라보고 있을 때 래리는 이미 주문을 넣었다. 나도 정신을 차린 후에는 어쩌면 똑같이 주문을 넣었겠지만, 그때쯤이면 너무 늦었을 것이다.

어떤 사람들은 이 이야기를 듣고 끔찍한 사건이 벌어지는 와중에도 우리가 시장에 집중했다는 사실에 경악한다. 하지만 당시 주주 중에서 그 누구도 우리에게 그런 비난을 담은 편지를 보내지 않았다. 오히려 몇몇은 래리의 냉철한 판단과 투자금을 지키려는 행동을 칭찬했다. 이 문제는 양면성을 안고 있다. 나는 도덕적인 사람이 비도덕적인 시장에서 적극적으로 거래하려 할 때 겪게 되는 숨은 심리적 비용에 대해 솔직하게 밝히고자 한다.

당시 나는 직업적으로 그다지 철학적인 사고방식을 갖고 있지 않았다. 오로지 사실에만 집중했다. 래리는 실시간으로 세계 최고의 트레이더임을 증명했지만, 나는 그만큼 실력자가 아니었고 아마 앞으로도 그럴 것이다. 바퀴벌레 이론을 빌리자면, 래리 같은 최고의 트레이더가 존재한다는 것은 세상 어딘가에 또 다른 실력자들이 무수히 많이 숨어 있음을 시사한다. 그러니 세상에는 나보다 뛰어난 사람이 훨씬 많을 것이다. 물론 나는 트레이딩 실력을 더 키울 수 있다고 자기암시를 걸 수도 있겠지만, 위험을 객관적으로 인지해야 하는 상황을 겪으면서 이전과 전혀 다른 시각을 갖게 되었다.

이러한 상황에서는 그 누구도, 심지어 래리조차도 시장을 항상 이길 수는 없을 것이다. 세상을 바꾸는 결정적인 사건이 일어나는 바로 그 순간에 책상 앞에 앉아 있지 않으면 거래 자체를 할 수 없다. 잠을 자고 식사를 하고 화장실에 가는 시간을 제외하고 깨어 있는 모든 순간을 모니터 앞에서 보내더라도, 평생을 바쳐 실력을 키우려 노력하더라도, 이처럼 결정적인 순간에 생기는 거래 기회의 30퍼센트는 놓칠 수밖에 없다. 만일 인생에서 단순히 매매하고, 먹고, 자고, 화장실에 가는 일 이외에 더 다양한 일을 하고 싶다면 그러한 거래 기회를 포착할 확률은 더욱 희박해진다.

그 순간부터 나는 더는 현실을 외면할 수 없었다. 항상 모니터 앞을 지키고 앉아 적시에 적절한 결정을 내려야만 성과를 낼 수 있는 투자 전략이라면, 그것은 현실적으로 극복할 수 없는 거대한 위험을 마주하고 있는 것이나 다름없다.

하지만 나는 이 고민을 마음속 깊숙이 묻어버렸다. 그 시기에 내 인생은 종목을 연구하고, 먹고, 자고, 화장실에 가는 것이 전부였기 때문이다. 게다가 우리의 전략은 주식 가치 평가와 장기 보유 기간을 심층적으로 연구하는 것이었기에, 다른 사람들처럼 우리 역시 거시경제나 단기 매매에는 신경 쓰지 않았다.

나는 헤지펀드 업계에서 미래를 개척할 수 있다는 확신이 있었다. 주식시장은 내 인생에서 마주한 가장 큰 직업적 도전이었고, 나는 이 일에 모든 것을 걸 작정이었다.

2007년으로 돌아가보자.

나는 서른여섯 살에 퇴직금을 받고 헤지펀드 업계를 떠났다. 글로벌 금융위기가 닥치기 전이었다. 나는 당시 버지니아주에 있는 자택에 머물며 반쯤 은퇴한 상태로 갓 태어난 딸을 돌보고 있었다. 시장이 금융위기로 치닫고 있다는 사실은 미처 알지 못했지만, 2006년 말부터 종목을 선정하는 일이 점점 어려워지고 있음을 깨달았다. 마침 가정을 꾸리고 싶다는 마음도 들었다. 정확한 이유는 알 수 없었지만 변화가 필요하다고 느꼈다.

2007년 유난히 힘들었던 어느 날, 내 인생에 변화가 절실하다고 느꼈다. 사랑하는 할머니가 돌아가신 지 얼마 되지 않은 데다 금융위기가 엄습하면서 당시 진행하던 거래가 삐걱거렸다. 나는 슬픔과 불안, 초조함이 뒤섞여 착잡한 상태로 딸을 보러 옆방으로 건너갔다. 딸은 곧장 내 손가락을 붙잡고는 나를 올려다보며 환하게 미소를 지었다. 그 순간 내 세상이 바뀌었다.

딸의 존재는 내가 지금껏 미래에만 집중하며 인생을 살아왔다는 사실을 일깨워주었다. 나는 이력서를 경력으로 빽빽이 채워 넣고, 대규모 매매에 집중하고, 미래를 위해 저축하고, 끊임없이 늘어나는 목표를 달성하려고 그저 앞으로만 나아갔다. 이러한 사고방식과 사람들의 많은 도움 덕분에 지금까지 어느 정도 물질적 성공을 거둘 수 있었다. 복리의 힘을 믿고 인내한 끝에 결국 원하는 성과를 얻은 것이다.

하지만 그 과정은 인생에서 느낄 수 있는 많은 행복한 순간을 내게서 앗아갔다. 나는 그때까지 높은 산 정상에 오르려고 걸음을 멈추지 않았지만, 정상에 도달하면 언제나 저 멀리에 있는 더 높은 산봉우리가 눈에 들어왔다. 은퇴만 하면 이 모든 것이 마법처럼 깔끔하게 정리될 줄 알았지만, 현실은 전혀 달라지지 않았다.

마침내 나는 깨달았다. 그 방에서 딸과 함께 기쁨을 나누고 싶다면, 더는 저 멀리 무지개 너머의 황금 항아리를 찾아 나서자며 내 뇌를 자극하고 흥분시켜선 안 된다는 것을. 나는 주식시장과 맺은 관계를 근본적으로 바꾸려고 부단히 노력해야 했다.

딸과 함께하는 행복한 순간을 온전히 누리고 싶었다. 그러려면 스스로 변해야 했다.

나는 인생의 다른 국면에 접어들었다. '은퇴'할 만큼 충분한 자산을 축적했으니 이제 투자는 단순히 돈을 버는 일이 아니었다. 나는 이제 학생도 아니었다. 내게는 어린 딸이 있었다. 단순히 자산을 불리기보다는 지키는 방법을 고민해야 했다.

이러한 생각 끝에 윌리엄 번스타인(William Bernstein)의 저서 《현명한 자산배분 투자자(The Intelligent Asset Allocator)》를 집어 들었다.[3]

언제든지 배울 준비가 된 사람에게는 적절한 스승이 나타나기 마련이다.

나는 이 책을 읽고 자산 배분의 중요성을 다시 생각하게 되었다. 포트폴리오에서 얼마만큼을 채권에, 또 주식에 투자할지 결정하는 이 단순한 행위가 사실은 매우 중요한 결정이었다.[4] 나는 자산 배분에 관한 책을 몇 권 더 읽으면서 대학 시절에 수강했던 과목들을 하나둘 머릿속에 떠올리기 시작했다.

가장 생생하게 기억나는 인물은 버턴 말킬(Burton Malkiel) 교수였다. 1990년대 초에 나는 운 좋게도 프린스턴에서 말킬 교수의 강의를 들을 수 있었다. 그가 쓴 《랜덤워크 투자수업(A Random Walk Down Wall Street)》은 수백만 부가 팔렸고 50주년 특별 개정판까지 나왔다.[5] 이 유명한 책은 전문 투자자들조차도 잘 분산된 저비용 주식 펀드의 실제 투자 수익률을 장기간에 걸쳐 꾸준히 이기기는 어렵다는 사실을 '입증'했다. (내 인생을 바꾸고 투자 접근 방식을 형성하는 데 큰 영향을 준 도서 목록은 이 책의 부록을 참조하길 바란다.)

말킬 교수는 종목을 고르려는 시도가 시간 낭비라고 말한다. 그는 내 마음을 꿰뚫어 본 현명한 사람이었고, 강의실에서 대다수가 언급하기 껄끄러워하는 문제를 제기하는 데 주저하지 않았다. 그는 미소를 지으며 이렇게 말했다. "똑똑한 프린스턴 학생들은 듣게나. 내 강의를 듣고 A학점을 받더라도 사회에 나가면 내가 한 말은 전부 잊어버리고 종목을 선별하게 될 걸세. 아무래도 생계를 꾸려야 할 테니."

말킬 교수는 사람들이 자신의 조언을 따르는 데 어려움을 겪는다는 사실을 알고 있었고, 어떤 결과가 나올지에 대해 친절하게 지적해주었다. 그는 학생들이 투자 운용 분야에서 성공하지 못하기를 바란 것이 아니었다. 오히려 시장을 이길 만큼 열심히 노력해서 소수의 위대한 투자자 중 한 명이 되기를 진심으로 바랐다. 또 그와 동시에 그는 많은 사람이 그러려고 노력하겠지만 성공을 거머쥐는 사례는 극히 드물다는 사실을 알려주려 했다. (말킬 교수는 최신 개정판에서 자산 배분 전략의 중요성을 재차 강조하면서, 자산 배분만 하는 것을 너무 '따분하다'고 느껴 계속 종목을 선별하려는 사람이 많다고 설명했다.)

그때 나는 이 모든 상황을 돈에 대한 두려움을 극복하고 야망을 키우려는 도전으로 받아들였다. 알다시피 나는 이후 소닉 펀드를 공동 설립했고, 후에 전설적인 타이거 컵(Tiger Cub) 펀드 중 하나인 매트릭스 캐피털 매니지먼트(Matrix Capital Management)에서 상무이사로 일하게 된다.

요컨대 나는 주식시장의 매력과 그것이 주는 흥분을 잘 알고 있다. 하지만 인생 후반부에 접어들면서 생각이 바뀌었다. 이제는 골치 아픈 종목 선정을 건너뛰고 곧장 자산 배분으로 넘어가는 것을 권한다. 나는 헤지펀드 매니저로 일하고 펀드매니저 수백 명과 협업하며 경험을 쌓았고, 유능한 펀드매니저는 올림픽 선수와 같다는 결론에 이르렀다. 그들은 타고난 재능이 있고, '금메달'을 따내려고 깨어 있는 시간의 대부분을 훈련에 쏟아붓는다. 이제 투자자들은 자문해야 한다. 올림픽처럼 치열한 경쟁이 벌어지는 투자 시장에 뛰어들면서 제대로 몰입하지 못하고 노력하지 않는다면 어떻게 투자자로서 성공할 수 있을까?

이 질문에 대한 답은 여러 갈래로 나뉜다. 첫째, 효과가 없는 방법은 중단해야 한다. 둘째, 효과가 있는 방법으로 시작해야 한다. 셋째, 전략과 규칙을 유지해주는 팀이 없으면 이기는 전략을 고수하기가 대체로 불가능하다는 사실을 알아야 한다.

주식시장에 적극적으로 투자할 의사가 없고 자산 배분이 최고의 투자 방식이라고 확신한다면, 우리가 포트폴리오를 구성할 때 자산 배분에 접근하는 방식을 곧 설명할 테니 참고하길 바란다. 하지만 지금은 주식시장 또는 다른 단일 자산군이나 투자에 집중하는 것이 재정 건전성을 위협할 수 있는 이유라는 점에 대해 먼저 내 의견을 제시하고자 한다. 실제로 많은 고객이 종목을 선별하는 것을 선호한다. 시중에는 주당 몇 시간만 들여 적절한 주식이나 다른 자산군을 고르고 적극적으로 투자하는 방법을 가르쳐주겠다는 책이 여전히 많다.

종목을 선별하여 수익을 낼 수 있다는 주장을 뒷받침하는 학술 연구도 있다. 1987년 9월 〈재무 및 계량분석 저널(Journal of Financial and Quantitative Analysis)〉에 게재된 한 논문에서 "무작위로 선택된 주식 종목에 잘 분산된 포트폴리오라 하면 적어도 30개 종목을 포함해야 한다... 이는 포트폴리오에 약 10개 종목만 포함해도 분산 투자의 효과를 거의 누릴 수 있다는 보편적인 통념과 모순된다"라는 주장을 제기해 논란을 일으켰다.[6]

세상이 변화한 모습을 살펴보면 흥미롭다. 35년 전, 투자 전문가들은 10개 또는 30개 종목으로 구성된 주식 포트폴리오만으로도 분산 투자 효과를 충분히 누릴 수 있다고 믿었지만, 현재 기준으로 볼 때 그것은 터무니없는 수준을 넘어 웃음이 나올 정도다. 그런데 진짜 문제는 따로 있다. 학술 연구에 따르면, 기술적으로 가능하다고 해도 현실에서 투자자는 전혀 다른 상황에 직면하게 된다. 인간은 전통적인 교과서가 가정하는 것만큼 '합리적으로' 행동하는 것이 거의 불가능하다. 나는 투자자들과 함께 일하면서 이 사실을 깨닫게 되었다. 사람들의 심리가 재무적 의사결정에 미치는 영향을 연구하는 학문 분야는 내가 학교를 졸업한 후에야 본격적으로 발전하기 시작했다. 이 분야는 여전히 많은 투자 전략에 큰 영향을 미치지는 못하고 있다.

지난 35년 동안 실제 투자자를 대상으로 하는 자산 배분 접근법의 유효성을 뒷받침하는 증거가 축적되었다. 이제 투자 과정에서 맡아야 할 역할과 자기 인식의 중요성을 살펴보자.

워런 버핏은 일반적으로 직원을 채용할 때 중요하게 보는 요소를 다음과 같이 밝혔다. "성실성, 지성, 열정이 있는 직원을 찾습니다. 그런데 성실성 없이 나머지 두 가지만 갖추었다면 그것은 오히려 해가 됩니다."[7] 연구 결과에 따르면, 성실성이 결여되어 당신의 재정을 망치는 사람은 매일 아침 거울에 비치는 바로 자기 자신이다.

모닝스타 연례 보고서 〈마인드 더 갭(Mind the Gap)〉에 따르면, 2022년까지 10년 동안 투자자들은 자신이 투자한 ETF 수익률을 연평균 1.7퍼센트 하회했다.[8] 시기적절하지 못한 매매가 원인이었다. 일반 투자자들은 시장에서 매매할 때 시점을 잘 예측할 수 있다고 믿거나 공포에 휩싸여 최악의 시점에 매도한 탓에 투자 수익의 약 2퍼센트를 잃었다.

금융 산업을 대상으로 선도적인 연구 서비스를 제공하는 달바(Dalbar Inc.)는 1994년부터 〈투자자 행동에 대한 정략적 분석(Quantitative Analysis of Investor Behavior)〉을 진행하고 있다. 이 연구에서는 "장단기적으로 뮤추얼 펀드를 매수, 매도, 교체"하는 투자자들의 의사결정이 미치는 영향을 측정한다.[9] 달바의 2024년 연구에 따르면, 지난 30년 동안 주식형 펀드 투자자들이 평균적으로 벌어들인 수익은 단순히 S&P 인덱스 펀드를 매수한 후 수동적으로 보유했을 때 벌어들였을 수익의 절반 수준에 그쳤다.[10] 이것이 실질적으로 의미하는 바는 다음과 같다. 1994년에 평범한 주식형 펀드 투자자가 시장에 10만 달러를 투자했다면, 2023년까지 펀드 유입액과 유출액을 모두 반영하면 투자금은 100만 9064달러로 불어났을 것이다. 그러나 S&P 500 인덱스 펀드에 똑같이 10만 달러를 투자한 후 잊고 지냈다면 투자금은 181만 7754달러로 불어났을 것이다.

잠시 멈춰 생각해보자.

투자자들이 시장에서 올린 수익은 아무 생각 없이 인덱스 펀드에 돈을 넣은 후 잊고 살았으면 벌어들였을 수익의 절반 수준에 그쳤다. 이 냉혹한 진실을 받아들여야 할 차례다. 사실상 대다수 투자자는 투자 과정에 아무런 가치도 더하지 못한다. 오히려 그들의 투자 결정은 손실을 초래한다. 결국 시간과 돈을 낭비하고 있는 셈이다. 차라리 그 자원을 더 나은 곳에 쓰고 누리는 게 나았을 것이다.

달바의 이러한 연구 결과는 일부 투자자가 자문 비용에 대해 제기하는 주장을 완전히 뒤집는다. 그들은 스스로 투자하는 것이 더 저렴하고 현명한 방식이라고 여긴다. 하지만 달바의 데이터는 반드시 그렇지만은 않다는 사실을 보여준다. 혼자 투자 결정을 내리다가 오히려 비용을 더 많이 치러야 할 수도 있다.

우리는 고객에게 약속한 서비스를 확실히 이행하고 있는지 스스로 점검하려고 자체적으로 분석을 진행하는데, 그렇게 도출한 상대적 비용에 관한 몇 가지 근거는 다음과 같다. 미국 달러 기반 '수익률' 전략을 선택한 고객의 경우, 2024년 6월까지 지난 5년 동안 직접 자금을 운용한 고객의 수익률 중간값은 UBS의 관리형 솔루션을 이용한 고객이 벌어들인 수익률보다 8퍼센트 낮았다. 같은 기간에 자산을 직접 운용한 고객의 평균 수익률은 UBS의 관리형 솔루션보다 낮았다. '균형' 전략을 채택한 경우에는 거의 13퍼센트, '성장' 전략을 채택한 경우에는 거의 19퍼센트나 차이가 났다.

대다수 투자자는 투자 논리가 아니라 감정에 이끌려 매매 결정을 내린다. 이를 에둘러 표현하자면, 돈에 얽힌 개인적 고민에 기반하여 투자 결정을 내린다고 할 수 있다. 쉽게 말해 전문 자문 업체의 체계적인 투자 절차를 따르지 않는 주먹구구 방식, 탐욕과 두려움, 자기 인식의 결여 등이 원인이다.

달바가 보고한 주요 수치는 해마다 조금씩 오르내리지만, 인간의 행동은 강세장이든 약세장이든 특정 시기를 지나든 크게 다르지 않다. 달바가 이를 명확하게 지적한 바 있다. "뮤추얼 펀드 산업이 호황이든 불황이든 투자 성과는 펀드 자체의 실적보다 투자자의 행동에 더 크게 좌우된다. 고유한 전략을 고수하는 뮤추얼 펀드 투자자들은 시장에서 적절한 시점을 잡으려는 투자자보다 더 높은 성과를 거두었다."[11]

투자자가 단순히 적절한 펀드나 주식을 선정하는 데만 어려움을 겪는 것은 아니다. 아무리 세계 최고 수준의 펀드를 손에 쥐고 있다고 하더라도 시장이 과열되어 모두가 뛰어드는 최고점에서 펀드를 매수하거나, 반대로 외부 충격으로 시장이 급락하여 최악의 공포에 휩싸인 직후에 펀드를 매도하는 등 탐욕과 두려움에 이끌려 자기 파괴적인 행동을 한다면 수익률은 저조해질 수밖에 없다. 대부분은 이처럼 성과를 짓누르는 감정적인 재정 문제에서 벗어나지 못한다.

오만한 태도 역시 한몫한다. 전전두엽이 잘 발달한 사람이라면 포뮬러 원(Formula 1) 경주에 관한 책을 한두 권 읽고 연습 삼아 경주 트랙을 겨우 몇 바퀴 돌아보고는 곧장 대회에 출전하려 들지 않을 것이다. 대부분은 루이스 해밀턴(Lewis Hamilton, 2020년에 포뮬러 원 월드 챔피언에 오르면서 전설적인 레이싱 선수 미하엘 슈마허를 제치고 포뮬러 원 경주에서 가장 많이 우승을 기록한 선수—옮긴이)을 따라 몬테카를로 서킷을 달리다가는 화염에 휩싸일 것임을 잘 알고 있다.

실력의 차이는 세계 최고 수준으로 빠른 선수의 반응 속도뿐만 아니라 훈련 강도와 사용하는 장비, 최정예 포뮬러 원 지원팀에서 비롯된다. 그런데도 매일 수많은 신문과 TV 프로그램, 잡지, 책에서는 '당신도 워런 버핏처럼 할 수 있다' 같은 거짓된 확신을 계속 팔아댄다. 구글에 '워런 버핏처럼 투자하는 방법'을 검색하면 '워런 버핏이 되길 꿈꾸는 사람들을 상대하는 산업'에 관해 어떤 내용을 마구 쏟아내는지 확인할 수 있다.

당신과 나는 절대 워런 버핏이 될 수 없다. 이 진실을 인정하고 투자 전략의 한 부분으로 삼아야 한다.

내 조언을 무시하고 주식이라는 자산군에만 집중하려는 투자자는 종목을 선별하는 능력이 부족해서 성공하지 못할 가능성이 크다. 어느 정도 종목을 잘 선별했더라도 한 가지 자산군에만 집중하면 원하는 목표를 달성하기 어려울 것이다. 당신이 귀 기울여야 할 조언은 다음과 같다. 이제 종목 선정이 아니라 부를 관리하는 단계에 이르러야 한다. 그 시작은 전문가들처럼 여러 자산군에 분산 투자하는 것이다.

나는 먼저 당신의 사고방식부터 바로잡기 위해 대다수가 잘 알지 못하는 자산관리 업계의 불편한 진실을 밝히고자 한다. 어쩌면 당신도 나처럼 애써 이를 외면하고 억누르며 살아왔을지도 모른다. 실제 투자 수익의 90퍼센트 이상이 종목 선정이 아닌 자산 배분으로 결정된다는 연구 결과가 있다.

1991년 〈파이낸셜 애널리스트 저널(Financial Analysts Journal)〉 봄 호에 게재된 브린슨, 싱어, 비바우어(Brinson, Singer, and Beebower)의 획기적인 장기 연구 논문 《포트폴리오 성과 결정 요인 II: 업데이트(Determinants of Portfolio Performance II: An Update)》에서는 모든 투자자가 알아야 할 진실을 밝혀냈다. 1977년부터 1987년까지 10년 동안 운용된 82개 대형 연기금이 수행한 자산 배분과 개별 종목 선정을 분석한 결과, 포트폴리오의 전체 투자 수익에 가장 크게 기여한 것은 단연 자산 배분이었다. 자산 배분은 개별 주식이나 채권을 선별하는 작업만큼 흥미진진하진 않지만, 투자 성과를 좌우하는 건 바로 이러한 거시적 관점과 꾸준한 노력이다. 투자의 세계에서는 '보여주기 위한 쇼'보다 '실속'이 중요하다.

브린슨, 싱어, 비바우어의 논문은 종목 선정이 전체 수익률에 기여하는 정도가 4.5퍼센트, 시장 타이밍을 맞추는 것이 1.8퍼센트, 기타 요인이 2.1퍼센트에 불과하다고 밝혔다.[12]

자산 배분은 전체 수익률에서 무려 91.5퍼센트를 차지했다.[13]

나는 자산 배분이 전문 투자자의 수익에 미치는 중대한 영향에 대해 읽고 나서 주식 투자에 집착하고 매매 중독자였던 내 과거를 비로소 수월하게 내려놓을 수 있었다. 브린슨, 싱어, 비바우어의 주장이 옳다면, 내가 투자자로서 올린 수익의 90퍼센트 이상이 순전히 자산 배분 결정에서 비롯되었다면, 그동안 내가 개별 주식이나 채권을 고르는 데 쏟은 모든 노력과 시간이 결국 전체 투자 수익의 10퍼센트밖에 기여하지 못했다는 의미가 된다.

그렇다면 이렇게 자문하게 된다. 만약 내가 개별 종목의 세부적인 부분을 내려놓고 그 대신 자산 배분 결정에만 크게 집중한다면 어떨까? 그것만으로도 괜찮을까? 아니면 10퍼센트 추가 손실 또는 추가 수익의 가능성을 놓고 줄타기를 하며 주당 80시간을 일하는 길을 택해야 할까?

만약 당신이 대규모 자금 운용을 감독하는 전문 관리자라면, 아마 이렇게 대답할 것이다. "아니요. 기회를 그냥 내버려두지 않겠어요." 기회를 놓치지 않는 것이 당신의 업무이고, 시간이 흘러 10퍼센트가 복리로 쌓이면 상당한 금액이 될 수 있다. 하지만 '본업'에 집중하여 돈을 벌거나 좋아하는 일을 하고 가족과 더 많은 시간을 보내고 싶은 개인 투자자가 대다수일 것이다. 따라서 이들의 합리적 대답은 이럴 것이다. "예. 추가 수익을 올릴 기회를 놓치더라도 더 나은 삶을 누리는 데서 가치를 느낍니다."

나는 이 모든 요인을 고려한 끝에, 금융위기로 접어들 무렵부터 종목을 선별하는 상향식 접근법에 시간을 쏟기보다는 연구 자료를 바탕으로 거시적 테마를 생각하기로 결심했다. 즉, 내 본연의 지적 성향에 맞게 자산 배분을 통한 하향식 투자를 바탕으로 대규모 트렌드에 올라타 수익을 내는 방법을 익히기로 했다. 새로운 투자 원칙을 세웠지만, 금융위기가 한창일 때 포트폴리오를 재조정하는 일은 심리적으로 여전히 어려웠다. 나는 원칙에 따라 투자 전략을 펴는 일이 얼마나 힘든지 잘 알고 있다. 여전히 주식시장에 대한 집착을 완전히 내려놓지는 못했지만, 자산 배분이 내 삶과 고객에게 어떻게 작동하는지 이해하게 되면서 새로운 원칙을 따르는 일이 점차 수월해졌다.

자산 배분을 깊이 파고들수록 그것이 전혀 간단하거나 고리타분한 방식이 아니며 패배자를 위한 방식도 아니라는 사실을 깨닫게 되었다. 부를 지키고 더 불리고 싶은 입장에서 자산 배분은 그러한 일반적인 편견과 거리가 멀다.

현재 UBS 최고투자부서에서 맡은 모든 일의 핵심에 자산 배분이 자리한 이유도 바로 그 때문이다. 우리는 행동재무학에서 얻은 지식을 실질적으로 적용하는 방법과 자산 배분이 결합될 때 현실에서 일관된 장기 투자 성과를 달성하는 열쇠가 될 수 있음을 확인했다.[14] 이 장에서는 먼저 자산 배분 이론을 자세히 설명하고, 자산 배분과 관련된 '과학'의 작동 방식과 지난 25년 동안 자산관리 업계에서 자산 배분이 발전한 과정을 살펴볼 것이다.

이론

주식 매수에서 자산 배분으로 사고방식을 전환하면 누구나 실질적인 이익을 얻을 수 있다. 자산 배분의 단순한 예로는 포트폴리오의 10퍼센트를 현금에 배분하고 90퍼센트를 다양한 주식에 투자한 후 현금 비율이 5퍼센트로 줄어들면 다시 비율에 맞게 리밸런싱을 하는 방식이 있다. 아니면 40퍼센트를 현금과 채권에 넣고, 40퍼센트는 주식, 20퍼센트는 대체 자산에 분산 투자하는 방식도 있다.

이처럼 단순한 자산 배분 포트폴리오는 가정에서도 직접 손쉽게 구축할 수 있고, 저렴한 로보어드바이저(robo-advisor, 자산 배분을 자동으로 재조정하는 핀테크 서비스)에 맡길 수도 있다.

UBS의 사내 전문성과 규모의 경제는 기본적인 자산 배분을 실행 측면에서 한 단계 높은 수준으로 끌어올린다. 이에 대해서는 곧 자세히 설명할 것이다. 얼마나 복잡하고 정교한 자산군을 활용할 수 있는지는 제쳐놓고, 지금 당장은 자산 배분 투자에서 얻을 수 있는 보편적 이점과 이러한 포트폴리오 운용 방식이 궁극적 목표에 더 가까이 다가가게 해주는 이유를 이해하는 것이 중요하다.

먼저 포트폴리오 비율을 정하고, 시장이 변동하여 비율이 달라질 때 이를 재조정하는 과정부터 살펴보자. 일단 포트폴리오가 구성되면 대부분의 이점은 자산군별 접근 방식이 포트폴리오에 적용하는 투자 원칙에서 비롯된다. 만약 이 책에서 한 가지만 기억해야 한다면, 포트폴리오에서 각 자산군을 정해진 비율로 유지하려 할 때 포트폴리오의 균형이 깨지는 상황을 간과할 수 없다는 점이다. 포트폴리오가 균형에서 벗어나는 상황이 발생하면 분명하게 알 수 있고, 자산 배분 시스템의 목적은 주기적으로 자산을 선택한 비율로 다시 재조정하는 것이다. 최적의 리밸런싱 방법을 다룬 책은 이미 시중에 많이 나와 있다. 하지만 최적의 리밸런싱은 역량, 세금, 거래 비용 등 다양한 개인적 요인에 따라 달라지는데, 이는 이 책에서 논하려는 요점에서 크게 벗어나므로 자세히 다루지 않을 것이다.

리밸런싱은 매일, 매주, 매월 또는 매년 진행할 경우 자동으로 고점에서 매도하고 저점에서 매수하도록 되어 있다. 그러나 업계 연구 보고서에 따르면, 대부분 감정에 휘둘려 그 반대로 행동하고 결국 30년이라는 긴 세월에 걸쳐 수익의 절반가량을 놓치고 만다. 자동으로 진행되는 리밸런싱은 감정을 배제한다. 실제로 나는 자산 배분에 적용된 투자 원칙이 고객의 자산을 지켜낸 사례를 여러 차례 목격했다. 자산 배분은 고객이 스스로 투자를 망치지 않도록 이끌어준다.

UBS의 고객 맥스는 클래식 카 딜러인데, 엄청난 사업을 일궈낸 후 수백만 달러에 매각했다. 그는 희귀한 고가의 실물 자산인 클래식 카를 다루는 데는 천부적인 재능을 보였지만, 투자라는 완전히 다른 영역에서는 소위 '인간 지표'가 되어 우리에게 조기 경보를 울렸다.

맥스가 불안한 마음에 포트폴리오에서 하락하는 자산군을 매도하라고 재촉할 때면, 얼마 지나지 않아 사내 자산 배분 시스템은 해당 자산군이 저평가되었으니 매수하라고 지시했다. 이와 반대로 어떤 유망한 시장 벤치마크가 급등한 후 맥스가 이 매수 행렬에 동참하고 싶다는 의사를 우리에게 알릴 때면, 사내 자산 배분 시스템은 어김없이 기존에 보유한 자산 중 일부를 매도하여 이익을 실현하라고 지시했다. 우리는 정기적으로 맥스를 만나 투자 운용 방식을 다시 차분히 설명하고 자산 배분 시스템을 믿어달라고 설득했다. 결국 맥스는 흥분을 가라앉히고 원래 계획대로 따르기로 했다. 자산 배분은 맥스가 최악의 충동적인 투자 결정을 내리지 않도록 여러 번 구해주었다.

마찬가지로 자산 배분은 당신을 지켜줄 것이다.

이 접근법에는 장점이 많다. 첫째, 전체 자산군이 개별 증권보다 훨씬 느리게 움직이는 경향이 있으므로, 24시간 내내 시장을 모니터링할 필요가 없어 삶의 질을 높일 수 있다. 10분마다 초조하게 가격 변동을 확인하며 신경을 곤두세우고 시간을 허비하지 않아도 된다. 차라리 더 오래 건강하게 사는 데 도움이 된다고 입증된 활동에 시간을 투자하는 편이 낫다.

무엇보다 종종 예기치 않은 방향으로 움직이는 개별 주식과 달리, 자산군은 장기적으로 좀 더 예측할 수 있는 방식으로 움직인다는 심층 연구 결과가 있다. 자산군도 단기적으로는 외부 충격이나 일시적인 수요와 공급의 제약 때문에 비정상적으로 움직일 수 있지만, 장기적으로는 역사적 평균으로 회귀한다.

미국 주식 배분으로 돌아가보자. 대표 지수인 S&P 500과 그 전신인 S&P 90은 지난 2세기 동안 호황과 불황을 여러 차례 겪었다. 1929년부터 1932년까지 미국 증시는 연평균 26퍼센트 하락했고, 스태그플레이션(stagflation, 경기 침체와 물가 상승이 동시에 발생하는 경제 현상-옮긴이)이 일어난 1973년과 1974년에는 각각 17퍼센트와 30퍼센트 하락했다. 반대로 1990년대 말, 밀레니엄을 맞이하기 직전 5년 동안 주식시장은 연평균 26퍼센트 상승했다.[15]

그러나 장기적으로 볼 때 미국 주식시장은 연평균 7퍼센트 수익률을 기록하는 경향이 있다는 연구 결과가 잇따라 나오고 있다. 미국 주식시장의 연평균 수익률(인플레이션 조정, 배당금 재투자 기준)은 지난 150년 동안 6.9퍼센트, 지난 100년 동안 7.4퍼센트, 지난 50년 동안 7.3퍼센트, 지난 30년 동안 7.7퍼센트, 지난 20년 동안 7.1퍼센트였다.[16]

다시 말해 미국 주식에 자산을 배분한 뒤 장기간에 걸쳐 투자하면 인플레이션을 감안하더라도 연 7퍼센트 정도 수익률을 기대할 수 있다. 이러한 장기적 패턴은 자산군마다 반복적으로 나타난다.[17]

7퍼센트라는 수치에 특별한 의미는 없다. 앞으로 10년 또는 20년 동안 주식이 7퍼센트(인플레이션 조정 기준) 수익률을 올릴 수 있을지 알 수 없지만, 그럴 가능성은 충분하다고 본다. 예금 같은 다른 자산보다 위험이 큰 주식이 상대적으로 더 높은 수익률을 안겨줄 수 있다는 점은 확실하다. 인간의 본성을 고려할 때, 사람들은 평균적으로 더 많은 위험을 감수할수록 더 많은 보상을 요구하기 때문이다.

따라서 과거 수익률을 바탕으로 10년 또는 20년 후 자산 배분의 정확한 가치를 예측하는 것은 위험하지만, 신중하게 설계된 자산 배분이 다른 투자 방식보다 더 우수한 성과를 보인다고 검증된 만큼 자산 배분 방식을 신뢰하는 것이 훨씬 합리적인 접근이다.

이는 자산 배분의 큰 이점 중 하나인 분산 투자로 이어진다.

격동의 시대에 단순히 하나의 자산군인 주식만 거래하는 것은 재정 건전성에 위험을 초래할 수 있다. 이와 반대로 집중된 포지션을 여러 자산군에 분산하면 한 번에 모든 자산을 잃을 확률을 현저히 줄일 수 있다.

다양한 자산군(현금, 주식, 채권, 부동산, 원자재 등)과 산업(에너지, 건설, 기술, 여행, 여가, 의료 등), 지역(신흥시장, 유럽, 중국, 미주 등)에 걸쳐 신중하게 분산 투자했다면, 그리고 각 자산군이 서로 상관관계가 낮아 반대 방향으로 움직인다면, 시장의 충격에도 견고하게 버틸 수 있도록 잘 분산된 포트폴리오를 구축했다고 볼 수 있다.

사실 시장이 가하는 충격을 흡수하는 데 다양한 자산군으로 구성된 포트폴리오만큼 효과적인 것은 없다. 나는 글로벌 금융위기 때 이 사실을 뼈저리게 깨달았다. 아무리 펀더멘털 분석을 바탕으로 종목을 잘 골라도 공포가 휘몰아치는 시기에는 사람들이 모든 주식을 내다 팔기 때문에 손실을 피할 수 없다. 2007년 초부터 2008년 말까지 S&P

500의 총수익률(배당금 재투자 기준)은 34.5퍼센트 하락했다.[18] 그러나 우량 채권은 정반대 흐름을 보였다. 같은 기간 ICE 7~10년 미국 국채 지수(ICE US Treasury 7‒10 Year Bond Index)는 21.5퍼센트 상승했다.[19]

다시 말해 현명하고 균형 잡힌 자산 배분을 기반으로 분산 투자된 포트폴리오는 금융위기로 입게 될 막대한 주식 손실을 감내할 수 있는 수준으로 줄였다. 이는 다양한 자산에 분산 투자하는 포트폴리오의 기본 원칙이다. 포트폴리오에 포함된 일부 자산이 급락하더라도 상관관계가 낮거나 다른 지역에 있는 자산이 급등하여 포트폴리오 손실을 상쇄할 수 있다.

업계에서 말하는 분산 투자는 사실상 유일한 '공짜 점심'이자 신뢰할 수 있는 몇 안 되는 투자 원칙 중 하나다.

그러니 크게 심호흡하고 워런 버핏을 흉내 내는 투자 업계가 주입한 고정관념을 이제 과감히 내려놓자. 투자자로서 당신의 목표이자 UBS 글로벌 CIO로서 내 목표는 최소한의 위험으로 최고의 수익을 올리는 것이다. 전문가와 일반 투자자 모두에게 자산 배분은 이러한 목표를 달성하는 데 필요한 핵심 도구다.

건전한 포트폴리오 관리는 많은 일반 투자자가 시도하는 것처럼 가장 수익률이 좋은 벤치마크를 추종하는 것이 아니다. 광범위하게 분산된 자산 바구니에 적절한 규모의 포지션을 보유하고, 시장이 어느 방향으로든 큰 폭으로 움직일 때 미리 선택한 자산 비율에 맞춰 포트폴리오 리밸런싱을 하는 식으로 신중하게 자산을 배분하는 것이 중요하다.

이것이 장기적으로 수익을 내는 방법이다.

실행

UBS 최고투자부서에서 나와 함께 일하는 전문가는 무려 1000명이 넘는다. 이들은 취리히를 비롯하여 전 세계 18개 거점에 흩어져 있다. 금융 전문가로 구성된 이 부서에서는 전 세계 450개 자산군과 하위 자산군을 추적한다. 물론 이는 잘 분산된 포트폴리오의 기본적인 구성 요소다.

위에서 간략히 제시한 원칙을 따른다면 투자자 또는 로보어드바이저는 위험 대비 수익률 면에서 대부분의 개별 종목보다 우수한 성과를 내는 분산된 자산 배분 포트폴리오를 구축할 수 있다. 이제 UBS가 규모의 경제와 사내 전문성을 활용하여 자산 배분의 기본을 한 차원 높은 수준으로 끌어올리는 동시에 투자의 세부적인 부분까지 획기적으로 개선한 방법을 설명하고자 한다.

우리가 추적하는 450개 자산군은 미국 주식이나 유럽 채권처럼 일반적인 자산군부터 인도네시아 주식이나 녹색채권(green bond) 같은 이색적인 자산군까지 폭넓게 아우른다. 자산 전문가는 수차례의 호황과 불황을 경험한 업계 베테랑이며, 우리가 추적하는 450개 자산군과 하위 자산군을 전담한다. 이들은 사내 애널리스트 200명으로 구성된 전문가팀의 지원을 받는다.

현대적인 포트폴리오를 구축하는 첫 번째 단계는 소위 자본시장 가정(capital market assumptions)에서 시작한다. 자본시장 가정은 각 시장의 복잡한 위험과 수익률을 예측하는 작업을 말한다. 이러한 계산은 고객의 포트폴리오에서 수행되는 모든 자산 배분의 근간을 이룬다. 자본시장 가정은 여러 기간에 걸쳐 특정 자산군의 기대 수익률이 얼마인지 결정할 뿐만 아니라 추정치의 신뢰도도 정량화한다. 장기적으로 자산군별 수익률은 역사적 평균에 수렴하므로, 투자 기간이 길어질수록 자본시장 가정에 대한 신뢰도는 더욱 높아진다.

이러한 자본시장 가정은 계속 재검토되고 수정을 거친다. 시장 역학과 지정학적 변화, 기술 혁신, 치솟는 인플레이션, 예기치 못한 금리 변동 등 다양한 변수가 여러 각도에서 몰아치면 기존 전망치를 계속 수정하거나 변경하는 수밖에 없기 때문이다.

향후 몇 년 동안 자산군이 어떻게 움직일지에 대한 시장의 가정은 전략적 자산 배분의 핵심이다. 전략적 자산 배분은 다양한 투자 목표와 위험 성향에 맞춘 여러 '모델 포트폴리오'에서 각 자산군에 얼마만큼을 배분해야 할지 결정하는 과정이라 할 수 있다. 우리는 고객이 감당할 수 있는 위험 수준에서 가장 높은 기대 수익을 얻도록 이러한 전략을 수립한다.

전략적 자산 배분 시스템은 내가 소속된 투자팀에서 감독한다. 포트폴리오 모델이 구성되는 방식을 결정짓는 객관적인 데이터와 과거 트렌드를 검토할 때는 미국 주식이나 외화, 전환사채 등 각 분야의 전문가를 주기적으로 불러 시장에 대한 통찰을 추가로 얻는다. 이는 마치 미국 대법원의 판사가 최종 판결을 내리기 전에 변호사를 불러 변론을 듣고 사건을 검토하여 생각을 정리하는 절차와 비슷하다.

우리는 이와 같은 체계적인 방식으로 기대 수익률과 변동성이 낮은 수준부터 높은 수준까지 광범위하게 아우르는 모델 포트폴리오를 설계한다. 그 후 이러한 모델 포트폴리오를 고객의 개별적인 위험 선호도에 맞게 조정한다. 표준화된 포트폴리오를 출시한 후에는 고객의 구체적인 요청이나 요구 사항, 인생 목표 등에 맞춰 조정하고 재구성하고 보완하는 과정을 거친다. 이 모든 과정은 다음 장에서 자세히 설명할 것이다.

모델 포트폴리오를 구축하는 과정은 적절한 자산군을 선정하는 데 그치지 않고, 각 자산군에 대해 최적의 비율을 지정하여 고객의 위험 수준에 맞춰 수익을 극대화하는 데 초점을 맞춘다. 이를 위해 정량 분석(방대한 과거 데이터에 기반한 수리적·통계적 분석)과 정성 분석(자산군 전문가들의 의견)을 병행한다.

전문가들은 각 자산군에 나타날 시장 움직임이나 변동 요인을 분석하여 과거 데이터를 바탕으로 산출한 예측치를 미세하게 조정한다. 예컨대 과거 데이터는 미래 예측에 영향을 줄 수 있는 브렉시트(Brexit) 같은 대대적인 사건을 설명하지 못한다는 점에서 조정이 필요하다.

포트폴리오를 구축하는 과정에서 사용되는 필터링은 분산 투자와 그에 따른 이점의 중요한 부분을 차지한다. 전 세계 450개 자산군과 하위 자산군을 아우른다는 것은 투자 시장에 존재하는 각 자산군의 고유한 특성과 속성을 파악할 수 있을 뿐 아니라, 자산군들이 서로 어떤 식으로 움직이는지 면밀히 관찰할 수 있다는 의미다. 다시 말해 자산군들이 같은 방향으로 또는 반대 방향으로 움직이는지 보여주는 공분산(covariance)과 두 변수 간 선형 관계의 강도와 방향을 측정하는 상관관계(correlation)를 확인하는 것이다.

이러한 정보는 최적의 포트폴리오를 구축하는 데 도움이 된다. 최적의 포트폴리오란 자산군을 분산하여 포트폴리오 내 위험과 수익이 각 고객의 고유한 위험 허용 수준에 맞춰 이상적으로 균형을 이루는 것을 말한다. 포트폴리오 최적화 과정의 일환으로 우리는 과거 데이터를 사용해서 예기치 못한 결과가 일어날 확률을 예측하는 알고리즘 기반 기법인 몬테카를로 시뮬레이션(Monte Carlo simulation)을 활용한다. UBS에서는 매일 밤 5만 가지 경우의 수를 포트폴리오에 적용하여 가장 많은 시나리오에 대해 위험 대비 수익 배분이 최적화되었는지를 점검한다.

다양한 공분산 데이터 포인트를 모두 합치면 공분산 행렬이 완성된다. 이는 다차원 공간에 존재하는 상당한 양의 데이터 변수 조합으로, 고객의 특정 위험 수준을 고려할 때 포트폴리오 자산 배분이 여러 현실적인 시나리오에 어떻게 반응할지 입체적으로 파악할 수 있도록 도와준다.

물론 이 행렬은 매우 복잡하다. 하지만 조금만 인내해주길 바란다.

내가 분산 투자를 금융 붕괴의 피해를 막는 가장 효과적인 안전장치라고 계속 주장하는 데는 이유가 있다. 분산 투자를 제대로 실행하여 서로 '상관관계가 없는' 자산에 배분했다면 변동성이 큰 시기에 서로 위험을 상쇄함으로써 포트폴리오 위험을 줄일 수 있다. 과거에는 주식과 채권의 역사적 공분산이 장기적으로 반대 방향으로 움직였지만, 최근 인플레이션이 재현되면서 그 흐름이 뒤바뀌어 두 자산이 오히려 같은 방향으로 움직이는 양상이 두드러졌다. 그에 따라 포트폴리오 관리에서 분산 투자의 중요성이 다시금 강조되고 있다.

이러한 상황에서는 전통적인 자산군과 상관관계가 없는 하이일드(high-yield, 고수익) 대재해채권(catastrophe bonds)에 자산을 배분하는 방안을 고려할 수 있다. 대재해채권의 보상은 전통적인 채권 변수와 무관하지만, 대규모 지진과 같이 사전에 정의되어 보험사가 보장하는 위험 사건의 발생 여부에 따라 결정된다.[21]

금융 전문가가 아니라면 이 모든 내용을 세세하게 이해할 필요는 없다. 하지만 자산 배분으로 부를 관리하는 일류 금융 회사에서 사용하는 정교한 과학과 사고방식을 이해한다면 분명히 도움이 될 것이다. 자신이 이해하지 못하는 분야에는 절대 투자하지 마라.

하지만 내 설명이 UBS 사내에서 기울이는 노력을 알리는 데 그치지 않기를 바란다. 단순히 전통적인 투자 이론을 적용하는 것을 넘어 복잡한 글로벌 환경에 맞게 이론을 발전시켜 포트폴리오를 구축하는 과정을 조명하는 데 도움이 되길 바란다.

물론 복잡한 금융 지식을 이해하는 독자라면 이미 이 모든 내용이 익숙할 것이고, 자산 배분의 중요성을 강조하는 것이 진부하거나 시대에 뒤떨어진 생각이라고 느낄 수도 있다. 이제 자산 배분은 금융 업계에서 매우 보편화된 방식이다. 물론 맞는 말이다. 하지만 여전히 수백만 투자자가 개별 종목과 뮤추얼 펀드를 골라 포트폴리오를 구성하는 상황에서는 자산 배분의 이점이 여전히 널리 알려진 사실이라고 할 수 없다. 25년 전 내가 처음 자산 배분을 알게 되었을 때만 해도 그리 흔한 개념이 아니었다. 실제로 약 15년 전 내가 UBS에 입사했을 때도 자산 배분은 자산관리 산업의 핵심 가치로 여겨지지 않았다.

자산 배분과 금융 서비스 산업

15년 전 내가 취리히 사무실로 옮겼을 때만 해도 프라이빗뱅킹 부문에 CIO 같은 개념은 존재하지도 않았다. 사실 〈파이낸셜 타임스〉가 발행하는 전문 잡지 〈프로페셔널 웰스 매니지먼트(Professional Wealth Management)〉가 세계 최고의 최고투자부서를 선정한 지도 불과 몇 년밖에 되지 않았다.[22]

1934년에 제정된 스위스 은행 비밀법(Swiss Bank Secrecy Act)은 스위스 은행이 고객의 계좌 정보를 제3자에게 공유하는 것을 범죄로 규정했다.[23] 스위스는 특유의 중립성과 안정적인 통화, 효율성을 내세우며, 특히 정치적으로 불안정한 지역에 사는 사람들을 대상으로 돈을 안전하게 보관하기 좋은 국가로 부상했다. 스위스 은행 산업이 명성을 쌓을 수 있었던 건 바로 은행의 비밀주의 덕분이었다.

2009년부터 2017년까지 UBS 자산관리 부문을 이끈 위르크 첼트너(Jürg Zeltner)는 부서 전략을 비밀주의나 관습이 아니라 투자 자문에 기반해 수립했고, 이러한 방식은 내게 행운으로 작용했다. 첼트너는 금융위기가 초래한 모든 변화에 선제적으로 대응하기를 원했다. 그는 유명한 CIO를 영입하여 UBS가 위기 이후 프라이빗뱅킹 고객의 신뢰를 회복하고, 고객 자산을 보호하고 증식하려고 진지하게 노력하고 있다는 메시지를 고객에게 전하고 싶었다. 16세에 스위스 프라이빗뱅킹에 입문한 첼트너는 뱅커라는 명예로운 직업이 예전만큼 존경받지 못하는 현실에 괴로워했다. 그는 과거의 위상을 되찾고 싶었다.

첼트너가 내 대학 동창인 앨릭스 프리드먼(Alex Friedman)을 UBS의 첫 CIO로 영입한 것도 바로 그러한 이유에서였다. 앨릭스가 빌앤멀린다게이츠재단(Bill & Melinda Gates Foundation)의 최고재무책임자(CFO)로 합류한 시기에[24] 워런 버핏은 재산 대부분을 기부하겠다는 역사적 서약을 했다.[25] 빌 게이츠와 버핏이 신뢰한 인물이 바로 앨릭스였고, UBS는 자산관리 사업부에 그와 같이 신뢰받는 분위기를 조성하고 싶었다.

앨릭스가 UBS와 논의하던 중에 내게는 자산관리 부문의 투자책임자로 합류하지 않겠냐고 제안했다. 마침 나는 현업으로 복귀할 준비가 되어 있었고, 머릿속에 구상하던 자산 배분에 관한 아이디어를 대대적으로 실현할 기회를 놓치고 싶지 않았다. 앨릭스는 오바마 행정부에서 선임 정책 고문으로 일하다가 막 퇴임한 모나 섯픈(Mona Sutphen)을 영입하여 팀의 인력을 한층 강화했다.[26] 모나는 거시경제 책임자로서 정부 정책에 대한 자문을 제공했다. 나와 마찬가지로 앨릭스도 금융위기 이후 정부 정책이 투자자에게 중요한 역할을 할 것이라고 판단했다.

우리는 2011년 봄에 취리히로 사무실을 옮겼다.

몇 달 후, 앨릭스와 나는 홍콩 항구 너머 주룽 시내가 내려다보이는 포시즌스 호텔 로비에 앉아 공항으로 데려다줄 자동차를 기다리고 있었다. 우리는 전 세계를 돌아다니며 UBS의 글로벌 사업과 고객을 알아가고 있었다. 고객과 동료를 대상으로 내부 면담 80회와 외부 회의

30회를 진행하면서 투자 아이디어가 승인 절차를 거친 후 실제 고객의 포트폴리오에 반영되기까지 내부적으로 어떤 과정이 일어나는지 머릿속에 그려볼 수 있었다.

우리에게 포트폴리오 매매 권한을 위임하여 신속한 대응을 허용한 고객이 상당수였지만(일임형 자산관리), 여전히 매매 권한을 움켜쥐고 연구 보고서를 읽거나 담당 자산관리사와 상의한 후에야 조언을 따르는 고객도 있었다(자문형 자산관리). 문제는 투자 아이디어를 승인하는 기존 시스템이 전 세계 여러 지역과 시간대에 걸쳐 400명에 달하는 인원으로 구성된 복잡한 계층 구조였고, 투자 아이디어는 글로벌 투자위원회와 글로벌 자문위원회를 비롯하여 수많은 지역 자문위원회의 검토를 차례로 거쳐야 했다는 점이다.

결국 투자 아이디어의 타당성을 사내 동료와 고객에게 설명하고 설득하는 데 너무 오랜 시간이 걸렸고, 그사이에 고객이 자본을 배분할 기회를 놓치는 경우가 많았다.

나는 당시 구상 중이던 간소화된 절차를 냅킨에 간단히 그려 앨릭스에게 보여주었다. 방법은 다음과 같다.

우선 회의 횟수를 줄여 투자 주기를 단축하는 것이다. 더 나아가 투자 운용 철학 자체를 근본적으로 바꾸는 것이다. 내가 몸담았던 헤지펀드 업계는 유명한 '스타' 매니저 시스템으로 운영되었다. 카리스마 넘치는 헤지펀드 설립자가 사망하거나 자리를 옮기면 그 펀드는 대개 무너졌다. 성공한 펀드가 2세대로 계승되는 경우는 거의 없다. 게다가 대부분의 헤지펀드는 롱이든 쇼트든 한 가지 투자 방식만 고집스럽게 밀어붙인다. 거의 모든 의사결정은 철저히 비공개로 '블랙박스' 안에서 이루어지며, 펀드 투자자조차 그 과정에 접근하지 못한다.

나는 이 건전하지 못한 헤지펀드 모델에서 최대한 멀리 떨어져 자산 배분에 기반한 더 포용적이고 투명한 투자 시스템을 UBS에 구축하고 싶었다. 여기에서 다시 한번 내 강박적인 독서 습관이 빛을 발했다. 워런 버핏의 버크셔 해서웨이에서 부회장을 지낸 고(故) 찰리 멍거(Charlie Munger)는 19세기에 가장 어려운 수학 문제를 해결한 인물로 유명한 독일의 수학자 카를 구스타프 야코프 야코비(Carl Gustav Jacob Jacobi)에게서 많은 영감을 얻었다.[27]

야코비는 "언제나 뒤집어라(Man muss immer umkehren)"라고 말하곤 했다. 멍거는 야코비의 역발상 접근법을 투자 프로세스에 적용했고 "정면에서 접근할 때 풀 수 없는 문제가 많은데, 거꾸로 접근하면 의외로 술술 풀릴 때가 많다"라고 지적했다.[28] 금융 업계에서 이러한 사고 방식은 "끊임없이 탁월한 투자 결정을 내리기보다 어리석은 투자 결정을 피하는 것이 훨씬 쉽고 더 나은 결과를 불러올 수 있다"라는 결론을 도출한다.

우리는 헤지펀드 방법론을 완전히 뒤집어 UBS의 투자 과정을 바꿔 보기로 했다. 스타 매니저 한 사람이 중심축을 이루는 구조가 아니라 투자 '시스템' 자체를 스타로 만들기로 한 것이다. 전문 투자팀이 거시 경제 변화를 예상하여 단기적으로 자산을 매매하는 전술적 자산 배분과 전략적 자산 배분을 감독하며, 이 모든 과정이 투명하게 진행되어 문서로 기록되는 시스템이다. 변덕스러운 투자 전문가 한 명이 아무도 들여다보지 못하는 '블랙박스' 안에서 독단적으로 투자 결정을 내리는 일은 이제 없을 것이다.

나는 앨릭스에게 말했다. "이제 투자 회의를 주도하는 건 우리가 아니야. 앞으로는 다른 사람들이 회의를 이끌도록 해서 모두가 정답만 기다리는 분위기를 바꿀 거야."

당시 투자위원회에 영업 담당자를 참여시키는 것이 일반적이었지만, 나는 영업 담당자를 배제하고 싶었다. 우리는 투자 과정을 반드시 '연구(research)'라고 명명할 것을 고집했다. '연구'는 업계에서 매우 구체적인 의미를 지니는 용어였다. 아이디어가 연구로 분류되려면 투자 팀의 핵심 성과 지표가 영업 실적에 좌우되지 않도록 법적 장치가 마련되어야 했다. 이제 분기마다 우리는 잠재 수수료 수입을 고려하지 않고 고객에게 도움이 될 만한 아이디어를 제안했음을 확인하는 문서에 서명해야 할 것이다.

이것이 우리가 냅킨에 그린 구상이었다.

우리가 상상한 이 새로운 중앙집중식 최고투자부서는 단순히 자산 배분에만 집중하는 것이 아니라 선제적으로 투자 과정에 신뢰를 구축하고 일단 의사결정이 내려지면 모두가 더 빠르게 행동하는 시스템이었다. 이를 위해 우리는 사람들이 의사결정 과정을 지켜보고, 더 나아가 직접 참여할 수 있는 투명한 절차를 구축했다. (의사결정 과정을 촬영하고, 자산관리사와 고객을 정기적으로 초청하여 그 과정을 지켜보도록 했다.)

앨릭스는 내 제안을 즉각 이해했다.

그러나 그는 나보다 회사 내부의 역학 관계를 더 잘 파악하고 있었고, 그토록 지적이고 엄격한 시스템을 구현하려면 향후 모든 투자 회의에서 당시 UBS의 CEO이던 오스발트 그뤼벨[Oswald Grübel, 애칭 '오시(Ossie)']을 배제해야 한다고 판단했다.

오시는 금융위기 당시 UBS를 구한 전설적인 트레이더였다. 그의 조언은 분명히 필요했지만, 그의 압도적인 카리스마와 깊고 우렁찬 목소리가 전반적인 회의 분위기를 지배하곤 했다. 다행히 앨릭스는 조직 내 집단 사고를 연구하고 글을 쓴 경험이 있었기에, 새로운 투자 프로세스가 오시를 맹목적으로 따르는 분위기에 휩쓸리지 않도록 경계해야 한다고 생각했다. 나는 앨릭스가 오시를 상대할 수 있다고 느꼈기에 안도의 한숨을 내쉬었다.

마침내 공항으로 가는 자동차가 도착했다.

우리는 간단히 끄적인 냅킨을 챙겼다. 싱가포르로 향하는 비행기에서 네 시간 동안 정식 제안서를 작성했고, 싱가포르에 내리자마자 이 제안서를 첼트너에게 보냈다. 우리는 취리히에 도착하자마자 곧장 그를 만나러 갔다.

앨릭스는 첼트너에게 문제를 해결하려면 변화가 필요하다고 설명했다. 우리의 계획은 은행의 투자 프로세스와 직원들의 역할을 근본적으로 바꿔놓을 것이며, 이러한 변화가 너무 혁신적이라 망설여지는 것도 당연히 이해하지만, 그렇다면 우리는 UBS를 떠날 수밖에 없다고 덧붙였다.

첼트너는 고개를 들더니 이렇게 말했다. "아뇨. 제가 원하던 게 바로 이거예요."

당시 2조 1000억 달러어치 자산[29]을 운용하던 이 보수적인 스위스 자산관리 회사에서 우리가 단행한 운영 혁신은 매우 급진적이어서 어떤 일이 있었는지를 이야기하자면 경영 서적 한 권을 다 채울 정도로 분량이 길어질 테니 이 책에서는 따로 다루지 않겠다. 다만 내부적으로 '저 미친 미국인들'이 벌이는 짓에 회의적 시선이 상당했다는 점만은 말해두고 싶다. 새롭게 도입한 자산 배분 시스템이 빠르게 신뢰를 얻는 것이 무엇보다 중요했다.

다행히 2011년 여름에 대규모 거래 몇 건이 체결되었다.

우리는 전략적 자산 배분을 검토하면서 대부분의 고객 포트폴리오가 유럽에 과도하게 치우쳐 있다는 사실을 발견했다. 그러나 향후 수익률이 가장 높을 만한 자산군을 예측했을 때 눈에 띄는 건 미국 하이일드 채권(신용등급이 낮은 기업이 발행한 채권으로서 높은 수익률을 기대할 수 있으나 높은 위험을 수반한다. ─옮긴이)의 수익률이었다.

금융위기 당시 미국 정부는 유럽과 다르게 은행 섹터의 자본 구성을 재편했고, 그 덕분에 미국 경제는 빠르게 재건되고 있었다. 미국 실물경제는 각종 부양책에 신속히 반응했지만, 신용 시장의 반응 속도는 더뎠다. 이 때문에 미국 하이일드 채권이라는 하위 자산군에서는 가격이 역사적 표준을 벗어나는 비정상적 현상이 나타났다.

물론 심각한 글로벌 경기 침체가 시작되는 상황에서 하이일드 채권을 보유하고 싶은 사람은 없을 것이다. 비정상적으로 높은 금융 비용을 부담하는 기업은 투자자에게 평균 이하의 신용도를 지닌 기업으로 인식되므로, 금융시장에 산불이 번지기 시작하면 가장 먼저 잿더미로 변할 게 자명했다. 그러나 경제가 극심한 불황에서 벗어나 회복 국면에 들어서고 본격적인 성장기로 접어들 때는 생존한 기업들이 계속 하이일드 채권을 발행하더라도 파산 위험이 크게 줄어든다. 우리가 수립한 경제 전망에 따르면, 그해 여름 미국 하이일드 채권을 매수했다면 극히 낮은 위험 수준에서 매우 높은 수익률을 올릴 수 있었다.

전략적 자산 배분의 진정한 강점이 바로 여기에서 빛을 발할 수 있다. 올바로 투자하는 데는 굳이 경제를 예측할 필요가 없다는 점이다. 당시 하이일드 채권의 대명사였던 미국 정크본드(junk bond)의 수익률은 10퍼센트이며, 미국 국채보다 약 8퍼센트 높았다. 이러한 금리차(스프레드)는 역사적 표준에서 크게 벗어난 수준이었다. 1980년대와 1990년대의 상당한 기간에 걸쳐 미국 하이일드 채권과 만기가 비슷한 국채의 스프레드는 3~5퍼센트 범위에 머물렀다.[30] 이는 2011년 하이일드 채권의 가격이 다른 자산에 비해 하락했음을 의미한다. 즉 리밸런싱을 하지 않았다면 하이일드 채권 비율은 UBS 모델이 제시하는 적정 수준에서 벗어났을 것이다. 요컨대 당시 하이일드 채권은 포트폴리오에서 비율을 확대해야 하는 리밸런싱이 필요한 시점이었다. 우리는 모델이 제안한 대로 하이일드 채권 비율을 확대했다. 이후 채권 가격이 상승하면서 스프레드가 다시 과거 수준으로 되돌아갔고 고객에게 높은 수익을 안겨주었다.

2011년부터 우리는 견고한 전략적 자산 배분을 투자 과정의 핵심으로 삼았다. 앨릭스와 모나는 몇 년 후 UBS를 떠났고, 나는 2014년 CIO가 되었다. 그로부터 10년이 지난 지금, 최고투자부서는 전 세계에 직원이 1000명이 넘는 거대한 팀으로 성장하여 전 세계 고객의 자산을 고유한 자산 배분 시스템에 따라 관리하고 있다. 더 많은 고객이 UBS와 UBS의 투자 자문, 투자 프로세스를 신뢰하게 되었고, 현재 UBS가 적극적으로 운용하거나 관리하는 개인 고객의 자산만 4조 달러에 달한다.

앞으로 일반적인 개인 투자자보다 더 나은 수익을 거두고 싶다면 주식 거래를 하면서 스릴을 즐기려는 마음을 내려놓아야 한다. 물론 당신이 진정으로 특출난 트레이딩 역량을 갖춘 소수에 속한다면 예외겠지만 말이다. 이미 많은 연구 결과에서 개인 투자자가 체계적인 투자 원칙을 지키지 않아 스스로 수익률을 까먹는다는 사실이 입증되었다.

이제 자산 배분의 중요성을 확신하게 되었으니 세상이 변화하는 방식을 설명한 앞의 세 장은 굳이 읽을 필요가 없다고 생각할지도 모른다. 하지만 그렇게 여기지 않길 바란다. 세상의 변화와 커지는 복잡성을 이해하는 것은 더 나은 자산 배분 전략을 세우는 데도 도움이 된다. 그것이 오늘날 UBS가 단순히 주식과 채권뿐 아니라 450개에 이르는 다양한 자산군을 살펴보는 이유다.

이 점을 명심하고 부디 개별 주식이나 채권 위주 포트폴리오에서 벗어나 분산 투자와 자산 배분이 잘 이루어진 포트폴리오로 전환하라는 조언을 따르길 바란다. 불안을 낮추는 이러한 자산 배분 기법의 핵심은, 각 자산군에 전체 포트폴리오를 일정 비율로 배분하면 자산 비율이 일정 비율에서 벗어나 리밸런싱이 필요할 때마다 자동으로 고가에 매도하고 저가에 매수하게 된다는 점이다. 대다수 투자자에게는 이러한 규칙이 필요하다. 투자자들이 규칙을 지킬 수 있도록 우리가 개발한 다양한 '기법'을 이 책에서도 살펴볼 것이다.

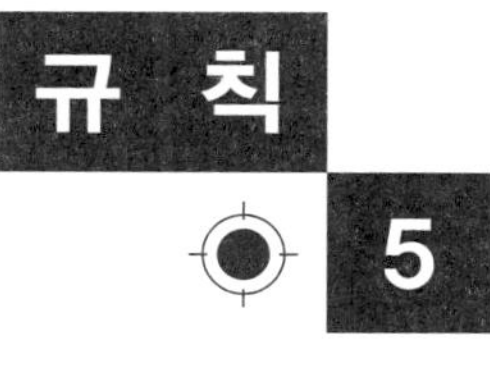

The
New Rules
of
Investing

자기 자신과
돈에 대한
강박을 이해하라

칼은 자신이 일군 사업체를 1억 달러에 매각했다.

그는 일흔을 넘긴 나이에도 풍부한 금융 지식을 갖추고 있다. 그만 큼 재테크에 일가견이 있지만, 상속과 세금 면에서는 현명하게 일을 처리하지 못한다. 평소라면 연방정부가 자신이 평생 힘들게 모은 재산의 40퍼센트를 상속세로 가져간다는 말에 분노하고도 남을 불같은 성격의 소유자다. 그런데 당장 아무런 조처를 하지 않는다면 실제로 그런 일이 벌어질 것이다.

최근 칼은 건강이 악화하기 시작했다.

정확한 이유는 알 수 없다. 몇 년 전 첫 번째 아내가 사망하고, 최근 에는 두 번째 아내도 세상을 떠났다. 그는 아마 깊은 슬픔에 잠겨 아무 것도 할 수 없는 상태일지도 모른다. 아니면 흔히 그렇듯이, 자신의 죽 음을 외면하려는 심리일 수도 있다. 어쩌면 두 가지 문제가 한꺼번에 그를 짓누르고 있는지도 모른다.

이유가 무엇이든 우리는 그에게 재정 문제를 신중하게 고민하라고 이따금 상기시킬 뿐, 무언가를 강요할 수는 없다.

칼이 스스로 내면의 벽을 마주하지 않으면 부의 여정에서 다음 단계로 나아가지 못할 것이다. 그의 내면에서 너무도 강렬한 일이 벌어지고 있어 정상적인 이기심조차 제대로 작동하지 않는 듯하다. 그는 자신을 옭아매는 깊은 문제를 다루는 것을 완강히 거부하고 있다.

이제 막다른 길에 이르렀다. 그가 스스로 나서지 않는 한 우리 역시 그를 도울 수 없다. 그는 그저 담배를 피우고 와인을 마시며 창밖을 내다볼 뿐이다.

◈

다음 장에서 다룰 UBS 웰스 웨이와 전략적 자산 배분은 모두 자산 관리 기법이다. 그러나 이 기법들은 투자자가 자신의 성향을 파악하고, 두려움을 유발하는 요인을 이해하고, 그러한 파괴적인 힘에 대응하는 전략을 실천하는 등 자신의 역할을 수행할 때 비로소 효과를 발휘한다.

칼의 사례로 알 수 있듯, 아무리 효과적인 포트폴리오 관리 시스템이라 할지라도 자산관리에 방해가 되는 내적 장애물을 스스로 극복하려는 의지가 없는 사람에게는 아무 소용이 없다. 이는 칼 같은 부유층 외에 사회에 첫발을 내딛는 스물다섯 살 청년에게도 해당하는 진리이며, 자산 형성 과정 중 어느 단계에 진입하든 누구에게나 똑같이 적용된다.

우리 같은 평범한 인간은 투자, 주택, 자동차 등 거의 모든 것을 사고팔 때마다 희망, 두려움, 가치관, 감정, 과거의 경험 등이 언제나 의사결정의 이면에서 강력한 힘을 발휘한다. 자신을 이해하고 내면의 금전 문제를 통제하는 것, 특히 비교적 젊은 나이에 그러한 능력을 갖추는 것이야말로 투자 수익을 비약적으로 끌어올릴 수 있는 가장 강력한 방법이다. 사실 이것은 극도로 어려운 일이다. 이 책이 전하는 전문적인 자산관리 조언 중에서 아마 가장 받아들이기 힘들고 고통스러운 방법일 것이다. 주식을 저점에 사서 고점에 파는 개념을 이해하는 것은 그다지 어렵지 않다. 진짜 문제는 실제로 그렇게 행동하는 것이다. 어쩌면 당신은 자산 배분에 대해 이미 잘 알고 있어서 앞장을 건너뛰었을 수도 있다. 그렇다면 생각해보자. 마지막으로 포트폴리오를 계획에 따라 체계적으로 리밸런싱한 때는 언제인가?

투자자로서 당신의 강점부터 살펴보자.

앞서 언급했듯, 일반 투자자가 워런 버핏이 될 수 없는 주된 이유는 마음속에 품은 돈과 관련된 감정이 무의식적으로 투자 결정을 지배하기 때문이다. 버핏의 소박한 매력과 겸손하고 관대한 태도와 지혜는 그가 우리와 크게 다르지 않은 한 인간처럼 보이게 한다. 그러나 분명한 사실은 그 역시 자신이 평범한 우리와 다르다는 것을 누구보다 잘 알고 있다는 점이다.

버핏이 차별화되는 요소 중 하나는 감정을 통제하는 능력이다. 버핏과 그의 멘토 벤저민 그레이엄(Benjamin Graham)은 세계 최고의 투자자가 되는 데 필요한 역량과 이러한 통제력에 대해 항상 뚜렷한 견해를 밝혀왔다. 그들은 "다른 사람들의 게임에서 이기는 것"이 아니라

"자신의 게임을 스스로 통제하는 것"이 중요하다고 경고했다.

나는 헤지펀드 업계에서 약 30년 동안 투자 대가들과 교류하면서 한 가지 사실을 분명하게 알게 되었다. 바로 워런 버핏과 피터 린치 등 주식 고수들을 다룬 책이 일반 투자자에게는 위험하다는 점이다. 그들은 잘못된 안정감을 주고 투자를 지나치게 미화한다. 사실 종목을 고르는 일은 세상에서 가장 흥미롭고 보상이 큰 도전임에 틀림없다. 하지만 바로 그러한 이유로 금융 산업은 최고의 인재와 첨단 기계, 지원 인력을 대거 영입하고 이들을 치열한 생존 경쟁에 밀어 넣어 역량과 기술을 효율적으로 극대화하는 곳이다.

주식을 매매할 때마다 거래 상대방이 맞춤형 AI 모델과 우수한 연구진, 초고속 슈퍼컴퓨터를 등에 업고 당신을 주시한다는 사실을 늘 명심하고 경계해야 한다.

하지만 그동안 투자서를 몇 권 읽었고 행운이 늘 함께한다고 믿는다면 계속 시도해보라.

당신의 거래 상대방은 거의 비인간적일 정도로 감정을 분리하거나 비인간적인 수준의 절제력으로 감정을 몰아내고 냉철하게 매매를 진행할 수 있는 최고의 투자자이자 특별한 사람들이다. 대부분은 감정을 분리하고 몰아내는 역량을 모두 갖추고 있다.

감정을 다스리는 법을 익히기보다 감정을 완전히 몰아내고 싶다면 원하는 바가 무엇인지 신중하게 정해야 한다. 감정을 배제한 투자는 어떤 형태의 기쁨도 느끼지 못하는 쾌감상실증과 더 나아가 극심한 우울증으로 급박하게 이어질 수 있다. 나는 목표 지향적인 투자자들에게서 이러한 감정 변화를 여러 번 목격했다.

내가 워런 버핏을 이러쿵저러쿵 판단할 수는 없지만, 그의 전기《스노볼(The Snowball)》의 내용이 사실이라면 그는 탁월한 투자 실력을 발휘했으나 소중한 결혼 생활을 그 대가로 지불해야 했다.[2] 전 세계의 워런 버핏급 인재들과 나머지 사람들을 가르는 차이는 단지 감정에 휘둘리지 않는 투자 결정만이 아니다. 그 차이는 문제의 모든 측면을 거의 사진기로 찍어낸 듯 정확히 기억하고 몇 시간, 심지어 며칠 동안 한가지 사안에 쉽게 몰입할 수 있는 능력에서 비롯된다.

나는 하버드대학교 학생들이 기숙사 휴게실에 앉아 차분히 머릿속으로 체스를 두는 모습을 멍하니 지켜보며 그러한 능력을 처음 목격했다. 그들은 체스판이 필요 없을 만큼 모든 수를 머릿속에 그려내고 기억한다. 타고난 재능도 대단하지만 진정한 투자의 전설들은 종교와 다름없는 고도의 절제력을 기르고 엄격한 훈련을 거쳐 실력을 한층 끌어올린다. 당신이 증권을 사고팔 때 상대하게 되는 금융 전문가들이 바로 이들이다.

내가 이러한 현실을 뼈저리게 실감한 건 20년 전 버지니아대학교에서 열린 비공개 오찬에 초대받았을 때였다. 당시 블루리지캐피털(Blue Ridge Capital)의 설립자 존 그리핀(John Griffin)이 헤지펀드 거물들을 불러 모아 이 행사를 주최했다.[3] 샬러츠빌의 봄날은 눈부시게 아름다웠다. 목련이 곳곳에서 꽃망울을 터트리고 있었고, 우리는 잔디밭에 펼쳐진 작은 흰색 천막 아래 원탁을 둘러싼 접이식 의자에 앉았다.

그날 모인 그리핀의 친구 중에는 '타이거 컵스'[4]로 불리는 천재 트레이더 세대를 탄생시킨 헤지펀드의 거물 줄리언 로버트슨(Julian Robertson), 노벨 경제학상 수상자[5]이자 필독서인《생각에 관한 생각

(Thinking, Fast and Slow)》[6]의 저자 대니얼 카너먼(Daniel Kahneman), 세계 최고의 트레이더로 손꼽히는 폴 튜더 존스(Paul Tudor Jones)도 있었다.

존스는 1987년 주식시장 붕괴를 예견하며 처음 명성을 얻었다. 그는 "아카풀코 절벽(Acapulco cliff)에서 뛰어내리듯" 시장이 가파르게 폭락할 것이라고 경고했다.[8]

그날 샬러츠빌에서 존스는 특정 시간에만 매매한다고 밝혔다.

존스는 25년 넘게 라이프 코치 토니 로빈스(Tony Robbins)에게 연간 100만 달러를 지급했다고 한다. 로빈스는 그에게 일종의 심리 치료사이자 트레이너, 조언자 역할을 했다.[9] 존스는 지난 몇 년 동안 최고의 매매를 성사시킬 수 있도록 이끈 최상의 심리 상태와, 그와 관련된 사실을 집요하게 기록하고 추적한 것이 가장 중요한 과제였다고 말했다. 좋은 거래를 체결한 시간과 그날 먹고 마신 음식 등 모든 것을 빠짐없이 추적했다. 반대로 잘못된 투자 결정을 내린 시기도 똑같이 철저하게 분석했다. 이제 존스는 장중에는 거의 거래하지 않는다고 한다. 통계에 따르면, 장이 마감되었을 때 마음이 편안한 상태에서 가장 좋은 거래를 체결했기 때문이다.

존스는 이 사실을 공개하면서 카너먼 교수에게 훌륭한 트레이더 자질을 갖춘 사람을 예측하고 훈련해 좋은 트레이더를 길러낼 방법을 성공적으로 분석한 연구가 있는지 물었다. 존스는 20년 전 이 질문의 답을 찾으려고 수백만 달러를 들여 매매 통계 자료를 수집하고 연구했지만 반쯤 포기한 상태라고 고백했다.

일부 사람만 지닌 특별한 무언가가 여전히 존재했다. 그것은 데이터를 활용하여 역설계할 수 없는 것이었다. 그토록 똑똑한 카너먼조차 점심시간 내내 존스를 따라다니며 그의 데이터를 넘겨받아 연구 프로젝트를 이어가고 싶다고 졸랐다. 정말 재미있는 광경이었다. 그 연구가 실제로 계속 진행되었는지, 어떤 결론에 도달했는지는 불분명하다. 지금껏 한 번도 공개된 적이 없기 때문이다.

하지만 나는 카너먼 교수와 이야기를 나누면서 행동재무학에 관심을 갖게 되었고, 더 나은 투자자가 되려면 흔히 원시 본능이라 불리는 본능적 충동, 즉 원초적 자아(inner caveman)와 제대로 마주하는 과정이 반드시 수반되어야 한다는 것을 깨달았다. 이러한 인식은 현재 고객의 자산을 다루는 실무에도 매우 중요한 역할을 한다.

이 잊을 수 없는 오찬에서 결정타는 로버트슨의 한마디였다. 그는 점심시간 내내 상냥한 미소를 지으며 조용히 이야기를 듣고 있다가 나직이 입을 열었다. "제가 지금까지 내린 가장 중요한 투자 결정은 결혼할 사람을 정한 일이었죠." (배우자를 잘 고르는 것은 내게도 매우 중요한 문제였다.)

이 일화를 다시 떠올린 데는 이유가 있다. 존스가 주식을 거래하기 전에 오렌지주스 한 잔을 마시는 것이 중요하다고 여긴다면, 그런 사소한 행위도 실제로 투자에 중요한 요소가 된다. 버핏은 맥도날드 햄버거와 콜라 다섯 캔을 해치우고도 현명하게 투자 결정을 내릴 수 있지만,[10] 존스는 버핏처럼 해낼 수 있을지 스스로 확신하지 못했다. 그는 음식 하나에도 신경 쓰며 늘 침착한 정신 상태를 유지하려고 애썼다.[11] 나는 좋은 투자 결정을 내리려고 거치는 과정을 겸손하고 솔직하게 털어놓는 그의 모습을 보면서 깜짝 놀랐고, 해방감을 느끼는 동시에 영감을 얻었다.

나는 역사상 가장 위대한 트레이더로 손꼽히는 인물도 하루에 단 몇 시간이라도 자기 자신을 믿고 올바른 투자 결정을 내리려고 치열하게 노력해야 한다는 사실을 깨달았다. 그러자 정신이 번쩍 들었다. 그는 대가의 경지에 도달하고자 그날 아침에 무엇을 마셨는지, 전날 밤에 어떻게 잤는지 등 기본적인 요소부터 점검해 나갔다. 하찮게 여기는 것이 없었다. 그 모든 노력은 자기 자신을 더 깊이 이해하고 기량을 끌어올리려는 집요한 열의에서 비롯되었다.

그때의 대화는 내게 해방감을 주었다. 나 역시 결점이 있는 인간임을 스스로 인정할 수 있게 된 것이다. 내 성향의 독특한 부분을 무시하거나 외면하지 않고 그것을 이해하고 활용하는 것이 성공적인 투자자가 되는 과정의 일부임을 깨달았다.

마지막으로 존스의 말은 내게 큰 영감을 주었다. 꼭 버핏이나 린치, 존스처럼 100만분의 1에 해당하는 타고난 천부적인 재능이 없어도 투자 의사결정을 개선할 수 있다는 의미였기 때문이다. 내가 해야 할 일은 나만의 투자 프로세스를 끊임없이 다듬고 개선하면서 일상적인 감정 기복에 휘둘리지 않고 어느 정도 절제된 투자 결정을 내릴 수 있는 경지에 이르는 것이었다. 체력 단련은 정신 훈련의 기반이자 열쇠가 되었고, 그날 존스의 이야기는 궁극적으로 내 삶을 두 갈래의 생산적인 방향으로 이끌었다.

나도 버핏을 모방하려고 애쓰기보다는 존스처럼 불완전한 인간임을 스스로 인정하고 내게 잘 맞는 투자 전략을 찾아야 한다는 것을 깨달았다. 이것이 바로 자산 배분을 내 투자 방식으로 선택한 이유였다. 존스가 이끈 또 다른 방향은 재무적 결정과 얽혀 있던 온갖 강박적 충동을 깊이 들여다보는 것이었다. 나는 개인적 삶과 직업적 삶에서 감정을 더 잘 다스리고 싶었고, 바로 이것이 이 장의 주제다.

사실 개인적인 이야기를 글로 옮겨 적는 작업은 꽤나 고통스러웠다. 하지만 투자 결정을 내릴 때면 이러한 감정에 흔들리지 않도록 매일 스스로 다잡아야 하기에, 이렇게 내가 속으로 끙끙 앓고 있던 문제를 공개적으로 인정하고 솔직하게 털어놓으니 오히려 속이 후련해지는 것 같다. 독자들도 돈에 얽힌 은밀하고 독특한 자신의 습관을 명확하게 파악하고 솔직하게 다룰 수 있도록, 먼저 돈과 부에 관한 내 개인적인 강박을 이 책에 공유하고자 한다.

마음속에 뿌리내린 불안

"마크, 차에서 내려봐. 미국의 몰락을 똑똑히 보렴."

아버지가 1972년식 쉐보레 킹스우드 에스테이트 왜건의 뒷좌석 창문을 두드리며 내게 소리치셨다.

때는 1978년, 나는 일곱 살이었다. 온 가족이 나들이를 하다가 잠시 주유소에 들른 참이었다. 아버지는 차 밖에서 얼른 나와 보라며 다급하게 내게 손짓하셨다. 나는 마지못해 뒷문을 열고 슬그머니 차에서 내렸다.

뒤를 돌아보니 어머니가 민망하기라도 한 듯 조수석에서 몸을 웅크리며 숨으셨다. 어머니는 중산층의 예의범절과 적절한 처신을 중요하게 여기는 분이라, 그날 사람들 앞에서 아버지가 보인 과장 섞인 몸짓은 어머니에게는 분명히 견디기 힘든 모습이었을 것이다. 그런 반면에 네 살배기 여동생은 그런 상황을 전혀 눈치채지 못한 채 해맑게 인형을 가지고 놀고 있었다.

아버지는 여전히 욕설을 퍼부으며 시민 사회를 무너뜨리는 '저승사자'를 손가락질하셨다.

나는 아버지의 손가락이 가리키는 방향을 따라 시선을 돌렸다. 아메리칸드림을 위협하는 저승사자는 다름 아닌… 주유기였다.

1970년대에 두 차례 에너지 위기가 있었다. 1973년 아랍석유수출국기구(Organization of Arab Petroleum Exporting Countries, OAPEC)는 욤키푸르 전쟁 중 이스라엘군에 군수 물자를 지원한 미국에 석유 금수 조치를 단행했다. 1979년에는 이란 혁명으로 팔라비 왕조가 축출되면서 이란의 석유와 가스 산업이 붕괴되었고 전 세계 공급망이 타격을 입었다.[12]

관련국 정부 간 지리적·정치적 충돌과 에너지 시장의 격변은 우리 가족이 살고 있던 조용한 미국 교외에서도 실시간으로 감지되고 있었다. 그날 휘발유 가격은 갤런당 64센트였고, 우리 가족의 스테이션 왜건은 기껏해야 갤런당 10마일을 달릴 수 있었다.[13] 1970년대 내내 유가가 꾸준히 올랐고, 그때마다 아버지는 투덜거리며 갤런당 64센트가 한계선이라고 여기셨다.

그리고 그날 아버지는 유가 상승이 일시적인 위기가 아니라 앞으로 우리 경제에 영구적으로 자리 잡을 것임을 비로소 깨달으신 것 같다. 실제로 그 후 유가는 10년 동안 계속 상승했다. 40년이 지난 지금, 그러한 유가 상승을 겪어본 적이 없는 동료들에게 인플레이션이 어떤 느낌인지 설명하려고 하니 당시 기억이 어제 일처럼 선명하게 떠올랐다. 기억이 너무도 생생해서 1978년 그날이 내게 훨씬 큰 의미를 지니고 있음을 알게 되었다.

아버지와 함께 목격한 그 기묘한 사건은 사실 미시적 수준에서 일어나고 있었고 다른 사람들에게는 보이지 않았다. 아버지가 공개적으로 표출한 분노와 어머니의 은밀한 당혹감이 내 안에서 하나로 결합했다. 아버지가 느끼는 돈에 대한 불안이 내게 그대로 전달되었다. 돈이 부족하다는 불안함, 벌이가 충분하지 않다는 초조함, 세계 질서가 자멸하고 있다는 위기의식, 1970년대의 반복되는 에너지 위기로 석유가 고갈되고 지구의 천연자원이 인류의 욕구를 충족할 만큼 충분하지 않다는 절박함이 내게 고스란히 전해졌다.

필요한 건 늘 턱없이 부족했다.

결핍이 내 세상을 지배했다.

요컨대 나는 아버지에게서 그러한 '유산'을 물려받았다. 아버지는 극심한 불안과 함께 온갖 금전적 걱정거리를 고스란히 내게 넘겨주셨고, 나는 평생 그 복잡한 정서를 이해하려고 애썼다.

우리는 다시 차에 올라탔고 아버지가 차를 몰기 시작하셨는데 어머니는 여전히 몸을 움츠리고 계셨다. 아버지는 자신이 이해할 수도, 통제할 수도 없는 일에 분노 섞인 비난을 늘어놓으셨다. 여동생은 몇 분 전까지 내가 그랬던 것처럼 인형을 끌어안고 행복하게 놀고 있었다.

나는 슬펐다. 마음이 불안해졌다.

어쩌면 그 일을 계기로 나는 결핍을 만회하려고 더 강박적으로 행동하게 되었는지도 모른다.

주유소에서 일어난 일이 내 장래를 결정짓고 UBS 글로벌 자산관리 CIO의 자리로 이끌었다고 봐도 과언은 아니다. 물론 미국 교외에서 겪은 그날의 사건이 훗날 중동 사막에서 부호들과 양 눈알 같은 전통적인 접대 음식을 먹거나 중국 베이징에서 차를 마시며 가업 상속을 논의하는 미래로 이어질 줄은 몰랐다. 하지만 그날 이후 나는 다시 예전처럼 기분 좋은 상태로 돌아가고 싶다는 마음이 간절했고, 수십 년 동안 무의식적으로 주유소에서 목격한 장면을 계속 떠올렸다. 그때는 삶의 경험도 부족하고 미성숙해서 제대로 이해하지는 못했다. 그저 내 마음 한구석에서는 어떻게든 그 일을 이해하고 해결하려고 애썼던 것 같다.

어떻게 해야 어머니를 위로할 수 있을지, 내가 '충분하다'고 느낄 수 있는 상태에 도달할 수 있을지, 내가 통제할 수 있는 것과 그렇지 않은 것을 구별할 수 있는지, 실제로 세상이 어떻게 돌아가는지, 유가에 영향을 미친 지정학적·경제적 요인은 무엇인지 등 다양한 문제와 의문점이 내 머릿속에 남았다.

물론 당시에는 이 모든 것을 명확하게 설명할 수 없었을 것이다. 하지만 나는 진심으로 아버지가 겪는 문제에서 벗어나고 싶었고, 내가 놓치고 있거나 반드시 알아야 할 위대한 통찰을 비롯하여 이 모든 의문에 대한 해답을 찾고 싶었다.

나는 세월이 한참 흐른 후에야 비로소 깨달았다. 전 세계인이 모두 쉐보레 킹스우드 에스테이트 왜건을 원하거나 갤런당 10마일을 달리는 자동차를 운전한다면 우리 가족이 모두 심각한 문제에 처하게 된다는 사실을.

돈에 대한 강박과 대물림

돈을 대하는 복잡한 마음가짐은 내가 주유소에서 경험한 것처럼 어린 시절에 접하는 주변 환경에 따라 형성되기도 하지만, 어느 정도는 조상에게서 물려받기도 한다. 아버지는 집안 살림과 세상이 돌아가는 방식을 걱정하는 습관을 할아버지에게서 물려받아 내게 그대로 물려주셨다.

나와 여동생을 세상 누구보다 소중하게 아끼고 사랑을 듬뿍 주신 친조부모님은 독일 슈바벤 지방의 작은 마을 출신인데 일찍이 가난한 삶을 사셨다. "일하고 저축하고 작은 집을 지어라(Schaffe, spare, Häusle baue)"라는 격언은 슈바벤에서 좌우명처럼 통용되었고 할아버지 댁에도 가훈으로 벽에 걸려 있었다.[14] 이는 참으로 감동적인 말이지만 인생에 항상 도움이 되는 건 아니다. 1920년대에 접어들자 기계공으로 일해온 할아버지는 좀처럼 일자리를 찾지 못하셨고, 간신히 얻은 일자리도 사실상 무의미했다. 1923년 10월 독일의 월간 인플레이션율이 2만 9500퍼센트에 달했기 때문이다.[15]

내가 어렸을 때 식탁에 앉아 할머니가 손수 구워 주신 크리스마스 쿠키를 먹을 때면 할아버지는 바이마르 공화국 시절의 이야기를 들려주셨다. 금요일에 월급을 받자마자 필요한 물건을 닥치는 대로 사야 했다고 한다. 다음 월요일이 다가오면 더는 같은 식료품을 살 수 없을 정도로 하루가 다르게 가격이 치솟았기 때문이다. 그때 나는 물가라는 개념을 제대로 이해하지 못했지만, 아마도 할아버지가 생생하게 들려주신 바이마르 공화국의 이야기가 훗날 내가 경제사에 매료되는 데 영향을 줬을 것이다. 할아버지와 할머니는 바이마르 공화국의 고질적 문제를 뜯어고치기보다는 익숙한 고향을 뒤로하고 1926년 용감하게 미국으로 건너와 새로운 삶을 개척하셨다.

제2차 세계대전을 앞둔 1938년, 나의 아버지 헨리 헤펠레(Henry Haefele)가 미국에서 태어났다. 마침 군수 물자 생산에 힘입어 미국 경제는 대공황에서 벗어나 회복세를 보였다. 할아버지는 기계공 일자리를 구하고 뉴저지주 링우드에 땅도 사셨다. 지금은 뉴욕의 교외 주거지가 되었지만, 그때만 해도 링우드는 낙후된 산골 오지였다. 벽에 붙은 슈바벤 격언처럼 할아버지도 직접 집을 지으셨다. 바위에 불을 지피고 찬물을 부어 작게 쪼갠 후 건축 자재로 쓰셨다.

미국이 전쟁 물자를 마련해야 했던 시기라서 할아버지는 집에 전기를 들일 수 없었고, 결국 온 가족이 전기도 없이 9년 동안 그 작은 집에서 지내야 했다. 밤이면 등유 램프에 의지했고, 부엌에 설치한 수동 펌프로 우물을 길어다 썼다. 자동차 차축에 연결한 원형 톱으로 장작을 팼는데, 그 톱에 할머니의 손가락이 절단되는 안타까운 사고가 일어나기도 했다.

등유가 우물로 흘러들었을 때는 아직 어려서 몸집이 작았던 아버지가 밧줄에 의지하여 우물 안으로 내려가 기름 막을 걷어냈다. 할아버지가 설치한 압력 탱크를 이용해 집에 수돗물을 공급했고, 1951년에는 드디어 집에 전기를 들일 수 있었다. 외동아들이었던 아버지는 어릴 때 비글 두 마리를 키웠는데 집 주변 숲에서 비글과 함께 토끼, 다람쥐 등을 사냥하여 끼니를 해결하기도 했다.

그런 유년 시절을 보낸 아버지가 1970년대 스태그플레이션 시기에 갤런당 64센트에 육박한 유가에 격앙된 반응을 보인 것도 무리는 아니다. 인플레이션은 조부모 세대의 삶을 뒤흔들 만큼 악영향을 끼쳤다. 마찬가지로 평범한 독일계 이민자였던 우리 가족에게도 실질적인 경제적 고통이 드리웠다. 요점은 이렇다. 가족이 겪은 인생 경험과 이야기를 토대로 서사가 형성되고 극심한 결핍이나 특권 의식, 중산층으로서 느끼는 만족과 좌절, 분노와 박탈감, 과시욕 등이 대대로 계승된다.

이와 같은 가족의 경험은 투자자가 성과를 내려면 스스로 이해하고 다스려야 하는 또 다른 강력한 내적 요인이다.

나는 반세기 동안 대대로 전해 내려온 유산의 명암을 체감하며 투자 여정을 이어왔다. 기억 속의 쉐보레 왜건을 몰고 언젠가 모든 것이 만족스럽고 부족함이나 걱정이 전혀 없는 상상 속의 '이너프 타운(Enough Town)'에 도달할 수 있기를 바랐다. 가끔 실적이 좋은 날이면 너무도 달콤한 이너프 타운에 닿을 수 있다. 언젠가는 그곳에 영원히 머물 수 있기를, 그리고 당신도 그곳에서 나를 만날 수 있기를 간절히 바란다.

분명히 밝히건대 돈에 대한 콤플렉스는 내 DNA에 뿌리 깊이 박혀 있고 지금의 나를 형성했다. 그것은 오랜 기간 무의식적으로 나를 지배하면서 불안하게 만들고 삶의 즐거움을 앗아가는 부정적 요인이었다. 하지만 내가 그 문제를 인식하고 새로운 방향으로 생각을 전환하자 그것은 투자 아이디어와 영리한 시장 전략의 원천이 되어 가장 필요할 때 내게 결정적인 도움을 주었다.

뿌리 깊게 자리 잡은 돈에 대한 강박은 결코 없앨 수 없다. 하지만 그 존재를 자각하고 그것이 어떻게 표출되는지 이해한다면 그 강력한 힘을 긍정적인 방향으로 전환할 수 있다. 실제로 성공을 거둔 고객들은 임팩트 투자로 이러한 변화를 꾀하고 있다. 이에 대해서는 나중에 자세히 설명할 것이다. 그러나 이처럼 생각을 바꾸려면 결국 불편한 어린 시절의 기억을 다시 꺼내 돌아보고 성찰하는 과정을 거쳐 스스로 문제를 인식해야 한다.

1978년 여름, 우리 가족은 쉐보레 에스테이트 왜건을 타고 올랜도에 있는 디즈니월드로 향했다. 그때 나는 초등학교 1학년이었고, 아버지가 주유소에서 격분한 지 얼마 지나지 않은 시점이었다. 정말 큰맘먹고 떠난 여행이었다. 우리 가족은 고속도로 변에 자리한 허름한 모텔에 묵었다. 어머니가 살균 스프레이를 들고 방 구석구석을 소독하기 전까지는 아무것도 손댈 수 없었을 만큼 무척 지저분한 곳이었다.

우리 가족은 디즈니월드의 폴리네시아 빌리지에 있는 뷔페 식당에 갔는데, 그곳에서는 모노레일이 건물 사이를 지나고 눈이 큰 형형색색의 조각상이 양치식물 사이로 우리를 내려다보고 있었다. 어른들은 우산이 꽂힌 커다란 파인애플 잔으로 음료를 마셨다. 당시 아동용 뷔페 가격은 8달러였는데, 오늘날 가치로 환산하면 약 39달러다. 살림살이는 빠듯해도 아이들에게 어떻게든 특별한 여행을 선물하고 싶은 중산층 부모에게 1970년대의 디즈니는 지금과 마찬가지로 매우 비싼 곳이었다.[16]

내가 뷔페 가격을 알게 된 건 여동생 때문이었다.

다섯 살배기 여동생은 한창 음식을 가리던 때라 폴리네시아 뷔페에서 검은 올리브만 먹었고, 아버지는 참다못해 버럭 고함을 치셨다. "8달러짜리 뷔페까지 와서 검은 올리브만 먹겠다고? 그것만 먹다가 목에나 걸려라!" 정말 끔찍한 순간이었다. 아버지가 화를 내며 어린 여동생을 나무라는 모습을 보자 내 마음도 덩달아 불안해졌다. 나는 접시에 음식을 마구 담기 시작했고 울먹이며 소리쳤다. "봐요. 나 먹고 있어요! 먹고 있다고요!"

결핍은 이렇게 영혼 깊숙이 뿌리를 내린다.

나는 지금도 음식을 잘 남기지 않는다. 아무리 배가 불러도 접시를 비우지 않으면 마음이 편치 않다. 티백을 여러 번 우려 마시고, 유통기한이 한참 지난 음식도 먹는다. 이 때문에 장이 탈이 난 적도 많지만 습관은 잘 바뀌지 않는다. 내 아내는 스코틀랜드 출신답게 직설적으로 표현하는 사람인데, 내가 출장을 떠날 때면 하루에 두 번씩 장을 비우기라도 할 것처럼 여벌 속옷을 많이 챙긴다며 재밌어한다.

그렇다고 해서 내가 어릴 때 고생을 한 건 아니다. 정서적으로 풍요롭고 사랑이 넘치는 가정에서 언제나 나를 아껴주신 조부모와 다정한 친척, 멋지고 재미있는 여동생과 함께했고, 의심할 여지 없이 사랑을 듬뿍 주신 헌신적인 부모의 품에서 자랐다. 늘 사랑받고 있다는 걸 느꼈다. 어릴 때도 이미 알고 있었다. 세상에는 이보다 훨씬 심각한 문제가 넘쳐나니 디즈니월드에서 일어난 일은 사소한 문제에 지나지 않는다는 것을. 적어도 조부모와 부모 세대에 비해 나는 새롭고 크고 좋은 물건을 더 많이, 더 쉽게 손에 넣었으며, 비교적 수월하게 실내 온도를 조절할 수 있는 환경에서 살았다.

디즈니월드를 다녀온 후 끈끈한 유대감이 형성된 우리 가족에게 큰 변화가 찾아왔다. 기계공으로 일하시던 아버지가 리퀴드 메트로닉스(Liquid Metronics)라는 회사에서 좋은 일자리를 얻으면서 집안 사정이 크게 나아진 것이다. 아버지는 앞서 수년간 직장을 옮겨 다니고 가끔 해고도 당했지만, 새로 구한 직장에서는 23년간 근속하실 수 있었다. 우리 가족은 내가 일곱 살이 되던 무렵에 매사추세츠주 보스턴 외곽에 있는 스토우라는 마을로 이사를 갔고 수영장이 딸린 큰 집에서 살게 되었다.

지금까지 내가 전한 이야기는 지극히 평범하게 들릴 수 있다. 물론 여섯 석만 있는 도쿄의 오마카세 식당에서 저녁 식사를 즐긴 일이나 불과 4.5미터 거리에서 재닛 잭슨(Janet Jackson)의 공연을 관람하며 안심스테이크를 대접받은 매우 흥미로운 일화로만 이 책을 채울 수도 있을 것이다. 하지만 내게 그런 것들은 중요하지 않다. 자기 자신을 깨닫는 것이 더 중요하다. 눈앞에 음식이 놓이기만 하면, 그것이 아무리 비싼 최고급 요리든 아니면 흔하디흔한 감자튀김 한 접시든, 나는 곧바로 폴리네시아 빌리지에서 먹은 뷔페를 머릿속에 떠올린다. 하지만 무제한 뷔페 같은 곳에 가면 식욕을 통제하지 못한다는 것을 이제 스스로도 잘 알고 있다. 그 사실을 받아들이니 마음이 편안해졌다. 이는 내가 부의 여정에서 얻은 중요한 통찰이며, 이 책에서 여러 번 언급하는 이유이기도 하다.

자기 자신을 이해하라. 자신을 자극하는 요인을 파악하라.

절대 사라지지 않는 돈에 대한 강박

여전히 이 감정적인 요소들이 부의 창출과 아무 관련이 없는 피상적이고 감상적인 은유나 허풍에 불과하다고 생각한다면 다시 생각해보길 바란다. 내가 함께 일하는 억만장자들은 이를 절대 하찮은 요소로 여기지 않는다. 감정을 부와 분리하는 것은 최고투자부서에서 수행하는 대단히 까다로운 작업이다.

훌륭한 투자자인 한 고객은 내게 이런 말을 한 적이 있다. "마크, 나는 오랫동안 돈을 다루고 성공하는 법을 알아냈지만 상속 계획을 세우는 데는 세 번이나 실패했다네. 이번에 다시 시작했지만 내가 뭘 하고 있는 건지 아직도 확신이 서지 않는군."

그날 나는 그가 어떤 심리 상태인지 알 것 같아 조심스레 농담을 던졌다. 본인이 이전에 인정했듯, 죽음을 '언제'가 아닌 '만약에' 일어날 상황으로 여기는 습관 때문에 어려움을 겪는지도 모른다고. 피할 수도 없고 받아들이기도 힘든 죽음이라는 현실은 불안과 부정으로 이어지기 쉽다. 돈에 관한 이야기를 하면서도 정작 돈에 관한 이야기가 아닌 듯한 느낌이 드는 것이다. 이 위대한 억만장자 고객은 이러한 두려움을 인정하고 제대로 마주한 후에야 비로소 앞으로 나아갈 수 있었고, 우리는 그가 정서적으로 단단한 토대를 마련한 상태에서 더 강력한 투자 전략을 세울 수 있도록 지원했다.

자산관리는 부의 여정에서 어느 단계에 있든 끊임없이 자신이 어떤 사람인지 일러준다. 자수성가형 기업가이자 억만장자인 행크는 4억 달러가 넘는 투자 포트폴리오를 보유하고 있었다. 그는 제조 사업을 매각한 후 마침내 자선 활동에 시간과 자원을 적극적으로 쏟을 수 있는 삶의 단계에 이른 상태였다.

어느 날 행크는 자신과 비슷한 규모의 부를 일군 뉴욕의 부유한 기업가들과 포트폴리오 운용 사례를 공유하는 자리에서 자선 활동에 관한 이야기를 꺼냈다. 그는 소외계층 아동들이 교육 기회를 누릴 수 있도록 25만 달러를 기부하고 있다고 자랑스럽게 밝혔다.

그는 칭찬을 받고 싶었지만 동료들은 오히려 그를 몰아세웠다.

그들은 그의 노력을 비웃었고, 총자산 대비 기부액이 너무 적고 인색하다는 지적이 이어졌다. 사실 그는 훨씬 많은 금액을 기부할 수 있었고, 마땅히 그래야 했다.

행크는 상처를 받았고 어안이 벙벙했다.

동료들이 그를 추궁하기 시작하자 비로소 문제의 본질이 드러났다. 행크는 불우한 어린 시절을 보냈다. 말 그대로 너무 가난해서 굶주림에 허덕였다. 지금은 부유해졌지만 그의 마음은 여전히 어린 시절에 겪은 가난에 갇혀 있었다.

행크는 25만 달러를 자선단체에 기부하는 것은 대단히 관대한 행동이라고 믿었다. 전에는 꿈에도 상상하지 못했던 놀라운 일이었기 때문이다. 가난에 찌든 아이에게는 적어도 어마어마한 금액이었다. 그는 아직도 마음속으로 그렇게 느꼈다. 동료들의 격한 반응을 접하고 나서야 현재 재산 규모에 비해 자선 활동에 들이는 금액이 너무도 초라하다는 사실을 깨달은 것이다. 그는 문제를 자각한 후 점차 내면의 장벽을 극복하고 점점 더 많은 금액을 기부하기 시작했다.

어린 시절에 습득한 돈에 대한 강박과 감각은 절대 사라지지 않는다. 부의 사다리를 오르는 내내 당신과 늘 함께한다. 돈과 관련된 대부분의 의사결정을 지배하는 두려움과 탐욕에서 벗어나 부와 현명한 재산 관리가 가져다줄 진정한 '풍요'를 누리고 싶다면 자기 자신을 들여다보고 스스로 노력해야 한다.

<table>
<tr><td>정
리</td><td>뿌리 깊이 각인된 돈에 대한 강박은 가족 여행을 예약하거나 자동차를 구입하거나 힘들게 모은 재산을 투자할 때 무의식적으로 재정적 의사결정을 좌우한다. 이 책의 앞부분에서 이야기했듯, 이러한 복잡한 심리는 투자 수익을 갉아먹는 자기 파괴적인 매매 충동의 원인이 되기도 한다. 투자자로서 한 단계 더 발전하고 싶다면 돈에 대한 강박의 원인을 제대로 이해해야 한다. 그래야 부를 관리할 때 그 문제를 확실하게 제쳐둘 수 있다. 차분하고 현명하게 투자 결정을 내릴 수 있는 마음 상태를 만들려고 노력해야 한다. 궁극적으로 이러한 강력한 정서적 요인을 더 현명한 방향으로 전환할 수 있을지도 모른다. 임팩트 투자를 다루는 장에서 우리 고객들이 어떻게 이를 실천하는지 살펴볼 것이다.

종종 고객에게 제공하는 매우 가치 있는 서비스 중 하나는 고민을 나누고 의논하도록 동료 투자자들과 연결하는 일이다. 과거를 되돌아보고, 문제의 원인을 파고들고, 가족의 이야기와 어린 시절의 기억을 떠올려 재정적 관점을 형성한 자신의 배경을 되짚어보는 것이다. 자신이 느끼는 복잡한 감정이 불쑥 고개를 들 때, 특히 재무 관련 결정을 내리려는 순간 무슨 일이 일어나는지 의식하려고 노력해야 한다. 버핏의 멘토인 그레이엄이 말했듯, 투자 성과는 결국 "자신의 게임에서 스스로 통제하는 것"에 달려 있다.[17]</td></tr>
</table>

규칙 6

유동성, 노후, 상속 버킷을 만들어라

2011년 취리히로 건너가 UBS의 자산관리 전문가들과 고객을 만나며 일한 지 얼마 지나지 않았을 때, 한동안 잊고 지냈던 외할머니의 가르침이 떠올랐다. 외할머니가 무심결에 남기신 돈에 대한 가르침은 엄격한 아버지와 경제적으로 불안정한 가족에게서 배운 것과는 확연히 달랐다.

외할머니의 생활 방식에는 분명히 눈에 띄게 다른 무언가가 있었다. 나는 열 살 때 우리 집 차고 위층에 딸린 외할머니의 작은 집에서 잠을 청하다가 외할머니에게서 느껴지는 신비한 분위기에 호기심이 동해 직접 물어보았다.

"외할머니, 부자예요?"

"아니. 하지만 마음은 편안하지."

그때 나는 외할머니가 다른 사람에게는 없는 무언가를 갖고 계신다는 것을 알게 되었다. 외할머니에게는 유족연금이 있었다. 나는 연금이 무엇인지 몰랐고 그저 복권 당첨처럼 느껴졌다.

연금은 단순한 돈이 아니었다. 평생 매월 꼬박꼬박 들어오는 안정적인 돈이었다.

외할머니는 가난한 집에서 태어나 고등학교도 마치지 못했지만, 할아버지가 돌아가신 후 경찰 유족연금을 받으셨다. 외할머니는 수년 동안 벤딕스 코퍼레이션(Bendix Corporation)에서 전기 모터용 회전자 코일 감는 일을 하며 차곡차곡 모아놓은 소액의 연금도 받으셨다.

게다가 물가에 연동된 사회보장연금도 있었고, 당시 높은 금리가 적용된 정기 예금도 있었다. 아마 젊은 세대는 당시 사정을 잘 모르거나 기억하지 못하겠지만, 내가 외할머니 댁에서 잠을 청한 1981년에는 연준 의장 폴 볼커(Paul Volcker)가 급등하는 인플레이션을 억제하려고 단기 금리를 무려 20퍼센트로 인상했다.[1] 그 결과, 1981년 5월 미국의 3개월 만기 정기 예금 금리는 평균 18.3퍼센트를 기록했다.[2] 외할머니는 예금을 재예치하고 그 어느 때보다 높은 이자를 받으셨다.

물론 지금 돌이켜보면 외할머니가 우리 집 차고 위층에서 지내고 작은 쉐보레 노바(Nova)를 몰았으니 결코 경제적으로 부유한 형편은 아니었을 것이다. 하지만 열 살짜리 어린아이도 단번에 알아차릴 만큼 외할머니에게는 특유의 여유로움이 묻어났다. 매달 쓸 수 있는 금액을 확실히 알고 계셨고 예산을 정해놓고 생활하셨다. 소득의 대부분을 정부가 보장했기 때문에 돈에 대한 걱정 없이 평온한 마음 상태를 유지하실 수 있었다.

나는 외할머니를 보며 돈을 대하는 다른 방식을 처음 깨치게 되었다. 친가에서 체득한 돈에 대한 강박이나 불안과는 전혀 달랐다. 외할머니는 돈을 위해 일하는 것이 아니라 돈이 대신 일하도록 만들어놓은 덕분에 마음의 평안을 누리셨다.

한마디로 외할머니는 돈 걱정 없이 만족하며 사는 사람들로 가득한 경이로운 신화 속 '이너프 타운'에 사셨던 셈이다. 내가 말하는 이너프 타운은 결핍이 아닌 풍요라는 사고방식으로 의사결정을 내리는 마음 상태를 의미한다. 자본주의 사회의 한복판에 있어도 돈을 벌고 쓰고 모으는 데 매일 혹은 매시간 마음을 소모하지 않는 상태이기도 하다.

이너프 타운이 내 궁극적인 목표였지만, 안타깝게도 나는 늘 돈 걱정을 하는 아버지를 닮고 말았다. 자산 배분의 세부적인 사항을 연구할 방법은 찾아냈지만, 피상적인 지식을 활용하여 재무적 고민을 근본적으로 해결하지는 못했다. 돈에 대한 강박이 여전히 내 발목을 잡고 있었다.

나는 무언가를 놓치고 있었다. 어딘가에서 단절이 일어났다.

어쩌면 온갖 수학적 계산이 오히려 걸림돌이 되었을 것이다.

현대 최적화 이론은 모두 훌륭하지만, 지난 30년 동안 금융 업계가 실제 고객과 상호작용 하면서 얻은 통찰을 제대로 담지 못하고 있다. 아마도 외할머니라면 "책으로만 공부하면 상식이 부족해"라며 현 상황을 정확하게 꿰뚫어 보셨을 것이다.

나는 외할머니의 사고방식에 도달할 방법을 찾아야 했다.

이상적인 자산 배분을 계산하고 그에 맞게 포트폴리오를 리밸런싱하면 매매 결정에서 감정의 상당 부분을 배제할 수 있다. 하지만 나는 내 삶에서 그리고 다른 사람들의 자산을 관리하면서 이전 장에서 언급한 여러 심리적 요인을 이유로 자산 배분 시스템만으로는 충분하지

않다는 사실을 깨달았다.

자산관리는 실제 사람들과 그들의 미래를 다루는 일이다. 그런데 앞서 언급했듯 인간은 늘 합리적으로, 과학적으로 행동하지는 않는다. 개인의 재무 고민을 투자 과정에 통합하는 자산관리 시스템이 너무도 중요한 이유가 바로 여기에 있다. 자산관리는 투자 수익률을 개선하고 투자라는 좁은 관점에서 벗어나 더 폭넓고 총체적인 형태로 나아가는 핵심 단계라고 할 수 있다.

이전 장에서는 내가 어느 날 갑자기 돈에 대해 스스로 깨친 듯한 인상을 주었을지도 모르겠다. 하지만 실상은 전혀 그렇지 않았다. 그 과정은 간헐적으로 삶의 여러 단계에 걸쳐 고통스럽게 진행되었다.

나는 UBS에 입사한 후 최고의 자산관리사들이 고객과 첫 만남을 어떻게 진행하는지 직접 보고 나서야 중요한 실마리 하나를 얻을 수 있었다. 원래 나는 고객과 회의에 참석할 때마다 투자를 도와주겠다는 자세로 임했다. 그래서 자본시장 전망과 자산 배분 비율 등 구체적인 이야기를 꺼내며 본론으로 들어가려 했다.

그런데 자산관리사들은 먼저 다음과 같은 질문을 던지며 회의를 이끌었다.

인생에서 무엇을 이루고 싶은가?

당신에게 가장 소중한 사람은 누구인가?

당신이 남기고 싶은 유산은 무엇인가?

당신의 주된 고민은 무엇인가?

인생 목표를 달성하려고 어떤 계획을 세우는가?

도대체 이 대화가 어디로 흘러가는 건지 너무도 의아했다. 같이 손 잡고 노래라도 부르자는 건가?

물론 노래를 부르지는 않았다. 이것은 고객의 재무 고민을 파악하려고 자문가들이 사용하는 UBS 웰스 웨이 기법이었다. 고객에게 개인적인 질문을 던져 수집한 상세한 정보를 활용하여 고객의 물질적 욕구는 물론 정서적 필요까지 충족시키는 맞춤형 포트폴리오를 구축하는 것이다.

바로 이 지점에서 자산 배분 방법론의 '과학'에 금융 전문가들의 장인 정신이 빚어낸 '예술'이 더해져 특별한 결과물이 탄생한다.

세 가지 L(3L)

함부르크 출신 기업가 한스-하인리히가 취리히를 방문했다. 그는 얼마 전 신발 브랜드를 2억 유로에 매각했고 아내와 십 대 딸을 데리고 반호프스트라세에 있는 UBS 본사를 찾았다. 그는 이제 신발 제조업에서 손을 뗐으며 앞으로는 새로 얻은 부를 관리하는 일에 열중하겠다고 말했다.

한스-하인리히와 그의 가족은 기존과는 다른 새로운 삶의 방식을 기대하고 있었다. 하지만 그는 평생을 신발 회사를 운영하는 데만 몰두했기 때문에 시장과 투자에 대해 아는 것이 거의 없다는 사실을 금방 깨달았고, 그래서 가족을 데리고 이번 회의에 참석한 것이다. 그들은 진심으로 부를 잘 관리할 줄 아는 자산가로 거듭나고 싶어 했다.

우리 팀은 먼저 상당한 시간을 들여 고객이 인생에서 무엇을 원하는지 파악한다. 그들의 꿈과 필요, 두려움과 열정 등 모든 것을 들여다본다. 이 단계에서는 고객이 누구인지, 무엇을 이루고자 하는지, 어떤 인생을 살고 싶은지, 생활 방식과 소비 패턴은 어떠한지, 궁극적으로 어떤 목표를 달성하고 싶은지, 적정 수익을 얻기 위해 감수할 수 있는 위험 수준(포트폴리오 변동성)이 어느 정도인지 면밀히 파악한다.

처음에 이 고객의 방향성을 파악하려고 대화를 나누면서 몇 가지 사실을 알게 되었다. 이들은 화석 연료와 방위산업 주식에는 투자하고 싶지 않으며, 언젠가 그리스에 별장을 마련하고 싶다고 말했다. 게다가 양가 조부모와 증조부모가 세계대전 때 전 재산을 잃은 경험이 있어 재산을 잃는 것을 극도로 두려워했다.

기본적인 계획은 이들이 자산관리 기초 교육을 받고 저위험에서 중위험 수준의 자산 배분 포트폴리오를 구축하도록 지원하는 것이다. 이는 지금까지 돈을 관리한 방식을 버리고 새롭게 올바른 방향으로 나아가는 큰 도약이다. 다음 단계는 지금까지 파악한 개인 정보를 모두 활용하여 포트폴리오를 유동성(Liquidity), 노후(Longevity), 상속(Legacy) 등 최소 세 가지 버킷, 즉 하위 포트폴리오로 세분화한다.

이 세 가지 L(3L)은 내부적으로 UBS 웰스 웨이를 지칭하는 비공식 명칭이다. 3L 개념은 단순하면서도 진정으로 깊이가 있다. 이는 현재 수준에 상관없이 부가 어떻게 당신의 현재와 미래를 더 행복하게 하고, 사후에도 다른 사람들을 더 행복하게 할 수 있을지 알아내는 과정이다.

부의 여정에서 모든 사람이 철저히 따라야 하는 단 하나의 정해진

경로는 존재하지 않는다. 오히려 그 반대다. 각자 자신에게 적합하고 인생의 목표와 목적지로 직접 연결해주는 길을 스스로 찾아야 한다.

그렇지 않으면 아무리 성공적으로 부를 창출하더라도 그 과정은 생존 본능을 충족하는 수준을 넘어서지 못할 것이다. 예를 들어, 간절히 바라는 꿈이나 열정을 실현하고 이 땅에 사는 동안 충만함을 느끼는 것처럼 더 큰 대의에 부를 연결할 기회를 누리지 못하는 것이다.

나는 처음 3L을 접했을 때 매우 회의적이었다. 전통적인 투자와 금융 교육을 받으면서 '돈은 대체할 수 있다'는 개념에 익숙했던 터라 돈을 인위적으로 추상적인 여러 버킷에 넣어 구분한다는 발상이 비합리적으로 느껴졌다. 처음에는 3L을 '개인의 시간적 한계 효용 극대화'[3]라고 부르며 나만의 '경제학 용어'로 바꿔 해석하려 했다. 그래야 3L의 개념을 겨우 이해할 수 있었다. 하지만 나는 결과가 뚜렷하게 나타난다면 이론에 크게 얽매일 필요는 없다고 생각한다. 실제로 고객에게 미치는 영향을 확인했을 뿐만 아니라 나 역시 가족에게 3L 개념을 소개하고 직접 실험해보면서 그 개념이 부에 대해 긍정적인 감정을 갖게 한다는 것을 알 수 있었다.

작동 방식은 이렇다. 유동성 버킷은 단기적으로 자금 문제를 해결하는 데 도움을 준다. 역설적으로 들리겠지만, 단기 지출 계획을 확실히 세워두면 나중에 돈이 바닥날지 모른다는 걱정을 하지 않고도 단기 지출 여력을 높일 수 있다.

한편 노후 버킷은 평생의 목표를 실현할 수 있도록 지원하고 은퇴를 포함한 모든 장기 지출 목표를 충족하도록 설계되었다. 우리는 평생 직면하게 될 좋고 나쁜 상황에 충분히 대비하고 있다는 확신이 들수록 지출 필요를 넘어 그 이상의 의미를 생각할 수 있는 에너지와 동기가 더욱 커진다는 사실을 발견했다.

상속 버킷은 그러한 목적으로 설계되었으며, 이 세상을 떠난 뒤 당신에게 가장 소중한 사람들과 대의를 지원할 수 있도록 남은 부를 극대화하는 자산 배분으로 구성되어 있다.

전통적인 재무 설계는 목표를 수치화하고, 지출 필요를 이해하고, 다양한 경제 및 시장 상황에서 목표 달성 가능성을 가늠하는 데 도움이 된다. UBS 웰스 웨이는 이 모든 기능을 제공하고 자산관리를 한 단계 끌어올린다. 이 시스템은 개인별 심리 특성을 분석하도록 설계되었으며, 소득의 원천과 용도에 따라 무의식적으로 돈을 다르게 사용하려는 심적 회계 편향(mental accounting bias)을 활용하는 것을 목표로 한다.[4]

나는 UBS 웰스 웨이 프레임워크 전체를 관통하는 하나의 중요한 진리가 있다는 점을 다시 강조하고 싶다. 그것은 바로 부의 혜택이 자신을 제대로 이해하는 과정에서 자연스럽게 시작된다는 점이다.

이것은 단지 방어적 이유로 중요한 것이 아니다. 인생의 목표와 우선순위를 아는 것은 투자자로서 자산 운용 방식과 투자 이유를 이해하는 데도 도움이 된다. 자산 배분은 언제나 인생에서 이루고자 하는 목표를 뒷받침하는 구조로 이루어져야 한다.

나는 금융위기 때 종목 선정을 멈추기로 결심하고 자산 배분의 본질을 다시 고민하면서 투자하는 이유가 무엇인지 계속 자문했다.

당신도 이와 같은 질문을 던져야 한다. 투자 목적은 이후 일어날 모든 일을 규정하므로, 좋은 투자자가 되고 싶다면 목적을 명확히 인식해야 한다. 나는 많은 사람과 일하면서 투자하는 이유가 점차 달라진 다는 사실을 알게 되었다. 처음에는 원하는 생활 수준을 누릴 만큼 돈을 버는 것이 투자 목적일 수 있지만, 이후 시간이 지날수록 스트레스를 받지 않으면서 생활 수준을 유지하는 데 초점을 맞춘다. 최근에는 자신의 부를 이용해서 세상에 긍정적인 영향을 끼치고 싶어 하는 고객이 늘어나고 있다. (물론 칵테일파티에서 남에게 자랑하고 싶어 대박이 날 만한 투자처를 찾으려는 사람도 있다.)

인생에서 이루고 싶은 모든 목표를 이루려면 얼마나 많이 저축해야 하는지를 생각하면 부담스러울 수 있다. 따라서 이 중대한 문제를 세 가지 버킷으로 나누어 생각하는 것이 도움이 된다. 유동성 버킷은 앞으로 몇 년 동안 다룰 단기 자금에 초점을 맞추고 있으므로 쉽게 이해하고 해결책을 찾을 수 있는 간단한 개념이다.

단기 유동성을 충분히 대비했다는 확신이 들면 아무리 시장이 폭락하고 TV 앵커들이 입을 모아 금융시장이 종말을 향해 치닫고 있다고 아우성치더라도, 공포에 질려서 성급하게 자산을 매도할 확률이 줄어든다.

금융시장에서 대규모 매도세가 이어져도 감정에 휘둘려 충동적으로 반응하지 않는다면(이는 3L 시스템의 성과로 널리 알려지고 입증되었다) 장기적으로 투자 실적을 엄청나게 끌어올릴 것이다. 이것이 바로 노후 버킷의 주제다.

유동성 버킷: 향후 3~5년을 위한 투자 전략

유동성 버킷은 향후 3~5년 동안 가족의 현금 흐름에 필요한 모든 자금을 모아두는 곳이다. 이렇게 자산을 관리하는 데는 이유가 있다. 전 세계 경제에 최악의 상황이 닥쳐 전 세계가 장기적으로 시장 변동성이 악화한다면 어떨까? 수입과 지출이 갑자기 균형에서 벗어나 어쩔 수 없이 시장이 급락하는 시점에 자산을 급히 매각하고 싶지는 않을 것이다. 일상적인 지출을 충당하려고 포트폴리오를 매각하면 치명적인 손실을 확정 짓는 것이고, 그런 손실은 사실상 회복이 불가능하다.

간단히 말하면 유동성 버킷은 현금부터 우량 국채에 이르기까지 가격이 안정적인 유동성 자산으로 보유하는 준비금에 해당한다. 이러한 자산을 활용해 앞으로 불확실한 장세에도 가계 지출을 충당할 수 있다.

다양한 상황을 가정하여 유동성 버킷을 신중하게 검토하자. 예를 들어, 현재 다니는 회사가 호황기에도 불안정하다면 경기 침체기에는 인력을 해고할 가능성이 높다. 따라서 안정적 수입이 끊길 위험이 있다면 생활비처럼 꾸준히 나가는 지출을 충당할 수 있도록 투자 자산에 더욱 의존해야 할 것이다. 다만 실직 중에 받은 실업 급여는 유동성 버킷에 추가해야 한다는 점을 기억하자.

이 3~5년 기간은 투자자에게 심리적 안정을 주려고 의도적으로 설정한 기간이다. 많은 사람이 지난 150년 동안 벌어진 전 세계 경기 침체와 불황을 연구해왔다.[5] 경제 위기는 대체로 매우 혹독하지만 지속 기간은 짧은 경향이 있다. 시장은 결국 빠르게 회복하기 시작해 다시 정상 궤도로 돌아가는 긴 여정을 시작한다.[6] 여러 연구에 따르면, 다양한 자산에 분산 투자한 균형 잡힌 포트폴리오는 일반적으로 3~5년 기간 이내에 손실 대부분 또는 전액을 만회한다.[7] 유동성 버킷은 시장에 혼란이라는 급류가 갑자기 닥칠 때 안전하게 대처하여 강 건너 안전한 지점에 무사히 도달하도록 설계되었다. 즉 투자자는 별다른 손실 없이 위기를 무사히 넘길 수 있다.

유동성 버킷 자금은 정기적인 노동 소득이나 연금, 지출 목적으로 따로 마련해놓은 투자 자금, 때로는 재정적으로 어려운 시기에 안전하게 빌린 대출로 조달된다. 경제가 대단히 혼란스러운 시기에 금리는 대체로 하락하므로, 이 기회를 활용하여 다른 자산을 담보로 저렴하게 대출을 받아 유동성 버킷을 보완하는 사람들도 있다.

유동성 버킷에 얼마를 따로 비축할지 계산할 때는 실제로 지출하는 규모를 정확하게 파악해야 한다. 세금과 휴가 계획, 앞으로 지불해야 할 학비 등 현재의 생활 수준을 유지하는 데 필요한 모든 지출 항목을 더해야 한다. 자기 자신을 속이며 축소해서 계산해서는 안 된다.

유동성 버킷 전략을 형성하는 핵심 요소는 (1) 정기 소득으로 지출 전액을 충당할 수 있는지, (2) 지금과 같은 어려운 시기에 정기 소득이 끊길 위험, (3) 예기치 못한 지출이 발생할 가능성 등이다. 어떤 상황이 발생하든 지속적인 생활비 지출과 유동성 버킷에 포함된 자산의 시장 가치 사이에 괴리가 생기지 않도록 관리하는 것이 중요하다.

물론 위험 대비 수익을 높이기 위해 유동성 버킷에 있는 자산 구성을 더 세분화할 수도 있다. 대부분은 입출금 계좌를 유동성 버킷으로 여길 것이다. 입출금 계좌는 월별 지출을 충당하기에 적합한 수단이다. 비상금이나 6개월 후에 쓸 휴가 자금 등을 마련하고 싶다면 저축 예금이나 정기 예금을 유동성 버킷으로 활용하여 수익률을 높일 수 있다. 여기에 더해 다른 소득을 창출하는 자산을 유동성 버킷에 추가할 수도 있다.

이때 '계단식(ladder)' 채권 투자가 효과를 발휘할 수 있다. 만기와 금액이 각각 다른 채권을 여러 해에 걸쳐 분산 투자하고 만기 시점과 앞으로 예정된 주요 지출 시기를 맞춰놓으면 유동성 버킷의 수익률을 끌어올릴 수 있다.

예를 들어, 향후 3년 동안 매년 봄과 가을에 딸의 사립학교 학비로 각각 1만 달러씩 총 6회에 걸쳐 납부할 예정이라면, 학비를 내야 할 시점에 맞춰 채권 만기가 돌아오도록 계단식 채권 투자를 설정해놓으면 된다. 이 투자 전략의 목표는 향후 3년 동안 최적의 수익률을 확보하는 동시에 학비를 납부해야 한다는 부담을 실질적으로 해소할 수 있다. 한편 체계적으로 준비하지 못한 사람들은 금융위기가 발생하면 어떻게 해야 할지 몰라 쩔쩔매기 쉽다.

'안정성과 신뢰성'은 이처럼 비용을 충당하는 준비금의 핵심 원칙이다. 따라서 현금 60퍼센트, 채권 40퍼센트 비율로 자산을 배분하는 것이 적합한지 전문가와 논의해야 한다. 또 지붕 교체 등을 위해 2만 5000달러에 달하는 목돈이 필요하다면 약세장에서 일부 투자 자산을 정리해야 할 수도 있다. 가격 변동성이 적은 자산에 투자해야 하는 이유가 바로 여기에 있다. 종종 해외에 나가 생활하거나 자녀가 해외에서 유학하는 경우 유동성 버킷을 운영할 때는 국가와 통화 위험까지 고려해야 한다.

유동성 버킷을 쌓기 위해 총소득에서 얼마를 저축해야 할지, 장기 저축에 얼마나 넣어야 할지는 인생의 흐름에 따라 달라질 것이다. 사회 초년생일수록 세전 소득을 은퇴 자금에 되도록 많이 적립해놓는 것이 유리하다. 하지만 재무 성향에 따라 단기 저축 비율을 늘리고 장기 저축 비율을 줄여야 마음이 놓일지도 모른다. 비상 상황이나 앞으로 닥칠 경제 위기를 대비하려고 우선순위를 조정하는 것이다.

부디 이 글을 읽고, 온라인 설문지를 작성하는 것 이상으로 전략적 사고가 필요하며 UBS 웰스 웨이의 전략 수립에 훨씬 다양한 요소가 포함된다는 사실을 기억하길 바란다. 지난 역사를 살펴보면 금융시장이 붕괴한 후 회복하기까지 3~5년이 걸렸다. 따라서 이 기간에 발생할 예상 비용과 예기치 못한 지출을 충당하려면 재산 중 일부를 따로 떼어놓고 방어적으로 운용하는 것이 좋다. 그렇게 해야 다음 버킷에서 공격적으로 투자할 수 있게 된다.

유동성 버킷: 위기를 넘기는 방법

2020년 2월 코로나19가 전 세계 경제를 마비시키기 시작했다. 코로나19 바이러스가 본격적으로 확산할 때 우리 팀의 재무 자문가 중 한 명이 로키산맥을 지나고 있었다. S&P 500 지수는 순식간에 34퍼센트 폭락했고, 자문가의 휴대전화가 울리기 시작했다. 콜로라도 외곽에 있는 고객을 만나러 차를 몰고 가던 참이었다.[8]

미국 동부에 사는 60대 후반 고객이 전화를 했다. 이 책에서는 수잔이라고 칭하겠다. 수잔의 포트폴리오는 200만 달러에 달하는 자산으로 구성되어 있었다. 유동성 버킷과 노후 버킷을 채우고도 남을 자산이었지만, 67세라는 나이와 생활 수준에 비추어 볼 때 아직 상속 버킷을 채울 자금을 마련하기에는 부족했다. 하지만 수잔은 자산이 25퍼센트 하락해 150만 달러(코로나19 충격으로 기록한 최저점)로 순식간에 줄어든 것을 보고 자산관리사에게 모든 증권을 매각해 당장 현금화하라고 다급하게 요청했다.

수잔의 목소리에서 공포를 감지한 자산관리사는 차를 갓길에 세우고 그의 계좌를 열람한 후 월별 지출과 유동성 버킷에 몇 년 치 생활비가 준비되어 있는지 차근차근 설명했다. 그는 이런 식으로 설득을 이어가 '벼랑 끝에서' 수잔을 붙잡을 수 있었다. 몇 주에 걸쳐 이와 같은 전화가 걸려올 때마다 그는 똑같이 대응했다. 이러한 대응은 고객의 마음을 진정시키는 효과가 있었다. 수잔은 섣부르게 투매하여 막대한 손실을 확정 짓지 않고 끝까지 포트폴리오를 유지했다. 결국 유동성 버킷은 앞으로 돈이 부족해질 것이라는 내면의 공포에 휩싸여 자기 파괴적인 의사결정을 내리지 않도록 수잔의 마음을 단단히 붙잡고 자산을 지켜주었다.

유동성 버킷: 안전하게 즐거움을 누리는 방법

잭은 3년 전 메릴랜드주에서 운영하던 제조업 회사를 2000만 달러에 매각했다. 그는 곧장 온대 지역에 있는 주택을 400만 달러에 사들였고, 건설을 앞둔 해변가 아파트 두 채의 분양권을 100만 달러에 사들였다.

이는 시작에 불과했다. 잭의 자산관리사는 알파 로미오 빈티지 자동차 몇 대를 32만 5000달러에 팔아 유동성 버킷을 보강하자고 설득했지만, 잭은 매각한 돈으로 아내에게 줄 다이아몬드 목걸이를 샀다. 그의 자산관리사는 "잭은 아직 갈 길이 멀다"라고 평가했다.

이 자산관리사는 사업을 매각한 직후 이것저것 마구잡이로 사들이는 사람이 많다는 점을 알고 있었다. 그들은 부유층이면 소유해야 한다고 여기는 전용기 이용권과 해외 부동산 등 온갖 사치품을 앞다투어 사들이기 시작한다.

갑작스럽게 유동성 변화를 겪고 나면 인간의 마음은 '부자'가 되는 것에 적응할 시간이 필요하다. 특히 평범한 환경에서 자라 여전히 스스로를 평범한 사람으로 인식할 때는 더욱 그렇다.

다양한 물건과 자산을 잇달아 사들이다 어느 순간 그것이 삶의 질을 높이기는커녕 오히려 삶을 더 복잡하게 만들었음을 깨달을 때까지 과소비 단계는 대개 몇 년 동안 지속된다. 그러다 타인의 의견에 귀를 기울이고 더 건전하고 충만하게 정교한 방식으로 부를 관리하는 방법을 배우려는 마음이 생기면 종종 자산관리사를 찾아 조언을 구한다.

하지만 자신이 부자라는 사실을 기쁘게 받아들이고 부의 여정을 시작하는 초기 단계에서 제대로 관리된 유동성 버킷은 다시 한번 진가를 발휘한다. 잭의 자산관리사는 그동안 비슷한 사례를 여러 번 경험했기 때문에 사업 매각 직후 처음 몇 년 동안은 충동적인 지출을 대비하여 고객이 생각하는 수준보다 훨씬 많은 현금과 현금성 자산을 유동성 버킷에 따로 떼어놓도록 조처했다.

많은 기업가가 매각 이후의 삶이 실제로 얼마나 비용을 많이 초래할지 제대로 인지하지 못한다. 건강보험, 회원권, 스포츠 티켓과 같이 이전에는 회사 경비로 처리되어 '눈에 띄지 않던' 생활비가 이제 가계 지출로 고스란히 넘어오기 때문이다. 혹시 당신도 사업체를 매각하여 큰돈을 거머쥐게 되었고 비슷한 '문제'를 겪고 있다면 적절한 조언을 따르고 잘 구조화된 유동성 버킷을 갖춰두길 바란다. 그러면 몇 년 동안 마음껏 소비하더라도 장기적인 수요에 해당하는 노후 및 상속 버킷에 큰 타격을 주지 않고도 안전하게 부를 관리할 수 있을 것이다.

유동성 버킷: 심리적 안정을 얻는 방법

버나딘 윌리엄스 로즌솔(Bernardine Williams Rosenthal)[9]은 은퇴한 간호사이자 세 아이의 어머니다. 사랑하는 남편 모트가 오랜 암 투병 끝에 사망했을 때 그는 깊은 상실감에 빠졌다. 로즌솔은 아이들에게 인생의 방향을 알려주는 '나침반'을 잃어버렸다고 고백했다.

같은 세대의 다른 여성처럼 로즌솔도 자산관리가 능숙하지 않다고 느껴 그동안 모든 재무적 의사결정을 남편에게 맡겼다. 그는 대공황 시기에 시카고 빈민가에서 극심한 빈곤에 시달리며 자란 탓에 위험을 극도로 꺼리는 성향을 지니게 되었다. 이와 대조적으로 남편은 뉴욕에서 존경받는 안과 의사로 일하면서 저평가된 자산을 적절히 포착하여 신중하게 위험을 감수하는 법을 깨쳤다.

두 사람은 젊은 시절에 아이를 낳고 빠듯하게 생활을 꾸려 나갔다. 모트는 로즌솔에게 롱아일랜드 나소 카운티 해안에 있는 빅토리아풍 주택을 사자고 설득했다. 욕실이 열 개나 딸린 대저택이었다. 모트는 페인트가 벗겨지고 전선이 삭은 이 대저택이 지닌 잠재 가치를 알아차렸다. 집값은 자신이 감당할 수 있는 최대치였다. 그때가 1964년이었다. 부부는 그 후 수십 년 동안 폭이 12미터에 달하는 거실이 있는 이 웅장한 저택을 정성껏 손질하며 복원했고 그곳에서 자녀와 손주들을 길러냈다.

모트가 세상을 떠난 2002년으로 돌아가보자. 롱아일랜드 해협을 마주 보고 있는 이 저택은 완벽하게 복원되어 이제 억만장자 이웃들에 둘러싸여 있었다. 저택의 가치는 크게 오른 상태였다. 모트의 장례식이 끝난 후 한 친척이 로즌솔에게 재무 문제를 도와줄 UBS 자산관리사를 소개해주었다. 로즌솔은 금융 지식만 없었을 뿐 영리했고, 자산관리사는 그에게 UBS 웰스 웨이의 유동성, 노후, 상속 버킷 전략을 알려주었다. 아직 팔팔한 일흔여섯 살 로즌솔에게 그는 차근차근 전략을 설명하면서 인생 목표가 무엇이냐고 물었다.

로즌솔은 단순한 삶을 원했다. 나소에 있는 대저택은 현재 그에게는 부담스러운 규모였다. 2004년 로즌솔은 자산관리사의 도움을 받아 주택 버블이 터지기 전에 저택을 과감하게 매각했고, 이러한 현금화는 세금과 부동산 자산관리 측면에서 대단히 성공적이었다. 로즌솔은 라과디아 공항 근처에 있는 완전 서비스형 아파트 단지로 이사했다. 그곳은 도어맨과 보안 요원, 노인 간병 서비스가 모두 갖춰져 있었다.

금융위기로 시장이 붕괴하자 로즌솔은 불안에 휩싸였다. 대공황 시절의 망령이 되살아나 자신을 괴롭히는 것만 같았다. 자산관리사는 정기적으로 전화를 걸어 시장이 안정을 되찾을 때까지 편안하게 기다리며 버틸 수 있는 자금이 유동성 버킷에 충분히 있다고 일러주며 그를 안심시켰다.

자산관리사는 로즌솔의 시선을 다른 곳으로 돌리고, 오래전 그의 머릿속에 자리 잡은 돈에 대한 두려움과 어두운 심리에서 벗어날 수 있도록 도왔다. 더 나아가 로즌솔에게 스스로 인생을 되돌아보고 자신의 생각을 편지에 적어 가족에게 전하라고 조언했다. 로즌솔은 이 과정을 거치면서 유동성 버킷과 노후 버킷을 통해 심리적 안정을 얻었고, 상속 버킷에 관해 스스로 결정을 내리기 시작했다. 그는 생전에 자신과 모트가 그토록 아꼈던 가족과 손주 다섯 명에게 세금 부담을 안기지 않으면서 현명하게 재산을 물려주고 싶었다. 어느 날 로즌솔은 손주들의 대학 등록금 절반을 내주겠다고 가족에게 선언했다. 로즌솔은 가족을 데리고 파리로 잊지 못할 여행을 떠났고, 모트가 다양한 IRA 계좌에 넣어두었던 비과세 저축을 차근차근 가족 명의로 넘겼다. 심지어 병원으로 이송되는 구급차 안에서도 부지런히 이 작업을 해냈다.

하지만 무엇보다 로즌솔은 황혼기에도 자기계발을 멈추지 않았다. 그는 줄곧 갈망했지만 시간과 돈이 없어 포기해야 했던 문학의 길을 걷는 데 전념했다. 유대인 여성 자선단체인 미국 시온주의기구(Women's Zionist Organization of America) 하다사(Hadassah)에서 독서 모임을 이끌며 방대한 자료 조사를 진행하고 독서 보고서를 작성했으며 모금 행사도 주최했다. 유명 지휘자 고(故) 레너드 번스타인(Leonard Bernstein)의 딸 제이미 번스타인(Jamie Bernstein)을 비롯하여 저명한 작가들을 초청하여 낭독회를 열기도 했다.

이후 로즌솔은 호프스트라대학교(Hofstra University)의 평생학습 프로그램에 등록하여 다른 은퇴자들과 교류하며 세상을 더 많이 배우려고 노력했다. 2020년에는 대공황 시절에 가난하게 성장한 경험을 탁월하게 그려낸 감동적인 회고록 《국수 가닥 아래에서(Under the Noodle

String)》를 자비로 출간했다.[10]

로즌솔은 3L 버킷을 중심으로 부를 구조화함으로써 돈에 대한 결핍과 그에 따른 공포를 다스리고 오랜 기간 간직해온 꿈과 목표를 실현했다. 특히 유동성 버킷은 경제 위기가 닥쳤을 때도 경제적 불안을 완화했고, 그 덕분에 그는 대부분 더 나은 미래는 없다며 좌절하는 80대와 90대에 이르렀을 때도 영적으로 충만한 삶을 누릴 수 있었다. "어머니는 새롭게 태어나 새로운 인생을 사셨어요." 로즌솔의 딸이 말했다. "늘 활기가 넘치셨죠."

나는 이러한 이야기를 정말 좋아한다. 3L 버킷 시스템이 삶의 즐거움을 방해하는 돈 문제에서 해방될 수 있도록 설계된 솔루션임을 보여주기 때문이다.

노후 버킷: 죽기 전 5년을 위한 투자

전반적으로 노후 버킷의 목적은 자신이 바라던 목표든 아니든 간에 평생 모든 목표를 달성하는 데 필요한 자금을 충분히 저축하는 것이다. 목표 달성을 보장하지는 못하더라도 적어도 달성 확률은 높이는 데 중점을 두어야 한다. 일반적으로 자산관리사와 함께 다양한 거시경제 시나리오를 검토할 때 평생의 재무 목표를 달성할 확률을 85퍼센트 이상으로 끌어올리는 것이 원칙이다. 여기에서 위험은 자산이 부족해지는 상황이다. 즉 은퇴 후 보유한 자산보다 더 오래 살게 되거나, 원하는 모든 목표를 달성하는 데 필요한 투자 수익을 얻지 못하는 상황에 처하는 것이다.

이 과정은 자기 자신을 파악하고 인생에서 진정으로 이루고 싶은 것이 무엇인지 알아내는 데서 시작한다. 조기 은퇴가 목표인가? 다른 지역으로 이주하거나 여행하면서 남은 인생의 상당 시간을 보내고 싶은가? 새로운 사업을 시작할 종잣돈이 필요한가? 꿈에 그리던 두 번째 또는 세 번째 해외 별장을 찾아 소유하고 싶은가?

일단 목표가 분명해지면 다음은 투자 전략을 깊이 고민할 차례다. 얼마나 위험을 감수할 수 있는가? 유동성 버킷의 자금을 크게 줄이지 않고도 노후 버킷에 안전하게 할당할 수 있는 자금은 얼마나 되는가? 그 돈을 언제까지 굴리고 불릴 수 있는가? 인플레이션에 잠식될 자본은 얼마 정도로 가정해야 할까?

노후 버킷 프로그램을 정했다면 목표와 투자의 전제를 매년 점검하고 조정해야 한다. 나이가 들면서 목표가 달라지고 고용 환경의 변화나 예상치 못한 소득 변화가 나타나므로, 투자자의 계획 역시 정교하게 조정되어야 한다.

조정은 중요한 작업이다. 노후 버킷에 충분한 자금을 마련해두어야 투자 실적이 연달아 저조해지는 시기를 대비할 수 있다. 노후 버킷 외에도 상황이 계획대로 흘러가지 않을 때를 위한 효과적인 대비책이 또 있다. 바로 당장의 지출을 줄여 재무 목표 달성 확률을 높게 유지하는 것이다.

노후 버킷은 장기적인 필요를 충족하려는 투자이므로 주식 비율을 높이는 것이 현명하다. 자산관리사에게 주식 비율을 85퍼센트로 잡는 것이 적합할지 물어보는 것이 좋다. 미국에 거주하는 투자자라면 미국 주식에 45퍼센트, 해외 주식에 40퍼센트로 자산을 배분하는 방식을 고려할 수 있다.

여러 연구에 따르면, 장기적으로 주식 포트폴리오가 다른 대부분의 자산군보다 좋은 실적을 기록했다. 예컨대 2022년 맥킨지(McKinsey)의 연구에 따르면, 1800년 이후 미국 주식은 인플레이션을 반영하더라도 연평균 6.5~7퍼센트 수익률을 달성했다.[11] 노후 포트폴리오의 나머지 15퍼센트는 자산관리사와 논의하여 현금과 채권 그리고 비전통적 자산(헤지펀드, 사모펀드, 부동산 등)에 각각 5퍼센트씩 배분하는 방안을 고려할 수 있다.

이제 흥미로운 상황이 펼쳐질 것이다.

심각했던 금융위기 상황으로 돌아가보자. 유동성 버킷에 3~5년 치 생활비를 안정적이고 신뢰할 수 있는 방어적인 자산으로 확보해두었으므로 이제 노후 버킷에서는 좀 더 공격적인 투자 전략을 펼칠 수 있다. 3L 버킷 시스템 덕분에 전반적인 투자 심리가 근본적으로 달라졌다. 더는 쉽게 공포에 빠지지 않으며 유동성 버킷으로 지출을 충당할 수 있다는 사실에 안도감을 느낀다. 다른 사람들이 공포에 휩싸일 때 이제 당신은 매수 기회에 집중하여 노후 버킷을 강화하면 된다. 가격이 급락한 자산을 저가에 매수하면 향후 시장이 반등할 때 큰 수익을 올릴 수 있게 된다.

코로나19 팬데믹으로 시장이 폭락했을 때 모든 포지션을 청산하고 손실을 확정 지으려 했던 고객 수잔을 기억하는가? 그는 2020년 시장이 폭락한 후 저점에서 노후 버킷에 있는 주식을 재조정하고 추가 매수한 덕분에 시장이 반등했을 때 자산을 크게 불릴 수 있었다.

수잔의 사례에서 알 수 있듯, 노후 버킷을 채우려고 특별히 더 많은 노력을 기울일 필요는 없다. 현금과 채권, 위험자산의 비율을 일정하게 유지하는 자산 배분 원칙만 지킨다면 주가가 하락할 때 자동으로 주식을 저가에 매수하게 될 것이다.

위기 때 저평가된 주식을 매수하는 방식으로만 투자 기회를 잡는 것은 아니다. 개인적으로 의미 있는 투자 결정을 내릴 수도 있다. 예컨대 호숫가 별장을 늘 꿈꿔왔다고 하자. 어쩌면 지금이야말로 노후 버킷에 쌓아둔 현금과 비전통적 자산을 활용하고 위기 국면에 제공되는 저금리 주택담보대출을 결합해서 마침내 매물로 나온 별장을 시세보다 저렴한 가격에 장만할 기회일 수 있다.

투자 개념이 어느 정도 전달되었을 것이다. 이제 고객이 인생 후반부(업계에서 흔히 일컫는 '활동기, 완급기, 안정기')에 나타나는 변곡점을 효과적으로 극복하도록 노후 버킷이 어떤 도움을 주는지 실제 사례를 들어 설명하고자 한다.

노후 버킷: 궁극의 은퇴 설계 도구

일흔한 살인 빌 솔스(Bill Sowles)[12]는 아내와 대화를 나누다가 문득 은퇴가 성큼 눈앞에 다가왔다는 사실을 깨달았다. 사실상 그들은 은퇴자였다.

그것은 충격이었다.

솔스는 뉴잉글랜드에서 수십 년 동안 자동차 판매 대리점 두 곳을 성공적으로 운영했고, 15년 전 의도치 않게 부부가 메인에서 바하마까지 요트 여행을 하면서 은퇴 절차를 밟기 시작했다. 그들은 플로리다주 케이프코럴에 별장을 마련했다. 겨울철에는 플로리다에서 한 달에 열흘 정도 원격 근무를 시작했는데, 코로나19 기간에는 아예 플로리다에 터를 잡고 전일제로 일했다.

"하루는 아침에 일어나 '[세상에] 우리 은퇴했구나'라고 말했어요."

그런데 완전한 은퇴는 아니었다. 솔스에게는 세 자녀가 있었고, 두 아들은 나중에 물려받을 작정으로 자동차 판매 대리점에서 일하고 있었지만 아직 경영을 도맡을 준비는 되지 않았다. 솔스는 1998년에 아버지의 유산 중에서 자동차 판매 대리점 사업을 인수했다. 솔스의 아버지는 1955년에 폭스바겐 판매 대리점을 설립했다. 솔스는 가업을 이어받은 많은 경영자들처럼 이렇게 말했다. "저는 아버지가 오랫동안 일궈오신 사업을 누군가가 망가뜨리는 모습은 도저히 지켜볼 수 없었어요. '부자는 3대를 못 간다'는 말이 있잖아요. 그게 바로 제가 걱정했던 부분이에요."

다행히 그를 담당한 자산관리사는 사업 전환에 특화된 전문가였고, 솔스에게 자산을 정리하라고 '슬쩍' 권유했다. 두 사람의 가장 큰 고민은 이것이었다. 솔스와 그의 아내가 은퇴 후에도 지금과 같은 생활 수준을 유지하는 동시에 언젠가 아들들이 독자적으로 경영하게 될 이 사업에서 솔스가 자연스럽게 손을 뗄 수 있으려면 어떻게 해야 할까? 솔스의 표현을 빌리자면, 그의 중기적 사업 목표는 "마치 내가 이미 세상을 떠난 상태인 것처럼 자동차 대리점을 관리하는 것"이었다.

그는 노후 버킷을 잘 구성한 덕분에 그 목표를 실현할 수 있었다. 가장 먼저 솔스가 대리점 사장으로서 받는 급여를 삭감했고, 오랜 기간 그의 곁에서 충실하게 일한 형제와 두 아들의 급여를 인상했다. 회사의 전체 인건비 지출이 그대로 유지되는 선에서 그들의 급여를 조정했다. 그럴 수 있었던 주된 이유는 솔스와 그의 남매들이 따로 소유한 부동산에 대리점 사업체를 세웠고, 부동산 사업이 안정적인 현금 흐름을 창출했기 때문이다.

솔스는 검소한 청교도 개척민의 고향인 뉴잉글랜드 출신답게 항상 재정 문제에 신중을 기했다. 빚지는 것을 달갑게 여기지 않는 것이다. 솔스와 아내의 급여는 대폭 줄어들었지만, 대출을 끼지 않은 가족 소유의 부동산에서 나오는 현금 흐름과 소규모 법인인 자동차 판매 대리점에서 이따금 지급되는 분배금, UBS에서 운용 중인 유동성 및 노후 포트폴리오에서 창출되는 현금 흐름만으로도 플로리다 생활을 편안하게 누릴 수 있었다. 솔스는 20년 전에 할머니의 재산을 상속받은 후 일절 건드리지 않았는데, 그동안 그 자산도 가치가 복리로 불어나 있었다.

최근에는 노후 버킷을 보강했다. 부부는 케이프코럴에 주택 두 채를 소유하고 있었으나 솔스는 현재 거주하는 집의 대출을 상환하려고 그중 한 채를 매각했다. (그는 주택담보대출을 받지 않고 UBS에서 브리지론을 받아 주택 구입 자금 중 일부를 조달했다.)

한편 솔스는 회사에서 두 아들이 리더로 성장하도록 든든한 총지배인에게 멘토 역할을 맡겼고, 일주일에 한 번 플로리다에서 원격으로 경영진 회의에 참석했다. 그는 회사 일에 개입하지 않고 두 아들과 총지배인이 스스로 문제를 해결하도록 지켜보는 법을 익히고 있다.

노후에 대한 고민은 특히 가족 경영 회사와 그에 얽힌 감정을 다룰 때 유산에 대한 고민으로 바뀔 수 있다. 그래서 솔스는 신탁을 설정하고 자동차 판매 대리점의 지분 85퍼센트를 아내와 두 아들, 딸에게 넘겨 절세하는 방법을 택했다. 또 회사 지분 15퍼센트를 소유했던 형제에게 자신의 지분 5퍼센트를 넘김으로써 주요 가족 구성원이 각각 지분을 20퍼센트씩 보유하게 되었다.

그렇다면 이 상태로 계속 유지될 것인가? "아직 진행 중입니다." 솔스가 말했다. "몇 년 전 UBS와 처음 이 문제를 논의했을 때 내린 결정이 있는데, 5년 후에 그 결정을 다시 검토했고 다른 결정을 내렸습니다. 5년 뒤에는 또다시 결정을 바꿀지도 모르겠네요."

의사결정은 바뀌어야 한다. 목표와 필요는 인생의 흐름에 따라 변화하기 마련이다. 노후 버킷도 그에 따라 전환되고 변화해야 한다.

노후 버킷: 생의 마지막 순간까지 안락한 삶을 제공하는 방법

지미는 자산관리사의 설명을 듣기 위해 아버지와 함께 UBS를 찾았다. 그는 회의 내내 "경쟁사의 수수료는 38베이스포인트인데 UBS는 50베이스포인트"라는 점을 계속 언급했다. 자산관리사는 이렇게 답했다. "수수료가 저렴한 곳을 찾으시나요? 최저가를 원하시는 건가요? 평소에도 물건을 살 때 최저가를 고르시나요?"

뉴올리언스 출신 사업가였던 지미는 특히 자산관리처럼 중요한 문제를 다룰 때는 항상 저렴한 업체를 선택하는 것이 최선은 아니라는 말에 쭈뼛거리며 동의했고, 결국 자산을 UBS로 이전하기로 했다. 얼마 지나지 않아 그의 아버지는 알츠하이머 초기 진단을 받았다.

지미는 자산관리사와 재무 목표를 논의하다가 사랑하는 부모님에 대한 걱정을 털어놓았다. 자산관리사는 그의 불안한 마음을 알아차렸고, 전반적인 재무 상태를 살펴본 후 노후 버킷의 일부 자금을 배정하며 말했다. "이건 아버지 일로 필요할 때 쓰실 수 있는 자금입니다."

몇 년 후 지미의 아버지는 매월 1만 1000달러가 드는 치매 요양 시설에 입소했다. 지미의 부모님이 평생 모은 저축과 IRA 계좌에 있던 돈은 금세 바닥났지만, 지미의 노후 버킷에 따로 떼어놓은 자금은 50만 달러로 불어나 있었다. 그 덕분에 지미는 아버지를 생의 마지막 순간까지 최고급 요양 시설에 모실 수 있었다.

노후 버킷의 설계 목적이 바로 여기에 있다. 노후 버킷은 인생의 막이 내리는 순간까지 당신과 소중한 가족이 존엄성을 지키며 안락하게 살아가도록 도와줄 수 있다.

상속 버킷: 사후를 위한 투자

'상속 버킷'이라 하면 부유층이나 노년층만의 배부른 고민이라고 여길 수 있다. 하지만 나는 그렇게 생각하지 않는다. 상속 버킷은 누구에게나 중요한 문제다. 하루하루 생계를 꾸리는 데 급급하다고 해도 다른 사람을 지원할 방법을 고민하는 시간은 필요하다. 물론 이 책에서는 자선 활동이 아닌 더 나은 삶을 위해 투자하고 부를 관리하는 방법을 논하고자 한다.

비상금으로 유동성과 노후 버킷을 채우고 월급에만 의존하지 않는 단계에 이르면, 이제 유산을 남기고 다른 사람을 도울 방법을 고민할 차례다. 그들이 아닌 바로 당신을 위해.

간단히 말해 상속 버킷의 목적은 효율적으로 절세하여 자산을 다음 세대에 물려주거나, 기부 또는 임팩트 투자(사회적 또는 환경적 대의에 중심을 둔 투자 방법)로 사회에 긍정적인 영향을 주어 자신의 삶에 의미를 부여하는 것이다. (임팩트 투자에 대해서는 후에 자세히 다룰 것이다.)

여기에서 말하는 투자 기간은 훨씬 길고, 대개는 개인의 수명을 넘어서며, 당장 돈을 인출할 필요도 없으므로 상속 버킷의 위험 성향은 앞서 설명한 두 버킷과 다르게 형성된다. 상속 버킷의 자본으로는 노후 버킷보다 더 높은 위험을 감수하고 유동성을 더 낮추는 전략을 펼수 있다.

상속 버킷의 이상적인 투자 수단은 주식과 헤지펀드, 사모펀드, 인프라 투자, 부동산 투자를 혼합하는 것이다. 왜 그럴까? 비유동성 투자 수단을 추가하면 투자자가 당장 현금화하지 못하는 대신 그 대가로 프리미엄을 받을 수 있기 때문이다.

노후 버킷에서도 상속 버킷과 같은 유형으로 자산을 배분할 수 있다. 다만 공개 시장에서 거래되지 않는 유동성이 낮은 비상장 주식 투자의 비율을 늘리고 싶다면 자산관리사와 논의할 수 있다는 점이 다르다. 2024년 자본시장 전망에 따르면, 비상장 시장이 공개 시장보다 연 1~3퍼센트 정도 높은 수익률을 거둘 것으로 예상된다.

약세장일 때 비상장 시장에 투자하면 누릴 수 있는 이점이 있다. 비상장 주식시장의 가치는 자주 평가되지 않기 때문에 위험 조정 수익률이 완만해지는 경향이 있다. 즉 투자 자산의 가치가 상장 주식과 달리 매일 등락하지 않으므로 변동성이 큰 공개 시장처럼 심리적 압박이 크지 않은 편이다.

마지막으로 이 책의 주제 중 하나는 두려움이나 탐욕에 사로잡힌 상태로는 결코 부를 다스릴 수 없으며 훌륭한 투자자가 될 수 없다는 점이다. 타인을 돕기 위해 부를 어떻게 활용하고 싶은지 진지하게 고민하고 계획을 세우다 보면 부정적인 사고방식에서 벗어날 수 있다. 실제로 나 역시 상속 포트폴리오에 집중하여 전반적인 투자 실적을 개선한 사례를 여러 차례 목격했다.

상속 버킷: 더 나은 투자자가 되는 방법

게리는 오랫동안 가족 사업에 종사했다. 타인을 돕는 것은 그의 인생에서 자연스러운 일이었고 가족이 오랜 기간 지켜온 정신이자 가치였지만, 그것은 자선 활동이었지 투자와는 아무 관련이 없었다.

수년 전 게리는 개인적으로 모은 저축을 시작으로 투자에 푹 빠지게 되었다. 나는 오랜 기간 그를 알고 지냈기에 그가 매우 영리하며 시장을 빠르게 이해하고 있음을 알아차렸다. 그런데 그는 돈을 잃는 것을 지나치게 두려워했고 주로 위험이 매우 낮은 채권에 집착하는 경향이 있었다.

시간이 흐르면서 나는 게리가 투자자로서 이뤄온 지적 성장과 감정적인 성숙함 사이에 괴리가 있다는 생각이 들기 시작했다. 그는 주식 투자에 손을 댈 때마다 손실이 나거나 기회를 놓치는 것에 괴로워했고 너무 자주 매매했다. 투자에 많은 시간과 에너지를 쏟았지만, 노력에 비해 초과 수익을 충분히 거두지 못하고 있었다.

그러던 중 게리의 인생에 큰 변화가 찾아왔다. 50세에 처음으로 두 아들의 아버지가 된 것이다.

모든 부모가 그렇듯 그는 자연스레 만일의 경우를 대비해야겠다고 생각했다. 만약 자신이 곁에 없어도 아이들이 성인으로 성장하고 그 이후에도 잘 살아가도록 무엇을 해줄 수 있을지 고민했고, 마침내 상속 포트폴리오를 구축하기 시작했다. 그는 아이들의 미래를 지켜줄 계좌를 만들고 나서야 비로소 그동안 머리로만 익힌 적절한 투자 조언을 실천하기 시작했다. 자산 배분으로 투자하고 포트폴리오에서 주식 비율을 늘렸고(이미 가족 사업으로 비상장 자산을 보유한 상태였다), 매일 포트폴리오를 들여다보지도 않았다.

게리는 실제 투자 성과를 보고 깜짝 놀랐다.

그는 심리적으로나 물리적으로 상속 버킷을 '아이들의 미래를 위한 돈'으로 지정했기 때문에 손실이나 실패에 대한 두려움 같은 감정에 지나치게 휘둘리는 자신의 포트폴리오와는 전혀 다른 방식으로 자산을 운용할 수 있었다. 이것이 바로 심적 회계 편향인데, 돈의 출처나 쓰임에 따라 전혀 다른 방식으로 돈을 다루는 심리 작용을 말한다.

그는 아이들의 미래를 위한 상속 버킷을 운용하면서 비로소 돈을 관리하는 방식을 객관적으로 들여다볼 수 있게 되었다. 문제를 인식한 것만으로 이미 절반은 성공했다고 할 수 있다.

또 다른 흥미로운 점은 게리와 그의 가족이 가족 사업을 다음 세대에 물려주려고 자산관리사나 법률, 회계 전문가들과 협업하는 데 조금도 망설이지 않았다는 것이다. 그러나 정작 개인 자산을 관리하는 일에는 처음에 매우 조심스러운 태도를 보였다.

100년이 넘는 세월 동안 자산관리사들은 단순히 절세뿐 아니라 부와 사업, 그리고 그 사업을 성공으로 이끈 가족 고유의 가치관까지 다음 세대에 물려주는 일을 지원해왔다. 현재 게리는 상속 버킷이라는 관점에서 투자를 바라볼 수 있게 되었지만, 얼마 전까지만 해도 자신의 개인적인 투자 활동과 전문적인 지식을 별개로 여겼다.

가문마다 부를 물려주는 방식은 모두 다르다. 한번은 베이징에서 억만장자 스무 명을 한자리에 모아 행사를 개최한 적이 있다. 여러 세션에서 부의 이전을 집중적으로 다루었는데 현장 반응은 매우 뜨거웠다. 각 가문은 저마다 다른 방식을 고수했다. 상속 계획과 자산 분할을 꼼꼼하게 관리하려는 가족도 있었고, 한 자녀에게 모든 재산을 몰아주고 가족 전체를 돌볼 의무를 부여하는 가족도 있었다. 마치 대부처럼 말이다. 모든 자산을 처분한 뒤 신탁을 설정하여 자녀를 대신하여 자산관리를 계획하는 사람도 있었다. 그러나 부자들은 그 자리에서 각자의 생각을 동료들과 허심탄회하게 나누면서 한 가지 중요한 가치를 발견했다. 부의 규모와 상관없이 부를 이전하려면 항상 가족 간에 소통을 늘리고 상당한 노력을 기울여야 한다는 점이다.

상속 버킷: 투자자의 성장을 이끄는 방법

한 고객이 상속 버킷에서 진행한 비상장 주식 투자가 '아무런 성과'도 내지 못하고 있고 오히려 '형편없는 실적'을 냈다며 UBS 자산관리사에게 계속 불만을 토로했다.

고객과 사이가 각별했던 자산관리사는 핵심을 찔렀다. "상속 버킷이 어떻게 되든 상관없어요. 그건 고객님의 돈이 아니니까요. 상속 버킷은 결국 자선단체와 자녀에게 넘어갈 돈이에요. 자산 가치가 20퍼센트 오르든 20퍼센트 내리든 무슨 의미가 있겠어요? 하지만 장담하건대 상속 버킷은 시간이 흐르면서 가장 큰 수익을 안겨줄 것입니다. 역사적 통계가 이를 증명하죠. 그러니 더는 문제 삼지 않았으면 좋겠습니다."

그 후 얼마 지나지 않아 코로나19 팬데믹으로 모든 이가 온라인으로 쇼핑하던 시기에 그동안 '아무런 성과'도 내지 않던 비상장 기업 한 곳이 아마존(Amazon)이 운영할 법한 물류창고를 매각했고, 그 덕분에 그 고객은 투자금의 다섯 배에 달하는 수익을 거두었다. 그는 깜짝 놀라며 말했다. "세상에." 그제야 비상장 주식 투자가 결코 '형편없는 선택'이 아니었음을 깨달았다. 그저 이미 창출한 가치를 실현하는 데 시간이 좀 걸렸을 뿐이다.

또 다른 유용한 '꿀팁'

3L 버킷 시스템이 작동하는 이유는 자산 배분의 '과학'과 행동재무학의 '기술'을 조화롭게 결합하기 때문이다. 이렇게 구축된 포트폴리오가 고객의 인생에 실질적으로 도움이 되는 정서적 만족과 재정적 수익을 가져다주는 것이다.

2019년, 한 회사를 이끈 동업자 두 명이 1억 달러에 회사를 매각했다. 두 사람은 매각 대금을 균등하게 나눴다. 이들을 고객으로 잡으려고 많은 자산관리 회사가 경쟁을 벌였는데, 동업자 중 한 명이 UBS 웰스 웨이의 보수적인 스위스 방식에 관한 이야기를 듣고 우리에게 자산관리를 맡기기로 했다. 나머지 한 명은 당시 화제를 모았던 공모주 투자를 약속한 미국의 유명 금융기관을 택했다.

이후 코로나19 팬데믹이 터졌다. 우리 고객은 요동치는 시장을 잘 버텨냈다. 유동성 버킷으로 일상적 지출을 안정적으로 충당했고, 노후 버킷과 상속 버킷으로는 일시적으로 저평가된 주식과 자산을 적극적으로 매수했다. 그때 전화벨이 울렸다. 자산관리 회사를 각각 따로 선정한 지 2년 만에 다른 동업자 한 명이 5000만 달러 중 남은 금액을 들고 UBS를 찾아온 것이다. 3L의 이점을 이보다 극적으로 보여주는 사례도 없을 것이다.

자산 배분과 3L 프레임워크는 투자를 대하는 태도를 바꾸고 인생에 도움이 되는 방식으로 부를 관리하도록 이끌어주는 강력한 개념이다. 하지만 나는 실제로 고객과 함께 일하면서 아무리 아이디어가 좋아도 이를 실행할 방법을 찾지 못하면 무의미하다는 사실을 깨달았다. 많은 고객이 3L의 개념을 알아도 프로그램을 유지하는 데 어려움을 겪는다. 투자를 대하는 태도를 바꾸고 싶어도 주식 거래를 완전히 내려놓고 싶지는 않은 고객을 위해 자산관리사들이 조언하는 '꿀팁'이 있다. 이러한 고객들은 평균 수익률의 진실을 알려줘도 여전히 본인이 주식 거래로 수익을 낼 수 있다고 믿는다. 나 역시 비슷한 처지였기에 그 심정을 충분히 공감한다.

당신도 이와 비슷한 상황이라면 이렇게 조언하고 싶다. 흥분을 없애려 하지 말고 장기 목표를 망칠 위험을 제거하라. '핵심' 포트폴리오와 '위성' 포트폴리오로 구성된 또 다른 버킷을 떠올려보자. 핵심 포트폴리오에는 이 책에서 설명한 자산 배분 시스템과 3L 하위 자산 배분이 포함된다. 위성 투자 포트폴리오는 단기 매매를 위해 별도로 마련한 자금의 일부이며, UBS 웰스 웨이 여정에서 설정한 목표에 따라 운용하는 재산을 위험에 빠뜨리지 않으면서 두려움과 탐욕의 유혹을 마음껏 실험해볼 수 있다. 어떤 사람들은 위성 투자를 오락 자금이나 수업료 또는 잃어도 되는 돈으로 생각한다. 예를 들어, 큰 투자 수익을 노리거나 단기적으로 시장 폭락을 확신할 때 보험에 가입하는 데 쓰는 돈이다.

위성 포트폴리오를 운용하는 것이 공식 규칙은 아니다. 격동의 시대에 투자하거나 투자의 미래를 이해하는 데 위성 포트폴리오가 필수는 아니기 때문이다. 위성 포트폴리오의 자산 배분에 '정답'은 없다. 하지만 위성 포트폴리오는 자산관리 여정에서 활용할 수 있는 또 하나의 실용적인 도구가 될 것이다.

<table>
<tr><td>정리</td><td>지금까지 실제 우리 고객과 자산관리사가 이뤄낸 성공적인 협업 사례를 살펴보았다. UBS 웰스 웨이는 개인의 재무 고민과 변화하는 목표를 자산 배분 포트폴리오와 강력하게 결합하는 시스템이다. 유동성, 노후, 상속이라는 세 가지 버킷을 중심으로 부를 관리하면 돈에 대한 불안을 줄이고 현금흐름과 수익률을 개선하며 장기적으로 성장 기반을 마련할 수 있다. 핵심 포트폴리오와 위성 포트폴리오 전략도 투자자의 두려움과 탐욕을 잘 관리하는 데 도움이 될 수 있다.</td></tr>
</table>

재무적 안정을 찾은 후 임팩트 투자자가 되어 규칙에서 탈피하라

스페인 바르셀로나에 있는 피카소 미술관(Picasso Museum)을 방문하면 파블로 피카소(Pablo Picasso)가 이미 어린 시절에 모든 고전 회화 기법을 터득한 후에 20세기 예술을 혁신적으로 재창조했다는 사실에 깊은 감명을 받게 된다. 피카소의 첫 번째 스승이었던 그의 아버지는 아카데미 소속 화가였다.[1] 피카소는 아버지에게 지도받으며 회화의 기본 기법을 모두 완벽하게 익힌 다음 스무 살 무렵 '청색 시대(Blue Period)' (1901~1904년)[2]를 열었고, 스물여섯 살이 되어서는 '입체주의(Cubism)' (1907~1914년)[3]라는 전례 없는 회화 양식을 창조하며 예술의 정의를 혁신적으로 바꿔놓았다.

투자에도 이와 같은 기법이 있다. 부를 쌓으려고 열심히 노력한 투자자들이 이제 이 책에서 언급한 모든 투자 규칙을 융합한 후 현대의 투자 '입체주의'를 만들어내어 만족할 만한 성과를 올리고 있다.

바로 임팩트 투자다.

작가 윌리엄 깁슨(William Gibson)이 남긴 유명한 말이 있다. "미래는 이미 여기에 있다. 아직 고르게 분배되지 않았을 뿐이다."[4] 초고액 자산가 고객 중 상당수가 점점 임팩트 투자로 옮겨가고 있고, 이러한 흐름은 앞으로 우리 모두의 투자 방식에 영향을 끼칠 것으로 보인다.

임팩트 투자의 정의에는 여러 가지가 있지만 UBS와 업계에서 인정받는 실무자들이 임팩트 투자를 정의하는 방식은 이렇다. 임팩트 투자는 전통적인 재무 수익을 창출하는 동시에 사회와 환경에 긍정적 영향(측정할 수 있는 요소)을 미치겠다는 의도를 확립하고 나서 수행하는 투자라고 할 수 있다.[5] 이러한 정의는 ESG(환경, 사회, 지배구조) 투자 같은 모호한 용어와 달리 훨씬 명확하게 와닿는다.[6]

ESG 투자는 대개 투자자가 환경, 사회, 지배구조 문제에 책임 있는 자세로 경영을 실천하는 기업에 의식적으로 자본을 투입하는 행위로 정의된다. ESG 투자는 이념적·정치적 의미가 더해져 논란이 일기도 한다. 한편 임팩트 투자는 대개 비상장 기업을 대상으로 하며, 투자자가 직접 변화를 주도하고 기존과 다른 혁신적인 성과를 올리는 데 기여할 수도 있다.

로제트 필립스(Rozett Phillips)는 남아프리카공화국 프리토리아대학교(University of Pretoria) GIBS 경영대학원 학과장이다.[7] 50대 초반인 필립스는 뛰어난 전략적 사고를 바탕으로 인간의 창의성과 기술이 만나는 지점에서 미래학자로 활동하고 있다. 필립스는 세상에 긍정적인 영향을 끼치는 포트폴리오를 구성하는 데 전념하고 있다. 다만 이러한 원칙에 한 가지 예외가 있다. 바로 필립스가 이전에 근무했던 글로벌 IT 컨설팅 기업인 액센추어(Accenture)에서 받은 지분을 보유하는

것이다.

필립스는 어떻게 본격적으로 임팩트 투자를 시작하게 되었을까?

필립스는 남아프리카공화국 케이프타운에서 자랐다. 인종차별이 법제화되었던 아파르트헤이트(apartheid) 시대에 그는 안타깝게도 불리한 집단에 속해 있었다. "저는 아프리카 흑인 소녀로 태어나 가난하게 살았어요. 어린 시절 내내 스스로 저주받은 존재라고 생각했죠. 제게 선택권이 없다는 현실을 도저히 받아들일 수 없었어요."[8]

다행히 필립스의 아버지는 특별했다. 독학으로 토양 기술자가 된 아버지는 농민들을 도와 수확량을 늘렸다. 그는 매우 영리했지만 정규 교육을 거의 받지 못해 장래가 어두웠고, 결국 좌절하다가 알코올 의존자 신세가 되고 말았다. 술에 의존하는 아버지의 모습에 질려버린 맏딸은 지금도 술을 입에 대지 않는다. 하지만 아버지는 선량한 사람이었고 자식들이 한계를 뛰어넘을 수 있도록 어떻게든 지원하려는 의지가 확고한 인물이었다. 필립스가 아버지를 떠올리며 말했다. "아버지는 다른 아버지들과 달리 딸에게 부엌일을 한 번도 시키지 않으셨어요."

아버지는 전날 밤에 아무리 술을 진탕 마셨을지라도 격주 토요일이면 필립스를 지역 도서관에 데려갔다. 필립스는 그곳에서 아파르트헤이트의 제약에서 벗어날 탈출로를 찾았다. 책과 배움의 기쁨은 곧 탈출 수단이 되었고, 그는 열심히 공부하여 장학금을 받았다. 역경을 딛고 인종의 한계를 뛰어넘어 마침내 기회의 땅에 닿았다. 의사가 된 것이다. 몇 년 동안 의사로 일한 후 진로를 바꿔 MBA와 미래학 준학사 학위를 취득했다. 이후 남아프리카공화국에서 중요한 경력을 쌓았다.

필립스는 액센추어 현지 법인에서 거의 20년 동안 근무하다가 차기 CEO 자리를 둘러싼 사내 권력 다툼에서 밀려났다. 그 후 범아프리카 은행인 압사(Absa)에서 인사 부문 책임자를 맡는 동시에 경영진으로도 활동했다. 필립스의 아버지는 잦은 음주로 질환을 얻어 요절하기 전까지 딸이 이뤄낸 직업적 성취와 개인적 성과를 큰 기쁨과 자부심으로 여겼다. "아버지가 제게 마지막으로 남기신 말은 '고맙다'였어요."

필립스의 삶은 선택과 기회, 아프리카의 미래와 여성의 역량 강화를 향해 앞으로 나아가는 여정의 연속이었다. 그 길의 끝에서 그는 자연스레 임팩트 포트폴리오에 보유한 자금의 99.9퍼센트를 투자하게 된다. 그것이 그에게는 감정적으로나 지성으로나 이치에 맞는 선택이었던 것이다.

미래 지향적 관점에서 볼 때 필립스의 임팩트 투자는 현명한 재무적 판단이 틀림없었다.

필립스는 임팩트 투자자와 업계 리더들에게 전 세계 경작지의 60퍼센트가 아프리카에 있다는 사실을 늘 상기시킨다.[9] 아프리카는 전 세계에서 가장 젊은 인구 구조를 가진 대륙이며, 사하라 사막 이남 아프리카 인구의 70퍼센트가 아직 30세 미만이다.[10] 뉴스 미디어에서 아프리카를 어떤 이미지로 보도하든 간에, 이러한 지리적 조건과 인구 구조를 고려하면 실제로 아프리카 사람들에게는 경제적으로 성장할 기회가 있음을 알 수 있다.

필립스는 과거가 아닌 미래에 투자할 곳을 고민한다면 반드시 아프리카를 주목하라고 강조한다. 그는 바로 이러한 이유로 지역 농민들을 지원하는 프로그램을 만들어 아버지의 뜻을 기리고 있다. 이 프로그램은 스마트폰 데이터를 활용하여 기상 패턴을 모니터링하고, 수확량을 높일 최신 작물 기술을 가르치고, 전 세계 원자재 가격을 추적하여 작물 피해 위험을 줄이는 데 중점을 두고 있다. 이는 농민들의 생존 가능성을 개선하고 경제적으로 최대한 많은 수익을 올리도록 지원하려는 것이다. 필립스는 이렇게 지적한다. "식량 안보는 세상에서 무엇보다 중요한 과제입니다. 하지만 정작 농민들의 삶은 너무도 불안정하죠."

필립스는 아프리카에서 또 다른 투자 기회를 찾을 수 있다고 말한다. 아프리카 대륙이 태양광 발전소와 기타 재생에너지 기반 인프라를 구축한다면 선진국의 발목을 잡는 전통적인 에너지 체계를 뛰어넘을 수 있다. 또 지역 의료 및 헬스케어 기업에 대한 투자도 주목할 만하다. 특히 바이러스 연구의 최전선에서 활동하는 기업이 유망하다. 그는 깊은 애정과 열정으로 여성 기업가가 이끄는 사업에 투자하고 그동안 억눌려 있던 인적 자본에 힘을 실어줘 아프리카 대륙의 잠재력을 실현하고자 한다.

필립스의 포트폴리오는 이러한 생각을 반영한 듯 그가 일컫는 '미래 지향적인 산업'에 투자하고 있으며, 대부분 주식 투자가 차지한다. 특히 재생에너지, 기술을 활용하여 고령화 관련 의료 서비스 문제를 해결하는 생명공학 산업, 농업 생산의 미래를 그리는 신기술에 투자하고 있다.

한편 소액 대출, 보조금, 멘토링 프로그램 등 자선 활동을 이어가며 여성 기업가와 청년도 지원하고 있다. 그는 그 과정에서 상장 시장과 비상장 시장을 모두 넘나들며 흥미로운 투자 기회를 포착하고 있다.

예를 들어, 필립스는 IBM에서 육성한 흑인 청년 창업가들에게 사업 초기에 필요한 프리시드(pre-seed) 자금을 제공하고 그 대가로 이들이 언젠가 사업을 성공적으로 궤도에 올려 기업공개를 할 때 주식을 30 퍼센트 할인된 가격에 매수할 수 있는 권리를 받았다.

이는 아주 영리한 전략이다. 필립스는 앞서 이 책에서 논한 건전한 재무 원칙을 모두 활용하고 있다. 그는 시대를 관통하는 거대한 흐름에 투자하는 동시에 정부가 우선순위를 삼고 공공 자금을 투입하는 분야에도 투자한다. 그는 투자 과정에서 심리를 자극하는 감정적 요인이나 행동재무학적 요소를 배제하라는 일반적인 조언과는 정반대의 행보를 보이며 오히려 그러한 요소를 적극 활용한다. 체계적인 운용으로 현실 세계에 실질적인 변화를 이끌어내는 동시에 건전한 재무 성과도 거두는 것이다. 여기에는 '선행'을 통한 심리적 만족까지 추가 수익으로 더해진다.

필립스는 사실상 개인적이고 감정적인 특성을 바탕으로 6장에서 살펴본 UBS 웰스 웨이 기법을 활용하고 있다. 임팩트 투자로 더욱 강화된 투자 전략을 실행하는 셈이다.

지금까지 여정

나는 이 지면을 빌려 21세기에 등장한 이 투자 현상을 짚어보고, 한때 임팩트 투자를 비판했으나 지금은 지지하게 된 이유와 과정을 설명하고자 한다.

앞서 강조했듯, 나는 자산 배분에 전념하고 있다. 자산 배분은 투자자가 감정에 휘둘려 충동적으로 판단을 내리고 포트폴리오 실적을 망치지 않도록 보호해주기 때문이다. 하지만 앞서 간략히 논했듯이, 건전한 투자 시스템을 활용해 점차 안정적으로 꾸준히 부를 축적하면서 감정적 요인을 다루었다면 이제는 반대로 투자 과정에 다시 감정을 불어넣을 차례다. 이러한 변화된 흐름에서 우리 모두의 투자 미래를 찾을 수 있다.

이러한 정교한 투자자들이 취하는 방식과 일반적인 투자자들이 돈에 대한 감정에 휘둘려 투자 결정을 내리는 방식에는 큰 차이가 있다. 대부분은 부정적이고 자기 파괴적인 감정적 충동에 이끌려 무의식적으로 투자 결정을 내린다. 이와 대조적으로 임팩트 투자자들은 의식적으로 감정을 다스리면서 긍정적인 영향을 추구하는 동시에 현명하게 투자한다. 이 모든 것이 명확한 투자 전략의 틀 안에서 행해진다. UBS 웰스 웨이 관점에서 보면, 이들은 유동성 버킷과 노후 버킷을 모두 터득한 뒤 이제 열성적으로 상속 버킷에 집중하고 있다.

나는 이제 이러한 투자 경로를 택하는 사람들이 단순히 포트폴리오를 넘어 부를 관리하는 단계로 나아가고 있으며, 이러한 전환이 전혀 다른 차원의 투자 수익을 안겨준다는 사실을 알고 있다.

처음에는 어리석게도 이 사실을 깨닫지 못했다.

사실 나는 임팩트 투자를 매우 비판적으로 바라보았다. 임팩트 투자는 돈을 전문적으로, 또 제대로 관리하는 진지한 수단이라기보다는 그저 '기분이 좋아지는' 자선 활동에 지나지 않는다고 여겼다. 하지만 한발 앞서 나간 고객의 사례를 새로운 관점에서 바라보게 되었고, 임팩트 투자라는 시장 접근법에 담긴 강력한 아이디어와 잠재력을 비로소 이해할 수 있었다. 그 덕분에 내가 그동안 금융 업계에서 쌓은 경험을 통틀어 가장 값지고 보람된 도전을 할 수 있게 되었다.

주목받기 시작한 임팩트 투자

나는 UBS에서 초고액 자산가 고객을 전담하면서 자연스레 세계 곳곳에서 성공적으로 부를 창출한 사람들과 일대일로 긴밀한 대화를 나눌 수 있었다. 이 새로운 직무를 맡고 나서 가장 먼저 알아차린 이들의 공통점이 하나 있다. 억만장자 고객에게 초콜릿과 바닐라 아이스크림 중 어떤 것을 먹고 싶은지 물었을 때 대체로 돌아오는 대답은 "둘 다 맛보면 안 되나요?"였다. 억만장자들의 사고방식은 확실히 다르다. 나는 이 깨달음을 머릿속 한편에 접어두었는데 얼마 지나지 않아 그것을 다시 꺼내 써야 할 순간이 찾아왔다.

2015년 1월, 나는 CIO의 자리에 오른 지 7개월 정도 지났을 때 다보스 세계경제포럼(World Economic Forum)에 참석하게 되었다. 새로운 직무를 맡은 만큼 성과를 올릴 방법을 열심히 모색하고 있었는데, 그 무렵에 UN이 지속가능발전 목표(Sustainable Development Goals)[11]를 대대적으로 발표하려고 준비하고 있다는 소식을 들었고 이를 더 깊이 알아보고 싶었다.

UN의 지속가능발전 목표는 모두 17가지이며, 사회적 약자를 포함한 모든 사람에게 경제적으로 성장할 기회를 제공하는 동시에 광범위한 경제 성장을 지원하는 데 중점을 둔다. 여기에는 교육, 의료, 고용 등 다양한 사회 분야에서 격차를 해소하려는 노력이 포함되며, 그 과정에서 환경에 미치는 피해를 최소화하는 것이 핵심이다. 최종 목표는 2030년까지 빈곤을 퇴치하고 지구 환경을 보호하는 것이다.

UN은 기후 변화부터 소득 평등에 이르기까지 17가지 목표를 내세우면서 이를 달성하려면 민간 부문에서 연간 수조 달러를 투자해야 한다고 언급했는데, 솔직히 나는 이러한 목표치 자체가 터무니없다고 생각했다.[12] 언뜻 보기에도 목표가 지나치게 많아 실질적으로 효과적인 조치를 이끌어내기 어렵고, 그러한 목표를 달성하는 데 필요한 자본은 어떤 단일 국가나 연합만으로는 감당할 수 없을 만큼 막대한 수준이었다.

시장은 UN이 기후 변화에 대해 어떤 의견을 내놓는지 전혀 신경쓰지 않는다.[13] 그러나 앞서 언급했듯 정부가 어떤 분야에 보조금을 지급하고 사람들이 무엇을 소비하려 하는지는 주목할 만하다. 당시 UBS가 실시한 연구에 따르면, 소비자의 69퍼센트는 자신의 신념과 일치하는 윤리 경영을 강력하게 실천하는 기업의 제품에 더 많은 돈을 지불할 의사가 있다고 답했다. 또 71퍼센트는 ESG 평판이 부정적인 기업의 제품을 의식적으로 피하는 것으로 나타났다.[14] 이는 반드시 눈여겨봐야 할 중요한 흐름이다.

당시 UBS의 초고액 자산 고객층이 점점 이 분야에 관심을 쏟고 있었고, 나 역시 마음을 열고 해당 분야를 조사하기 시작하던 때에 다보스에서 여는 소규모 간담회에 참석할 기회가 생겼다. 로널드 코헨 경(Sir Ronald Cohen)이 임팩트 투자를 논하는 자리였다.

코헨 경은 20대 때 아팩스 파트너스(Apax Partners)를 공동 설립했다.[15] 그는 유럽 최초의 가장 영향력 있는 벤처 자본 및 사모펀드 회사

로 평가받는 아팩스에서 계속 근무하다가 2005년 예순 살에 공식적
으로 은퇴했다. 엄밀히 말하면 그는 은퇴한 게 아니라 새로운 일에 도
전한 것이다.[16]

코헨 경은 은퇴하기 5년 전 영국 재무부로부터 "기업가의 시각으로
빈곤 문제를 분석"한 후 그의 통찰을 들려달라는 요청을 받았다.[17] 그
때부터 그는 다음과 같이 자문했다. 벤처 자본이 기술 창업가들의 잠
재력을 자극했듯, 어떻게 하면 21세기 자선단체에 자본을 투자하여
사회에 효과적인 변화를 일으킬 수 있을까? 그는 이 질문의 답을 찾고
자 혁신적인 자금 조달과 사회 문제 해결을 모색하는 비영리 단체 소
셜 파이낸스(Social Finance)를 공동 설립했다.[18]

2010년, 코헨 경이 설립한 이 단체는 세계 최초로 사회성과연계채
권(Social Impact Bond, SIB)을 발행했다. SIB는 다소 기이한 금융 상품이
었다. 피터버러(Peterborough) SIB는 J. 폴 게티 주니어 자선신탁(J. Paul
Getty Jr. Charitable Trust)과 록펠러재단(Rockefeller Foundation) 등 17개 재
단에서 총 500만 파운드를 조달했다.[19] SIB 자금은 케임브리지셔 피터
버러 교도소에서 진행되는 재범 방지 시범 프로그램에 투입되었다.
이 실험적인 프로젝트의 목적은 갓 출소한 사람들의 갱생을 지원하여
재범률을 낮추는 것이었다.

SIB는 재범률이 높은 전과자들이 사회에 막대한 비용을 발생시킨
다는 재무적 논리에 근거한다. 피터버러 채권이 전과자의 갱생을 지
원하고 재범률을 낮추는 데 도움이 된다면 정부가 절감하게 될 교정
비용 중 일부를 마땅히 갱생 활동에 자금을 지원한 채권 소유자의 몫
으로 돌려줄 수 있다는 논리다. 시범 프로젝트를 거친 피터버러 교도

소 수감자 1000명의 재범률이 수년에 걸쳐 법무부가 설정한 감소 목표치인 7.5퍼센트보다 줄어든다면, 채권 투자자 17명은 투자 원금 전액을 회수하고 투자 기간에 연 3퍼센트 이자를 추가로 받게 된다. 실제로 재범률이 줄어든다면 영국 정부에도 큰 이득이라 할 수 있다.[20]

2017년 7월, 드디어 피터버러 채권의 실적이 공개되었다. 채권 투자자들의 자금으로 진행된 수감자 갱생 프로젝트는 통제 집단 대비 재범률을 9퍼센트 낮추었는데, 이는 법무부가 최소 목표치로 정한 7.5퍼센트를 훌쩍 넘어선 놀라운 성과였다. 채권 투자자 17명은 원금을 모두 회수했을 뿐만 아니라 연 3퍼센트 추가 수익까지 거두었다.[21]

정부가 기부 문화에 미친 영향

민간 기업과 정부 개입이 맞물리는 지점과 관련하여 그 배경을 이해할 필요가 있다. 역사 속 수많은 큰 위기가 그러했듯, 제1차 세계대전역시 '자유' 경제에 대한 정부의 개입을 폭발적으로 늘리는 계기가 되었다. 예를 들어, 미국은 전쟁 비용을 충당하려고 1918년 세입법(Revenue Act)을 제정하여 최고 세율을 77퍼센트까지 인상했다.[22] 하지만 그와 동시에 이 법은 세금이 면제되는 유산 기부 제도를 확립했고, 이를 기반으로 오늘날의 비영리 자선 재단이 탄생했다.

간단히 말해 미국 세법은 국민에게 상당한 소득세와 재산세를 부과하는 동시에 절세할 길을 열어주는 방향으로 발전했다. 세금이 면제되는 자선 재단에 공익 목적으로 기부하도록 장려한 것이다. 부유한 가문들이 자선 활동을 하려고 설립한 가족 재단에서는 직원을 고용하고 급여를 지급하고 비과세로 수익을 창출할 수도 있다.[23] 다만 매년

기금의 5퍼센트를 자선 활동에 지출해야 한다는 조건이 붙는다.[24]

이에 따라 많은 재단이 두 가지 전문 부서를 두게 되었다. 한 부서는 기부금을 집행하는 기부팀이다. 다른 한 부서는 투자 전문가들로 구성된 팀인데, 이 팀에서는 재단 기금을 투자하여 연간 5퍼센트 이상 수익을 올리는 일에 집중한다. 이들이 해마다 목표를 성공적으로 달성하여 자선 사업에 연간 5퍼센트를 지출하는 기부팀보다 더 빠르게 자산을 불린다면 그 재단은 사실상 영구히 존속할 수 있다.

많은 자선단체의 핵심 사명은 기부다. 하지만 기금을 운용하려면 수준 높은 재무 관리가 필요하다는 사실을 대부분 인식하고 있기에 전문가에게 투자 포트폴리오를 맡기고 사내 기부팀이 직접 기부금 집행을 관리한다. 그러나 이처럼 자선단체의 본래 사명과 기금 운용 관리의 목표를 분리하는 조치는 서로 충돌할 수 있고, 때로는 심각한 갈등을 일으키기도 한다.

한 가족 재단이 오염된 바다를 정화하는 사업에 전념하는 상황을 상상해보자. 어느 날 재단의 투자 관리팀이 바다를 오염시키는 주범으로 종종 지목되는 크루즈 선박 산업에 대규모로 투자했다는 사실을 알게 된다면 어떨까?[25] 이러한 충돌은 흔히 발생한다. 내가 대학교에 다니던 시절에는 프린스턴이나 하버드 같은 대학에서 남아프리카공화국에 투자해서는 안 된다고 주장하는 학생들이 자주 시위를 했다. 당시 대학 투자위원회는 기금을 불리려 했는데, 시위대는 남아공의 아파르트헤이트를 어떤 형식으로든 조금이라도 지원할 가능성이 있는 투자는 철회해야 한다며 투자위원회를 압박했다.

그렇게 1960년대에 특정 기준에 부합하지 않는 투자 대상을 선별적으로 배제하는 이른바 '스크리닝(screening)'과 ESG 투자라는 개념이 속속 도입되고 있었다.[26] 앞서 언급한 가상의 재단 사례에 이 개념을 적용한다면 어떻게 될까? 아마도 재단의 이사회를 설득하여 투자 지침을 변경해야 할 것이다. 그러면 기금 운용 관리자는 크루즈 선박 관련 주식을 매도한 후 유조선부터 어업 회사에 이르기까지 해양 오염과 황폐화, 자원 고갈과 조금이라도 관련이 있는 모든 기업을 투자 포트폴리오에서 배제할 것이다.

포트폴리오에서 특정 섹터나 종목을 배제하는 패시브 스크리닝(passive screening)은 불과 10년 전까지만 해도 ESG 산업을 규정했는데, 코헨 경과 몇몇 인물이 임팩트 투자라는 새로운 개념을 고안해냈다.

코헨 경과 그의 동료들이 시도한 임팩트 채권과 임팩트 투자는 많은 재단 관계자에게 큰 충격을 주었다. 투자 활동과 자선 활동의 경계가 흐려졌기 때문이다. 이는 기금 운용 관리자들이 안정적으로 벌어들인 수익에만 의존하던 기부금 집행팀에 위협으로 작용했다. 하지만 시간이 갈수록 많은 가문이 재단의 사명을 빠르게 실현할 수 있는 지렛대로 임팩트 투자를 채택하기 시작했다.

투자팀이 일반적인 주식이나 채권 대신 자선 재단의 사명을 같이 실현하는 기업에 투자한다면 어떨까?

이는 초콜릿과 바닐라 아이스크림을 모두 즐기는 것과 같다. 바로 이러한 이유로 나는 임팩트 투자가 널리 채택될 것이라고 직감했다. 억만장자의 사고방식을 지닌 소수의 부유층뿐만 아니라 자선단체에 수십억 달러를 기부할 수 없는 사람들에게도 충분히 매력적인 투자 수단이 될 수 있기 때문이다. 제대로 실행할 수만 있다면 수백만 달러 규모 자산을 보유한 소규모 재단도 매년 기금의 5퍼센트를 단순히 기부하는 것보다 훨씬 큰 영향력을 발휘할 수 있다.

재단은 임팩트 투자 기법을 활용해 가장 중요하게 여기는 대의를 위해 대차대조표상의 모든 수단을 동원할 수 있다. 목표에 부합하는 기업이나 프로젝트에 투자하는 동시에 재단의 미래 기금을 불려 나가는 방식으로 운용하는 것이다. 해양 오염에 주목하는 가상의 재단은 임팩트 투자 사고방식을 토대로 색다른 투자 전략을 펼 수 있다. 예를 들어, 유출된 기름을 분해하는 해양 박테리아를 이용하여 상업적인 제품과 서비스를 개발하는 덴마크와 이스라엘의 기술 스타트업에 투자하는 것이다.[27] 재단은 장차 의미 있는 수익을 올리는 동시에 해양 보호라는 사명까지 실현할 수 있다.

2015년 내가 다보스에서 눈 덮인 거리를 지나 코헨 경의 강연장에 들어섰던 때만 해도 금융과 자선이 결합된 이 흥미로운 투자 형식은 금융 서비스와 자선이라는 틈새시장에서 미시적 차원으로 전개되고 있었다. 그러나 얼마 지나지 않아 거시적 차원에서 본격적으로 활용되기 시작했다.

UN의 지속가능발전 목표가 한 예다.[28] UN의 지침은 각국 정부와 소비자, 기관 투자자들이 점차 기업들을 압박하여 이들이 비즈니스 모델을 만들고 영리를 추구할 때 지속가능성과 관련된 위험과 기회 요인을 함께 고려하도록 만들라는 것이다. 정치적으로나 철학적인 측면에서 이에 동의하든 그렇지 않든, 나는 자산관리자로서 한 가지는 분명히 알 수 있었다. 우리 팀이 고객에게 수익을 안겨주고 그들의 필요를 충족하려면 반드시 이 흐름을 이해해야 한다는 것을 말이다.

다보스 포럼에서 사람들의 열기로 가득 찬 강연장에 들어서자마자 코헨 경과 그의 이야기에 단번에 마음을 빼앗긴 부유한 가문과 자산 관리사, 정부 관계자 등이 눈에 띄었다. 모두가 숨죽여 그의 말에 집중했고, 앞서 비유했듯 '초콜릿과 바닐라 아이스크림'을 동시에 맛보는 특별한 순간을 경험하고 있었다.

그러나 그의 이야기를 들으면 들을수록 내 내면의 목소리는 더욱 강하게 반론을 펴기 시작했다. 임팩트 채권은 훌륭한 발상이다. 하지만 위대한 투자자 중 한 명인 로널드 코헨 경이 500만 달러 규모 거래를 추진한다고 해서 진정으로 세상에 영향을 끼칠 수 있을까? UN이 경고한 바에 따르면 현재 인류가 직면한 문제를 해결하려면 수조 달러가 필요하다. 분명히 둘 사이에는 간극이 존재한다.

바로 그때 누군가가 코헨 경에게 임팩트 채권이 자선 활동인지 투자인지 물었다.

"임팩트 채권은 정말 훌륭합니다." 그가 말했다. "둘 다에 해당하죠."

나는 순간 움찔했다. 그의 말은 상당히 거슬렸다.

나는 투자 업계에서 고객의 돈을 불려 그들이 가족을 부양하고 미래를 준비하도록 지원하는 일을 했다. 만약 내가 고객의 돈을 기부하는 사람으로 보였다면 내게 노후 자금을 관리해달라고 맡길 고객은 아무도 없었을 것이다. 노후 자금을 자선 활동에 쏟아붓는 사람은 없다. 당연히 그런 생각을 하는 사람들을 탓할 수도 없는 일이다. 초콜릿과 바닐라 아이스크림을 동시에 즐길 수 있다는 발상 자체는 상당히 매력적으로 들리지만, 투자를 자선 활동과 가볍게 섞는다고 해서 UN의 목표치를 달성하는 데 필요한 수조 달러의 민간 투자 자본을 조달할 수는 없다.

나는 SIB의 개념이 흥미롭긴 하지만 UN의 야심 찬 지속가능발전 목표를 달성하기에는 규모가 크지 않다는 사실을 깨달았다.

취리히로 돌아온 뒤 다보스에서 접한 내용을 이해하고 정리하려고 여러 사람과 이야기를 나눠보았다. 그 과정에서 내가 도움을 요청한 인물은 사이먼 스마일스(Simon Smiles)였다. 그는 내 친구이자, 초고액 자산가 고객을 위한 자산관리 서비스를 전담하는 CIO였다.[29] 사이먼과 나는 UBS가 보유한 ESG 역량을 사무실 안팎에서 일어나는 이 거대한 변화의 흐름과 통합할 방법에 대해 의견을 주고받았다.

사이먼은 SIB를 자세히 조사했고 내 불안과 의심을 해소해주었다. 코헨 경이 발행한 SIB의 규모는 평균 320만 달러에 불과했다.[30]

하지만 임팩트 투자 자체는 쉽게 간과할 수 없는 시도였다. 2017년 피터버러 교도소 채권 실험이 성공을 거두면서 SIB 섹터가 공식 출범했다. 브루킹스 연구소(Brookings Institution)의 자료에 따르면, 피터버러 채권이 처음 발행된 지 10년이 지난 시점을 기준으로 전 세계 33개국에서 건강보험과 고용 등 다양한 섹터에 걸쳐 사회발전 임팩트 채권 235종이 발행되었다.

이는 언뜻 보기에 인상적인 성과다.

하지만 10년간 모든 SIB에 투입된 총자본은 4억 6300만 달러에 불과했다.[31] UN이 내세운 목표치에 한참 못 미치는 수치다. 500만 달러 규모 투자로는 21세기 인류가 마주한 실존적 난제를 해결할 수 없다.

따라서 우리가 2015년에 지적했던 대로 SIB는 확장성 면에서 구조적 문제를 안고 있었다. 시장 규모가 너무 작은 탓에 당시 운용 자산만

약 3조 달러에 달하는 UBS 같은 대형 금융사가 고려하기에는 그리 적절하지 않은 투자 대상이었다.[32]

깨달음의 순간

나는 비슷한 시기에 하버드대학교 시절 기숙사 친구였던 의사 바드 기사먼(Bard Geesaman)과 자주 이야기를 나누곤 했다.[33] 마침 임팩트 투자를 고민하던 때에 바드가 전화를 걸어왔다. 그는 자신감에 찬 목소리로 말했다. "지금이야말로 종양학 펀드를 출시할 때야." 바드는 생명의학 분야에서 혁신이 일어나고 있으며, 회사에서 유망한 생명공학 신생 기업에 자금을 지원할 투자자를 찾는 사업을 진행하고 있다고 알려주었다.

바드는 대학을 졸업한 후 회사를 연달아 창업했다. 헬스케어 소프트웨어 회사를 설립했을 뿐만 아니라 유전체 데이터 분석 전문가가 되었다. 내게 전화를 건 2015년과 2016년에는 MPM 캐피털에서 일하고 있었다.[34] MPM 캐피털은 학계의 획기적인 연구 결과를 신생 기업의 비즈니스 모델로 전환하여 수익을 창출하는 데 특화된 회사였고,[35] 그 당시 세계에서 가장 성공적인 생명공학 벤처 캐피털 운용사로 손꼽혔다.[36]

MPM의 경영진은 업계를 잘 이해하고 있었다. 바드는 MPM의 설립자인 독일 출신 의사 안스베르트 가디케(Ansbert Gadicke)에게 직접 보고를 올렸다. 가디케는 여러 생명의학 회사를 창업하여 성공시킨 인물이었다.[37] 하버드대학교 시절에 친해진 내 오랜 친구 조지 데일리(George Daley)도 MPM의 과학 자문위원으로 활동하고 있었고 하버드

의과대학의 신임 학장으로 취임할 예정이었다.[38]

바드가 전화 통화에서 지적하길, 지난 2000년부터 2012년까지 무려 10여 년 동안 종양학 분야 투자는 과열되었다. 2003년에 마침내 마무리된 인간 유전체 프로젝트라는 대규모 연구가 시장에 상당한 기대 심리를 부추겼고, 이에 자극받은 벤처 자본이 각종 질환의 초기 단계 치료제 개발 연구에 무차별적으로 흘러들어갔다.[39] 그러나 기대와 달리 이렇다 할 성과는 나오지 않았고 많은 투자금이 허공으로 사라지고 말았다.

하지만 2012년 무렵부터 상황이 달라지기 시작했다. 면역종양학에서 획기적인 연구가 이뤄지면서 마침내 새로운 치료제 개발로 이어진 것이다. 그제야 표적 치료제가 암을 치료할 뿐 아니라 인체의 면역 체계를 활성화하여 암세포를 인식하고 제거함으로써 암을 근본적으로 완치할 수 있다는 인식이 확산했다.

요컨대 인류는 면역종양학(immunooncology)이라는 새로운 산업의 태동기를 맞이했고, 이 분야를 본격적으로 성장 궤도에 올리려면 막대한 자본이 필요했다. 면역종양학은 앞서 언급한 디지털화와 인구 구조 변화라는 메가트렌드와 정확히 맞물리는 트렌드였고, 정부도 이와 같은 의료 기술 분야에서 돌파구를 찾길 바라는 마음으로 투자를 장려하고 있었다. 종양학 펀드라는 개념은 21세기 부를 창출하는 '새로운 규칙'의 조건을 완벽하게 충족했다.

아니, 그 이상이었다.

고객에게 수익을 안겨주는 동시에 암을 치료하는 UBS 펀드라니, 솔깃하지 않은가?

이 펀드는 내게 개인적으로도 매우 중요한 감정을 충족해주었다. 암 치료 가능성은 한때 내가 실제로 목격한 암 환자의 고통스러운 죽음을 떠올리게 했다. 나는 죽음에 큰 충격을 받았다. 암 치료를 위한 임팩트 펀드를 실제로 구현한다면 이 아픈 기억까지 치유하는 약이 되어줄 수 있을지 궁금해졌다.

하지만 이런 개인적인 문제를 제쳐두고 적어도 금융 업계의 관점에서 볼 때, 이것은 어쩌면 획기적인 융합이 될 수 있었다. UBS가 임팩트 투자라고 알려진 금융 틈새시장을 자사의 거대한 유통 역량과 결합하여 전혀 다른 무언가를 만들어낼 기회였다. 미국 허쉬컴퍼니(The Hershey Company)가 초콜릿과 땅콩버터처럼 전혀 다른 두 요소를 조합하여 '리세스 피넛버터 컵(Reese's Peanut Butter Cup)'이라는 베스트셀러 상품을 만들어냈듯 말이다.

나는 사이먼에게 제안했다. "우리도 할 수 있어. 우리만의 임팩트 펀드를 만들어보자고."

하지만 이 실험을 시도하기 전에 UBS의 승인을 받아야 했다.

나는 상사인 위르크 첼트너에게 구상 중인 임팩트 투자 종양학 펀드를 설명했다. 로널드 코헨 경이 500만 파운드 규모의 실험으로 대중의 관심을 불러일으켰지만, 우리 팀은 그보다 0을 하나 더 붙여 막대한 규모로 키우려 한다는 이야기를 꺼내자 첼트너는 흥미를 보였다.

"향후 5년 동안 임팩트 투자에 고객 자금 50억 달러를 투입하려 합니다." 내가 말했다. "이제 임팩트 투자는 수익을 내는 투자로 주목받을 것입니다. 저희는 자산 배분을 수행할 때마다 사회적으로나 환경적으로 긍정적인 목표를 미리 설정하고 해당 분야에 끼친 펀드의 영향력을 측정하고자 합니다."

　이러한 자본 배분은 바닐라와 초콜릿 아이스크림을 섞은 것처럼 재무적으로 매력적인 투자이자 사회적으로 의미 있는 변화를 이끌 기회였다. 우리가 50억 달러 규모의 투자 아이디어를 제시한다면 투자 업계 전체가 자극을 받아 우리 고객을 위한 임팩트 투자 펀드 개발에 착수할 것이라 예상했다.

　첼트너는 즉시 우리의 제안을 받아들여 UBS의 다른 임원들과 논의했는데 내부 반대는 없었다. 나는 첼트너와 함께 보스턴으로 향했다. 그는 MPM이 강조하는 혁신적인 암 치료 생명공학과 이 신흥 산업을 중심으로 구상한 UBS 임팩트 펀드의 실질적인 성공 가능성을 직접 확인하고 싶어 했다.

　MPM의 설립자인 안스베르트 가디케는 보스턴의 백베이(Back Bay)가 내려다보이고 예술품으로 가득한 그의 자택에서 만찬을 열어 우리를 맞이했다. 면역종양학 분야의 세계적인 석학과 노벨상 수상자까지 이 자리에 참석했다. 알다시피 나는 고객의 요구에 부응하고자 임팩트 투자를 연구하기 시작했다. UBS의 CIO로서 고객의 성향과 선호도에 맞는 솔루션을 제공하는 것이 내 의무였기 때문이다. 나는 노련한 임팩트 투자자가 아니었다. 보스턴에서 MPM을 면밀히 검토했지만 종양학 펀드를 임팩트 투자로 확장할 방법은 아직 막연하게 느껴졌다.

　하지만 만찬이 열린 그날 밤, 나는 임팩트 투자에 매료되었다. 이 접근법이 오늘날 사회와 경제 환경 속에서 시장의 흐름을 읽어 개인의 부를 증대하는 동시에 현명하게 선을 행한다는 차원에서 고객에게 더 큰 의미의 '풍요'를 안겨줄 가능성을 체감한 것이다.

가디케는 우리에게 와인을 건넸고, 만찬에 참석한 과학계 석학과 벤처 투자자, 생명공학 기업 CEO 등을 소개해주었다. 그러다 우연히 노벨상을 수상한 생리학자 로버트 호비츠(H. Robert Horvitz)를 만나게 되었다.[40]

"저희가 이 펀드를 운용한다면 암을 정복할 수 있을까요?" 내가 물었다.

"몇 가지 암은 정복할 수 있습니다." 호비츠가 답했다.

그의 목소리에는 확신이 담겨 있었다. 나는 방 안을 둘러보았다. 과학자부터 기술 기업 CEO, 벤처 투자자, 심지어 UBS 자산관리 본부장까지, 내 요청에 응해 이 자리에 모인 막강한 영향력을 지닌 명석한 사람들이 눈에 들어왔다.

바로 그 순간 나는 깨달았다.

방금 전만 해도 남들보다 너무 앞서 나가다 자칫 잘못하면 자빠질 수 있겠다고 생각했다. 그런데 뜻밖에도 나는 적절한 장소에서 적절한 시기에 적절한 사람들과 의미 있는 변화를 불러오고 앞으로 나아갈 능력을 적절하게 갖추고 있음을 알아차렸다.

이제 그 영향력을 발휘할 때였다.

그때 과거 이른 아침에 일어났던 일이 뇌리를 스쳤다. 당시 대학원생이었던 나는 췌장암을 앓던 어머니의 마지막 숨소리를 들었다. 그렇게 어머니는 내 품에 안긴 채로 돌아가셨다. 그리고 이제 백베이에서 내 인생의 좋은 경험과 나쁜 경험, 괴로운 기억까지 모든 것이 하나로 합쳐진 듯한 기분이 들었다. 고객을 위해 막대한 부를 창출하는 동시에 암을 정복할 기회가 눈앞에 펼쳐진 것이다. 어머니를 기리는 방법으로 이보다 더 좋은 게 있을까?

가슴이 두근거렸다.

"그럼 꼭 해야겠네요." 내가 답했다.

임팩트 투자 열풍을 일으키다

우리는 그 주말에 취리히로 돌아왔다. 월요일에는 첼트너의 지원 아래 사이먼에게 종양학 연구 임팩트 펀드의 승인 절차를 진행해달라고 부탁했다. 사이먼은 전 세계 UBS 지사에 막강한 인맥이 있어 펀드 출시에 필요한 사내 동력을 이끌기에 탁월한 인물이었다. 사실 동료들도 임팩트 투자 계획을 듣고 모두 마음에 들어 했다. 보수적이기로 유명한 UBS 은행이 미지의 영역에 과감히 발을 내디딘 만큼 처리해야할 업무도 많았다. 늦게까지 회사에 남아 법적 문서를 검토하고, 고객과 진행할 회의 일정을 잡고, 언론과 소통하는 등 수많은 직원이 이 일에 힘을 보탰다.

영화 〈제리 맥과이어〉에서 주인공이 스포츠 에이전시 업계에 큰 변화를 일으켰듯, 내가 보기에 MPM 역시 투자자들에게 수익을 제공하는 동시에 대대적인 변화를 일으킬 수 있는 혁신적인 새로운 펀드 구조를 만들었다.

투자 측면에서 보면 가디케는 상장사와 비상장사가 결합된 하이브리드 투자 계약을 개발했다. 펀드의 상장 주식 부문은 MPM의 크리스티아나(크리스) 바던(Christiana Bardon)이 운용했다. 이 구조는 사모 투자에서 흔히 발생하는 문제를 해결하려고 고안된 것이다. 예를 들어, 펀드 자금이 사모 투자에 투입되는 과정에서 초기 몇 년 동안 마이너스 수익률을 기록하는 경향을 보이는 'J-커브' 현상이 대표적이다.

특히 기초 자산인 신약 투자에서 기대되는 사회적 영향과 펀드 수익 구조가 일치하도록 정교하게 만들었다는 점이 매우 혁신적이었다. 가디케는 펀드가 플러스 수익을 올릴 경우 운용 보수의 일부를 두 자선단체에 기부하도록 펀드를 설계했다. 두 자선단체는 기초 연구를 지원하고 개발도상국에서 암 치료 접근성을 높이는 데 힘쓰고 있다.[41] 더 나아가 이 펀드는 또 다른 장치를 마련했다. 펀드가 투자한 신약이 개발되어 제약사에 매각된다면 해당 제약사가 신약으로 벌어들인 수익의 1퍼센트를 앞서 언급한 같은 자선단체에 기부한다는 조항을 계약에 포함시킨 것이다.[42] 따라서 1000억 달러 규모 신약 개발이 상용화된다면 무려 10억 달러가 암 정복이라는 사명을 똑같이 공유하는 자선단체로 흘러들어가게 된다. 게다가 이 1퍼센트 규칙이 하나의 모델로 자리 잡아 제약 업계 전반으로 확산한다면 수십억 달러에 달하는 새로운 자금이 사회적 선순환을 촉진하는 방향으로 쓰일 가능성이 있다.

2016년 봄, 사이먼이 MPM 경영진과 함께 전 세계를 돌며 투자유치 로드쇼를 진행했고 마침내 UBS 종양학 임팩트 펀드(OIF)가 결성되었다. 전 세계 고객이 이 펀드에 4억 7100만 달러를 투자했다.[43] 펀드의 목적은 초기 단계에 있는 암 치료제에 투자하여 고객에게 수익을 창출하는 동시에 생명을 구하는 신약 개발에 기여하고, 앞서 언급한 구조적 장치를 통해 자선기금을 지원하는 것이었다.

사실 아시아 고객들은 주로 단기 매매를 선호하는 편이라 임팩트 펀드에는 큰 관심을 보이지 않을 것이라 여겼다. 그런데 종양학 펀드를 진행하면서 아시아 투자자들도 임팩트 투자 개념에 흥미를 보인다는 사실을 알게 되었다. 이 임팩트 펀드는 매우 정교하게 설계되어 있어 많은 투자자가 몰려들었다. 초기 단계에 있는 벤처 캐피털 펀드가 자금을 조달한다는 것 자체만으로도 놀라운 성과였는데, 특히 임팩트 펀드라는 점을 감안하면 상당한 의미가 있었다. 이 펀드는 당시 UBS에서 출시한 임팩트 펀드 가운데 최대 규모였을 뿐 아니라 당시 사회적 대의를 위해 조성된 단일 펀드로서는 사상 최대 규모였다.[44]

단일 펀드로는 최초로 설정된 이 UBS 임팩트 펀드 하나가 10년 동안 발전한 전체 SIB 시장 규모보다도 더 많은 자금을 끌어모았다.[45]

이 모든 것이 가능했던 이유는 종양학 임팩트 펀드가 무엇보다 고객을 위한 수익 창출을 목적으로 구축된 전통적인 투자 펀드였기 때문이다. 그와 동시에 이 펀드는 처음부터 '사회적 선행' 요소를 구조에 포함시켰다.

수익 우선 접근 방식은 UBS 고객은 물론이고 태동기에 있던 전체 섹터 관점에서도 임팩트 투자 상품을 차별화하는 중요한 요소였다.

출범 4년 후인 2020년 중반, UBS 종양학 임팩트 펀드의 가치는 63퍼센트 상승한 7억 7300만 달러에 육박했다. 펀드 내 수익률을 결정하는 지표인 순내부수익률(IRI)은 연 28퍼센트를 기록했다.[46] 그 덕분에 UBS는 2021년 가을에 8억 5000만 달러 규모의 두 번째 종양학 펀드를 성공적으로 설정할 수 있었다. 이로써 암 관련 임팩트 펀드의 투자액은 총 13억 2000만 달러에 이르렀다.[47] UBS의 임팩트 투자 접근법은 고객에게 깊은 인상을 남겼다. 종양학 임팩트 펀드와 기타 펀드가 연이어 성공을 거두면서 우리는 5년 만에 50억 달러라는 자금 목표를 넘어설 수 있었다.

그런데 이 이야기에는 참으로 씁쓸한 측면이 있다.

위르크 첼트너[48]와 사이먼 스마일스[49]는 각각 2020년과 2022년에 예기치 못한 악성 뇌종양으로 세상을 떠나고 말았다. 나는 늘 이 두 사람이 치명적인 암 진단을 받기 직전에 종양학 펀드를 만들었다는 사실에 경이로움을 느낀다. 그들은 임팩트 펀드라는 중요한 유산을 세상에 남겼다. 임팩트 펀드는 우리가 생전에 아직 세상을 바꿀 능력이 있을 때, 우리의 독창성과 돈을 활용할 방식을 결정하고 인생을 살아가고 투자하는 진정한 목적과 의미를 일깨워준다.

노년에 느끼는 큰 기쁨 중 하나는 경제적 필요를 충족하려고 열심히 일한 후 이러한 특별한 삶의 순간을 떠올릴 수 있다는 점이다. 경험이 쌓이고 아는 사람이 많아지면서 자신의 열정과 인생의 목적을 다른 이들과 나누며 설득하는 능력도 개발된다.

이는 부를 창출하는 후반 단계로 이어진다.

나는 아직 모든 답을 알아내지는 못했지만 나보다 앞서 이 길을 걸어간 사람들에게서 많은 것을 배웠고, 재능이 넘치는 고객들을 지켜보며 한 가지 공통된 견고한 패턴을 확인했다. 그들은 대부분, 적어도 내가 존경하는 상당한 수준의 부를 창출한 고객은 궁극적으로 자신의 인생과 부가 더 큰 가치를 창출하도록 투자가 지닌 힘을 재정의하려 한다. 나는 이들을 지켜보면서 부를 바라보는 방식이 근본적으로 바뀌었고, 인생의 후반부를 다시 생각하게 되었다.

임팩트 투자는 부가 단지 은행 계좌 잔고에 그치지 않으며 대차대

조표에는 잡히지 않는, 가족과 친구, 직장과 공동체, 그리고 궁극적으로 우리가 살아가는 지구와 맺는 관계까지 아우른다는 발상에 기반한다는 점에서 강력한 힘을 지니고 있다. 이는 현대의 자산관리 개념으로 발전했으며, 다음 장에서 다룰 미래의 투자 방식으로 이어진다.

<table>
<tr><td>정
리</td><td>

현재 임팩트 투자는 주로 부의 피라미드에서 상위층에 국한되어 있다. 초고액 자산가들은 임팩트 투자 포트폴리오를 발굴하고 심사할 역량을 갖추고 있기 때문이다.

자산관리 업계는 다양한 투자자가 참여하도록 더 매력적인 투자 기회를 마련하려고 노력하고 있다. 연구 결과에 따르면, 양질의 임팩트 투자 금융 솔루션에 대한 잠재적 수요가 크다는 사실을 확인할 수 있다. UBS는 사회와 환경에 영향을 끼치는 임팩트 투자를 더 많은 고객에게 제공하고자 상당한 노력을 기울이고 있다. UBS의 종양학 임팩트 펀드가 대표적인 예다.

임팩트 투자 포트폴리오로 나아가는 여정에 관심이 있는 독자를 위해 우리가 수행하는 몇 가지 일을 소개하고자 한다.

[부채] 보통 미국 국채 형태로 발행되는 정부 부채는 많은 균형 투자 포트폴리오의 핵심 축을 이룬다. 그러나 전통적인 정부 부채 대신 다자개발은행(MDB)이 발행하는 채권을 편입하는 포트폴리오도 있다. 세계은행(World Bank)을 비롯해 아시아개발은행(Asia Development Bank), 유럽부흥개발은행 같은 다자간 기관은 모두 MDB에 해당하며, 이들의 임무는 일반적으로 개발도상국의 사회·경제 발전을 지원하고 빈곤 퇴치와 번영 확대 같은 목표를 우선순위로 삼는다. 방식은 다양하다. 베트남에서 전기 자동차와 스

</td></tr>
</table>

규칙 7

쿠터 생산에 필요한 자금을 지원하거나[50] 경제적으로 낙후된 조지아에 동서 유럽을 잇는 물류 통로 역할을 할 고속도로를 건설하는 것이다.[51] 이러한 채권에 투자하는 것은 정부가 매수하는 자산을 직접 매수하는 것과 다름없다.

MDB 채권은 더 안전하면서도 더 높은 수익률을 제공하므로 여러 면에서 미국 국채보다 매력적이다.[52] 세계은행 채권은 G7을 포함한 189개 회원국이 보증하며 신용등급이 AAA다. 이와 대조적으로 미국 국채는 2011년에 AA+ 등급으로 하향 조정되었다. 다만 다자간 은행 채권시장은 미국 국채만큼 유동적이지 않다는 점을 고려해야 한다. MDB 채권의 수익률이 살짝 더 높은 이유가 바로 여기에 있다. 그러나 이 시장은 여전히 투자가 열려 있고 회사채 시장에 필적하는 규모다. 개인 투자자들은 FTSE 세계투자등급 미국 달러 다자개발은행채권 상한 지수(World Broad Investment—Grade USD Multilateral Development Bank Bond Capped Index)[53]를 통해 패시브 투자를 하거나, 솔라액티브 UBS 글로벌 MDBB 미국 달러 25퍼센트 발행사 상한 지수(Solactive UBS Global MDBB USD 25 Percent Issuer Capped Index)[54]를 추종하는 ETF(네 가지 통화로 출시됨)에 투자하여 자산을 배분할 수 있다.

어떤 포트폴리오에서는 전통적인 회사채 대신 녹색채권이 활용된다. 녹색채권은 일반적인 회사채와 구조는 같지만 수익금이 특정 기후 또는 환경 관련 프로젝트에 지정된 채권이다. 예를 들어, 전 세계 공장에 태양광 패널을 설치하여 에너지 비용을 낮추려는 전사적 프로젝트에 활용될 수 있다. 현재 녹색채권, 사회적 채권, 지속가능성 채권(통칭 GSSS 채권)의 발행 규모는 총 4조 7000억 달러에 이른다.[55] 시장에는 이미 다양한 녹색채권 펀드가 있다. 물론 UBS에서도 자체 심사 과정을 거쳐 고객에게 관련 펀드를 추천한다.

[주식] 상장 시장에서 거래되는 임팩트 투자 금융 상품이 점차 늘고 있으며, 미국은 물론이고 세계 각국의 개인 투자자가 투자할 수 있다. 이와 같은 공모 펀드는 최소 투자액과 합리적인 수수료, 높은 유동성을 내세운다. 더 나아가 투자 대상 기업의 경영진과 적극적으로 소통하여 재무 성과 개선과 밀접하게 연관된 영역에서 사회 및 환경 개선을 촉구하고 이로써 긍정적인 변화를 이끌어내고 있다.

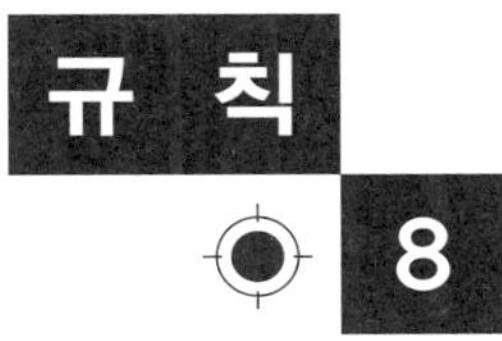

규칙 8

The
New Rules
of
Investing

자산관리의
미래와
함께하라

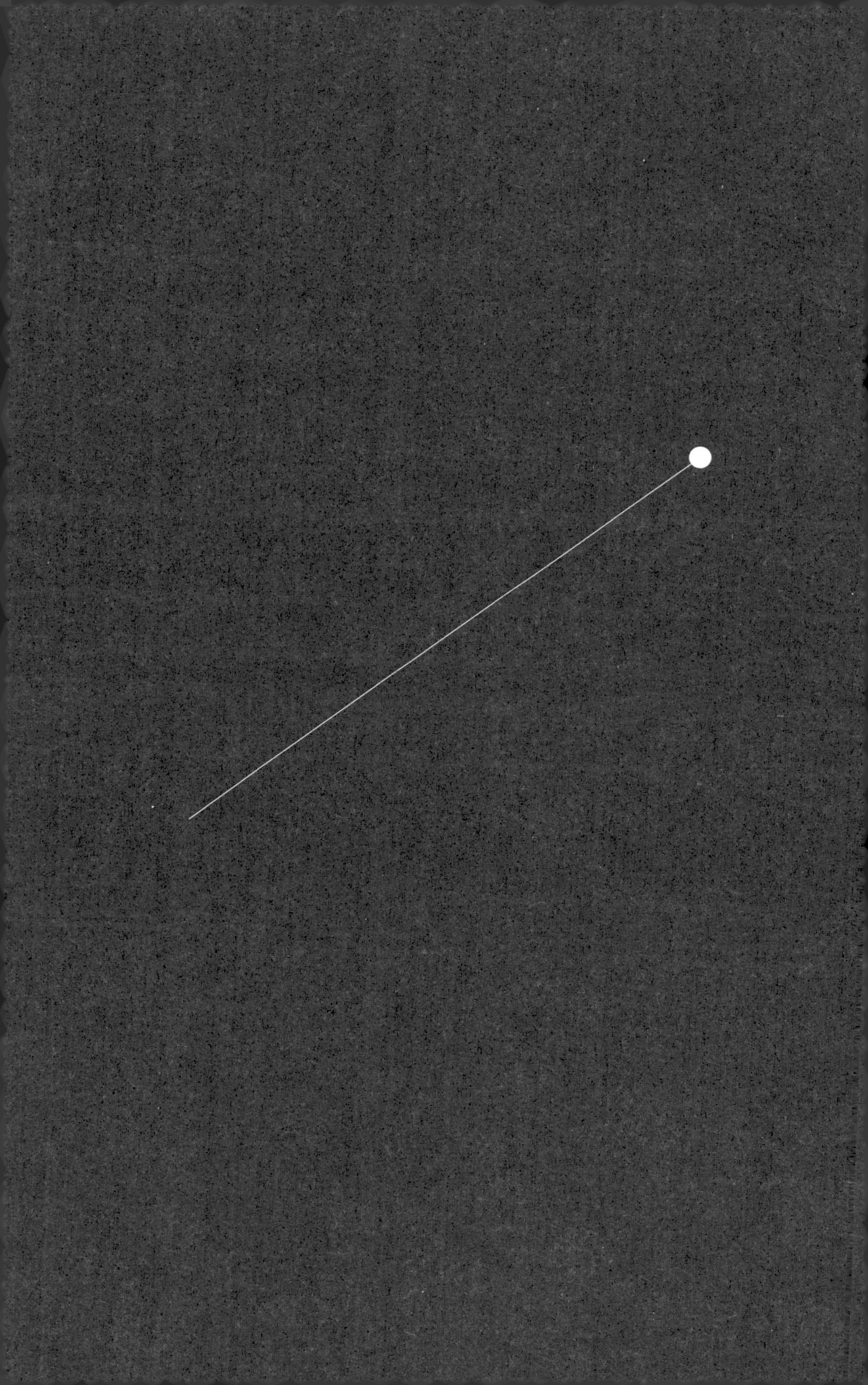

21세기 중반에 사람들은 어떤 식으로 투자하게 될까?

폴린 쉬(Pol-Lin Hsu)는 혁신적인 차세대 인공심장을 개발하는 사업가다.[1] 그의 사업은 인구 고령화라는 메가트렌드와 맞닿아 있고, 이러한 접근 방식은 다른 투자자들에게도 임팩트 투자 사고방식을 확산시키고 있다.

그는 말한다. "당신이 쓰는 돈 한 푼은 곧 당신이 살고 싶은 세상에 던지는 한 표와 같습니다. 투자는 자원의 재분배와 같습니다. 돈은 돈일 뿐, 그 자체로는 아무 의미도 없지만, 당신이 앞으로 일어나길 바라는 일에 돈을 투자한다면 세상은 그 방향으로 나아갈 것입니다. 지금 저희 투자자들과 제가 바로 그런 일을 하고 있다고 믿습니다."

임팩트 투자의 매력과 위력을 간결하게 요약한 이 발언에서 임팩트 투자가 미래에 금융 서비스 산업의 주류로 편입될 가능성이 큰 이유를 엿볼 수 있다.

최근 몇 년 동안 인류를 위협한 전염병과 전쟁, 기근, 죽음 같은 재앙은 그동안 인류가 UN의 2030 지속가능발전 목표를 향해 앞으로 나아가며 쌓아 올린 성과를 둔화시키거나 이전 수준으로 되돌려놓았다.

하지만 우리 고객들은 포기하지 않는다. 그들은 최전선에서 이 책이 다룬 투자 테마를 발판 삼아 한 단계 더 나아가 일과 투자로써 사회와 지구에 실질적이고 긍정적인 영향을 미칠 방법을 찾아낸다. 나는 단지 그러한 영향력 때문에 그들의 이야기에서 영감을 받은 것이 아니다. 그들이 투자할 때 재무적 보상뿐만 아니라 정신적 보람을 얻는 비법을 알아냈다는 점이 주목할 만하다.

그들은 단순한 투자를 넘어 부를 관리하고 있다. 내가 투자 여정을 처음 시작했을 때와 달리, 그들은 종목을 고르고 주가의 급등락을 하루하루 좇으며 아드레날린에 취해 사는 투자 중독자가 아니다. 그보다는 뚜렷한 목적과 열정을 품고 장기 투자한다. 나는 독자들도 그들의 이야기에서 영감을 얻어 같은 방향으로 부의 여정을 이끌어가길 바란다.

이 장에서는 세계 각지에서 부를 창출한 다섯 명의 이야기를 소개하려 한다. 이들은 모두 각자의 방식으로 미래를 향해 나아가고 있다. 이미 바닥부터 시작해서 사업을 펼치고 재구성한다는 점에서 사실상 임팩트 기업가라 할 수 있다.

이들은 현시대를 관통하는 중요한 주제를 다루고, 정부와 함께 투자하고, 자본 증식 기술에 더 큰 목적을 불어넣고, 21세기의 요구에 맞춰 기존의 사업 방식을 바꾸며 그 과정에서 수익까지 창출한다.

내면 탐구

오스트리아 빈에서 석유·가스 엔지니어로 일한 UBS 고객 파플레 마티예비크(Pavle Matijevic)는 일을 너무도 사랑했지만 많이 지쳐 있었다.[2] 그는 수십 년 동안 지하 저류층 관리 분야에서 쌓은 전문 지식을 바탕으로 수익성이 높은 전통적인 석유·가스 컨설팅 사업을 일궈왔다. 그러나 예순을 앞둔 시점에 그동안 마음속에 품고 있던 신념이 고개를 들었고 더는 과거의 방식을 고수하고 싶지 않았다. 2020년 맥킨지 보고서가 결정적 계기가 되었다. 보고서에 따르면, 석유·가스 섹터는 전세계 온실가스 배출량의 42퍼센트를 직간접적으로 차지한다.[3] 그는 이러한 현실을 마주하며 자신의 사업 방식을 근본적으로 바꿔야겠다고 느꼈다.

마티예비크는 어린 시절부터 몸담아온 에너지 산업을 새롭게 구상하기 시작했다. 그는 열세 살 때 처음으로 리비아 현장에서 땀 흘려 일하며 석유·가스 산업과 인연을 맺었다. 그의 꿈은 석유·가스 산업을 탄소 배출 제로를 실현하는 고효율 모델로 전환하는 동시에 이 신흥 섹터가 직면한 가장 풀기 어려운 과제 중 하나인 에너지 저장 문제를 해결하여 녹색 에너지 미래를 앞당기는 것이었다.

"우크라이나 분쟁을 계기로, 순제로(net-zero) 탄소 배출을 향한 의지와 녹색 에너지 전환이 에너지 안보 개선과 관련이 있다는 사실이 드러났습니다." 마티예비크가 말한다. "지정학적 위험과 불확실성 때문에 소수의 해외 에너지 공급업체에 의존하는 방식은 이제 유효하지 않죠."

그는 탁월한 재능을 발휘하여 시스템을 고안해냈다. 그가 설립한 PM 루카스(PM Lucas)의 혁신적인 여정은 업계에서 환경 피해가 발생하는 지점이 정확히 시추 과정인지, 저류층 내부인지, 아니면 석유와 가스가 처리 시설로 이동할 때 거치는 지상 파이프라인인지 파악하려는 시도에서 출발했다.

PM 루카스는 분자 단위로 탄소를 추적하는 집계 시스템을 발명했다. 마티예비크와 그의 팀이 이 시스템을 활용하여 정교한 저류층, 플랜트, 위성 모니터링 관측 데이터 등을 분석하고 기술적 시뮬레이션 결과를 실시간으로 확인한 결과, 산업 전체가 일으키는 환경 피해의 36퍼센트만 가스 연소와 시추 작업에서 비롯된 것으로 밝혀졌다.[4]

전체 환경 피해의 64퍼센트는 탄소 배출이 아니라 지상 파이프와 플랜트의 밸브와 분리 장치 결함으로 새어 나온 메탄가스가 원인이었다.[5] 마티예비크가 회고했다. "정말 충격적이었어요. 이전에는 얼마나 심각한 상황이었는지 전혀 알지 못했죠."

그는 이 분자 단위 데이터를 바탕으로 지멘스(Siemens), SAP, 아마존 웹 서비스(Amazon Web Services)의 신기술과 서비스를 활용하여 화석 연료를 원천 단계에서 탄소 중립적으로 추출하는 동시에 석유와 가스가 최종 고객에게 도달하는 기나긴 과정에서 발생하는 심각한 환경 피해를 차단할 방안을 고안했다. 그가 만든 완전 통합형 첨단 시스템은 유해 배출을 모니터링하고 보고하는 데 그치지 않고, 검증과 저감 절차를 과정에 포함한다.

마티예비크가 제시한 순제로 비전은 다음과 같다. 누수가 발생하는 노후화된 배관과 밸브를 디지털화 설비로 교체하여 현재 대기로 새어

나가는 메탄을 효율적으로 모니터링하고 유출을 방지하는 것이다. 전통적인 플레어링 기법(대기로 새어 나가는 잉여 가스를 연소시켜 저류층을 불안정하게 만드는 압력을 줄이는 19세기 방식)은 유전에서 압력을 높이는 가스를 포집하여 지상으로 끌어올린 뒤 이를 공개 시장에서 판매하는 방식으로 대체된다.

한편 상부와 하부 작업 시 발생하는 이산화탄소 배출량은 지하 저류층으로 다시 주입되어 오늘날 유해한 대기 효과를 중화하고 궁극적으로 녹색 메탄을 생성하는 생물학적·화학적 반응을 촉진한다. 이렇게 생산된 녹색 메탄을 미래에 판매하면 수익을 낼 수 있을 것이다.

2018년 마티예비크는 독일의 지멘스와 손잡고 새로운 프로젝트에 돌입했다. 지멘스 역시 자사의 대규모 사업을 지속 가능한 모범 사례로 만들려는 의지를 보였다. 지멘스가 보유한 프로그램 개발자 2만여 명과 산업 역량은 마티예비크가 구상한 완전 통합 시스템을 확장하는 데 도움이 되었고, 같은 해에 두 기업은 카자흐스탄에서 석유·가스 시설을 함께 운영하며 문제를 겪고 있는 영국의 독립 생산업체와 협업하기 시작했다. 마티예비크는 과거 카자흐스탄 현장에서 수년 동안 일하며 문제 해결사로 명성을 쌓았다.

이 영국 회사는 빚더미에 올라 효율적인 관리가 절실한 상황이었다. 마티예비크는 자체 개발한 시스템을 활용해 순제로에 도달하면 생산업체가 100퍼센트 효율을 달성한다고 강조한다. 즉 석유나 가스가 낭비되거나 대기로 누출되는 일이 없고, 이는 잘 관리되는 모든 에너지 기업이 추구해야 할 목표가 되어야 한다는 것이다.

이러한 관리는 모든 정부에서 에너지 안보 전략의 초석이 되어야 한다.

마티예비크는 현재 석유·가스 산업의 최대 효율이 70퍼센트이며, 나머지 생산량은 추출·수송·정제 과정에서 불필요하게 손실되는 것으로 추정한다. 러시아·우크라이나 전쟁에서 얻을 수 있는 한 가지 교훈은, 어떤 국가도 석유와 가스 공급의 30퍼센트를 무분별하게 대기로 누출되는 것을 가만히 두고 볼 수만은 없다는 점이다. 즉 순제로에 도달하겠다는 목표와 에너지 안보는 이제 떼려야 뗄 수 없는 관계가 되었다는 뜻이다.

PM 루카스는 카자흐스탄 사업장에서 각각의 밸브와 파이프의 실시간 데이터를 수집했고, 그 결과 석유와 가스 분자가 어느 지점에서 새고 있는지 알아낼 수 있었다. 원시 데이터는 플랜트 현장에서 확인되었고 위성 이미지로 재검증되었다. 마티예비크에 따르면, 그가 개발한 시뮬레이터 예측기는 예상대로 작동했고, 영국 생산업체가 사업장에서 새어 나가던 모든 메탄가스를 포집하여 판매했다면 재정적으로 어려움을 겪지 않았을 것임이 곧 명백해졌다.

마티예비크는 이 같은 개념 증명 결과에 힘입어 에너지 기업들의 완전한 구조조정과 자본 재편의 필요성을 주장했다. 그래야만 기업들이 2050년까지 탄소 배출량의 순제로 목표를 달성하고 초효율 기업으로 거듭날 수 있기 때문이다.

이는 결코 작은 목표가 아니다. IEA는 이러한 에너지 산업 전환에 투입되는 투자가 최근 몇 년 동안 연간 2조 달러에서 2030년까지 연간 5조 달러로 늘어나야 하며, 이후 2050년에는 약간 감소한 연간 4조 5000억 달러에 이를 것으로 예상하고 있다.[6]

이와 같은 급진적인 산업 전환에는 적지 않은 비용이 든다. 하지만 현상 유지 비용도 만만치 않다. 화석 연료가 지속적으로 초래하는 환경 피해에 따른 비용은 차치하더라도 러시아·우크라이나 전쟁으로 EU는 전쟁 초기 수개월 동안 에너지 비용으로 1조 달러를 추가로 부담해야 했다.

마티예비크는 석유 및 가스 산업의 기술 주도형 순제로 전환이 에너지 기업과 관련 투자자들에게 상당한 수익을 가져다줄 것이라고 확신한다. 현재 대기로 새어 나가는 석유와 가스의 30퍼센트를 포집하여 판매하기만 해도 수조 달러 규모 추가 수익을 창출할 수 있기 때문이다. 마티예비크의 계산에 따르면, 노후된 파이프 밸브를 최신 장비로 교체하는 등 3~4년만 투자하면 업계에서 발생하는 유해 배출량의 80퍼센트까지 줄일 수 있다. "솔직히 더 많은 석유를 찾아 나설 필요가 없어요. 석유를 더 효율적으로 생산하고 사용하기만 하면 됩니다."

그가 바라는 대로 에너지 산업이 화석 연료 공정을 재설계하는 데 자원을 쓸 것인지, 아니면 그 자본을 곧장 청정에너지 전환에 투입할 것인지는 지켜보면 알게 될 것이다. 세상은 끊임없이 변하고 있다. 앞서 언급했듯이 AI의 등장은 전력 수요를 폭발적으로 끌어올리고 있으며, 그 수요는 아마도 화석 연료의 집행 유예 기간을 연장할 가능성이 크다. 화석 연료 산업은 전 세계 메탄가스 누출을 모니터링하려고 실제로 인공위성을 발사하여 이러한 시장 압력에 대응해왔다. 마티예비크는 이것이 앞으로 업계가 나아가야 할 방향이라고 강조한다.[7]

그러나 마티예비크는 또 다른 사업 전략을 대비책으로 세워놓았다. 그는 새로운 시스템을 계속 구상했고, 지하 저류층에 관한 깊은 지식을 활용하여 녹색 에너지 전환을 가로막는 중대한 난제를 해결하려 했다. 그것은 바로 배터리 또는 저장 문제였다.

러시아·우크라이나 전쟁이 발발하자 EU는 녹색 에너지 인프라에 대대적으로 투자를 집행했다. 2022년 EU 에너지 수요의 23퍼센트가 재생에너지 형태로 공급되었으며, 유럽위원회(European Commission)는 45퍼센트로 끌어올리겠다는 목표를 세우고 2030년 목표치를 42.5퍼센트로 법에 명시했다.[8] 마티예비크는 가까운 미래에 대부분의 기본적인 에너지 수요를 재생에너지만으로 충족할 수 있을 것으로 예상한다. 다만 태양광 에너지는 여름에 넘치도록 생산되고 풍력에너지는 폭풍이 몰아치는 시기에 주로 생산된다는 점에서 심각한 운영상 문제가 발생한다고 지적한다. 현재로서는 잉여 에너지를 한동안 저장해 두었다가 가장 절실한 겨울철에 활용할 방법이 전무한 상황이다.

업계 소식통인 하이언더(HyUnder)와 루나우(Ruhnau), 큐비스트(Qvist)에 따르면, 향후 수십 년 동안 독일에서 생산되는 잉여 재생에너지가 56~75테라와트시에 이를 것으로 추정된다.[9] 2021년 맥킨지 보고서에 따르면 이러한 저장 설비 구축은 투자자들에게 매우 매력적인 시장이 될 것이다.[10]

물론 대체 에너지 병목현상을 해결하려고 산업용 대형 저장 배터리를 구축하려면 전 세계적으로 공급이 제한된 리튬과 기타 광물을 어마어마한 규모로 채굴해야 하므로 환경친화적이지도 않고, 비용 측면에서 저렴하거나 합리적인 해법도 아니며, 지정학적 위험 측면에서도 용인되기 어렵다.

마티예비크는 그 대신 자신이 개발한 분자 추적 기술 서비스로 모니터링하고 보호하는 통합 시스템을 구상하고 있다. 이 시스템은 잉여 태양에너지와 풍력에너지를 청정수소와 암모니아 연료로 효율적으로 변환하는 것에서 출발한다. 최근 기술 혁신이 이뤄진 덕분에 이 모든 것이 가능해졌다. 이렇게 생산된 연료는 안전하게 운반되어 지하 석유·가스 저류층에 저장되고, 에너지 수요가 집중되는 겨울철에 다시 전력망에 공급될 수 있다.

마티예비크는 지하 석유·가스 저류층을 지구의 천연 배터리로 바라보라고 말한다. 암석에 단단히 고정되어 수백만 년 동안 액체나 기체 형태로 에너지를 안전하게 저장하는 시스템이라는 것이다. 그는 현대 기술을 활용하여 지구의 천연 저장 시스템을 녹색 에너지 혁명에 맞게 이용하면 된다고 제안한다.

그의 아이디어는 분명히 설득력이 있다. 오스트리아 정부가 설립한 전기·천연가스 시장 감독 기관인 E-콘트롤(E-Control)의 추산에 따르면, 오스트리아의 지하 저류층 용량은 95.5테라와트시이며 이웃 국가 독일의 전력 잉여분을 감당하고도 남는 규모다. 이를 활용한다면 배터리 생산 과정에서 발생하는 환경 피해도 줄일 수 있다. 마티예비크는 이렇게 주장한다. "인류는 에너지가 아닌 저장 문제에 직면해 있습니다."

마티예비크가 저류층 관리 분야에서 수행한 혁신적인 연구는 최근 한 컨소시엄이 불가리아에서 대규모 에너지 계약을 수주하는 데 핵심 역할을 했다. 이 프로젝트의 목적은 파이프라인과 저류층 네트워크를 구축하여 불가리아가 의존하는 러시아산 석유와 가스에서 벗어나, 그리스를 경유하는 파이프라인을 통해 들어오는 중동산 에너지로 공급원을 대체하는 것이다. 이후 마티예비크는 석유·가스 관련 모든 고객사를 별도 회사로 분리했고, 현재 PM 루카스는 대체 에너지 프로젝트에만 전념하고 있다.

마티예비크의 여정은 그동안 이 책에서 논한 거시적 부의 창출에 관한 모든 주제를 미시적 수준에서 생생하게 다루고 있다. 그는 업계를 상대로 피켓을 들고 항의하는 시위가 아니라, 에너지 섹터 내부에서 변화를 일으키는 길을 택했다. 결국 그는 엄청난 개인적 만족을 얻었고, 우리가 사는 이 세상에 실질적인 도움을 주었으며, 아마도 상당한 돈을 벌게 될 것이다.

마티예비크는 다자기구와 정부, 소비자가 에너지 산업이 나아가야할 방향, 즉 재생 가능한 미래 에너지를 거부하지 않고 정확히 읽어내어 20세기형 사업 구조를 21세기에 맞게 새롭게 구상했다.

그는 정부 개입과 에너지 산업이 점차 맞물려 들어가는 영역에 과감하게 대규모로 투자한다면 회사가 다시 도약할 가능성이 있다고 판단했다. 그러나 그와 동시에 정부 규제에 의존하는 것만으로는 회사의 미래를 보장할 수 없다는 사실도 깨달았다. 그는 회사가 앞으로 나아갈 길을 찾도록 상상력을 펼치고 현대 기술을 활용하여 돌파구를 모색해야 했으며, 시대를 형성하는 장기적인 흐름에 시간과 역량을 쏟아부었다.

마지막으로 마티예비크는 스스로 내면을 깊이 파고들어 자신의 목적을 고민한 끝에 회사의 사업 구조를 새롭게 구상했다. 그는 재무적으로나 정서적으로나 가치를 창출할 수 있는 새로운 21세기형 방식을 찾아야 했다.

베풀고 얻는 수익

검은색 뿔테 안경을 쓴 예순 살의 인도인 파이잘 코티콜론(Faizal Kottikollon)[11]이 두바이 아트 클럽의 뒤편에 앉아 있었다. 멀리서 바라보면 그는 컨설팅 회사에서 흔히 볼 수 있는 온화한 회계사처럼 보였지만, 가까이에서 보니 전혀 다른 분위기를 풍겼다. 왠지 모를 여유가 느껴졌고, 바닷가에서 웅덩이를 탐험하는 어린아이처럼 밝고 명랑한 얼굴과 초롱초롱하게 반짝이는 눈빛이 인상적이었다.

나는 오랜 기간 자산관리 업계에서 일하면서 이른바 실현된 부를 단번에 알아보는 능력이 생겼고, 코티콜론과 마주하자마자 나만의 '부 탐지 레이더'가 요란하게 울리기 시작했다. 여기저기서 포착된 몇 가지 흥미로운 단서도 식사하고 있는 그가 평범한 공산품 제조업자가 아니라는 사실을 은연중에 드러냈다. "저는 목적 없이 사업을 시작하지 않아요." 그가 낮은 목소리로 말을 꺼냈다. "항상 '어떻게 하면 우리의 환경을 개선할 수 있을까?'를 고민하죠."

코티콜론은 인도 남부 케랄라주에 자리한 도시 칼리컷의 한 무슬림 가정에서 태어나 기독교 선교 학교에서 교육을 받았다. 그의 아버지는 하층민 출신에 쌀을 파는 장사꾼이었지만 훗날 지역 사회에서 존경받는 사업가로 자리 잡았다. 코티콜론은 집안에서 유독 반항심을 품은 둘째 아들이었고 늘 정해진 길에 의문을 품었다. 그는 결국 1989년에 인도를 떠나 미국 브래들리대학교(Bradley University)에서 두 번째 공학 학위를 받았다.

그는 훗날 인생의 이상적인 동반자가 될 샤바나와 부부의 연을 맺었다. 부부는 결혼 후 이제 막 개발이 시작된 두바이에 정착했고, 그곳에서 목표를 실현할 수 있겠다고 여겼다. 이후 20년 동안 코티콜론은 연달아 창업에 나섰다. 2011년 그는 수직 계열화된 밸브 제조 기업 에미레이트 테크노 캐스팅(Emirates Techno Casting)을 매각하여 생애 처음으로 4억 달러를 손에 쥐게 되었다. 코티콜론과 샤바나는 자금을 회수한 후 투자 관리를 위해 KEF 홀딩스(KEF Holdings)를 설립하는 동시에 세상에 '환원'할 방법으로 가족 재단도 세웠다.

코티콜론은 이 돈으로 무엇을 할지 끊임없이 고민했다.

단순히 돈 자체를 목적으로 돈을 버는 방식은 이제 의미가 없었다. 코티콜론은 자신의 부와 삶의 목적을 끊임없이 자문하다가 마침내 샤바나와 함께 새로운 여정을 시작했다. 그들은 이제 부의 여정에서 다른 유형의 가치를 창출하려는 단계에 이르렀고, 모국인 인도로 돌아가 막대한 교육 수요를 살펴보게 되었다.

인도 전역의 공립학교들은 심각하게 낙후된 상태였다. 학교 건물은 곳곳에 금이 가고 물이 샜으며, 운동장은 황량했고, 파리 떼가 들끓는 화장실은 역겨울 정도였다. "문제는 교사도, 교과 과정도 아니었어요. 교육 인프라가 낙후되어 무너져 내리는 심각한 문제가 있었죠." 코티콜론이 말했다.

코티콜론과 샤바나는 아이들이 없는 여름 방학 두 달간 황폐한 공립학교를 재건하겠다는 사명을 품고, 간편한 조립식 공법을 적용하여 120년 된 학교 건물을 탈바꿈시켰다. 이 경험은 966개 공립학교를 대상으로 하는 대규모 리모델링 프로그램으로 이어져 KEF 홀딩스에 엄청난 성공을 안겨주었다. 2014년 약 16만 8595제곱미터 부지에 설립

　　　　　　　　　　　　　　　　　　　　　　　　규칙 8

된 KEF 인프라(KEF Infra)는 세계 최대 규모의 통합 조립식 건축 제조 업체로 빠르게 성장했다.

KEF 인프라 공장은 고도의 자동화와 로봇 기반 운영으로 사옥과 구내식당, 암 센터 등을 건설하는 단계에 이르렀다. 코티콜론은 KEF 인프라를 설립한 지 4년 만인 2018년에 일본 소프트뱅크(SoftBank)가 소유한 미국의 해외 건설 기업 카테라(Katerra)에 회사를 매각했다. 매각 금액은 공개되지 않았다. 이 합병으로 당시 매출이 37억 달러에 이르는 새로운 기업이 탄생했다.

요컨대 코티콜론은 세상에 환원하고 교육과 관련된 중대한 정부 차원의 문제를 해결하려는 과정에서 또다시 막대한 부를 얻었다.

아트 클럽 웨이터가 다음 코스 요리를 가져와 테이블에 차리는 동안 나는 잠시 생각을 정리했다. KEF 홀딩스의 철학인 '긍정적 영향을 위한 혁신과 파괴'가 보여주듯, 코티콜론은 확실히 경직된 산업을 뒤엎을 수 있는 혁신적인 리더였다. 그는 대표적인 산업 자본가였다. 하지만 나는 그가 험난한 글로벌 시장에서 다른 사람들이 간과하는 기회를 포착하고 실행할 능력이 있음을 알 수 있었지만, 그 이면에 뭔가 더 숨겨진 요소가 있다는 느낌을 지울 수 없었다. 예컨대 나는 파이잘 코티콜론에게서 밝은 기운을 느꼈지만 스트레스를 받는 흔적을 좀처럼 찾을 수 없었다.

"파이잘, 실례를 무릅쓰고 여쭤볼게요. 중요한 게 빠진 것 같아요. 당신에게는 뭔가 특별한 다른 게 느껴집니다. 그게 도대체 뭔가요?" 내가 물었다.

그는 멋쩍게 웃으며 말했다. "저는 해 뜨기 전 새벽 4시 반에 일어나 매일 한 시간 반에서 두 시간 정도 요가와 명상을 해요. 지금처럼 은행가들을 만나 저녁 식사를 하는 일은 좀처럼 없죠. 매일 밤 9시 반이나 10시에 잠자리에 들고요. 그래야 요가를 할 수 있으니까요."

무슬림 가정에서 태어나 기독교 교육을 받은 코티콜론은 지난 30년 동안 고대 인도 힌두 사상의 영적 철학인 베단타(Vedanta)를 실천해왔다. 그는 영적 수행과 신체 단련에 몰두하고, 매년 아내와 함께 현대 사회의 디지털 소음에서 벗어나려고 베단타 아쉬람에 들어가 수행한다. 이러한 삶의 방식은 지금까지 코티콜론이 대담한 사업을 일궈내는 큰 원동력이 되었다.

코로나19 팬데믹이 덮치면서 전 세계 경제가 강제로 움츠러들던 시기, 코티콜론과 그의 가족은 아랍에미리트 자택에 스파 시설을 마련해둔 덕분에 정신적으로 안정을 찾을 수 있었다. 코티콜론과 직원들은 14년 동안 그를 담당해온 전속 마사지사 모하메드와 함께 코로나19 팬데믹을 계기로 인도 전통 의학인 아유르베다와 터키식 사우나 함만을 결합한 마사지와 스크럽, 세안 같은 심신 치유 방법을 고안해냈다. 그는 자신이 만든 온열 침대에 누워 이러한 서비스를 받으며 하루를 마무리했다. "마음이 순수해야 건강하고 행복한 삶을 누릴 수 있어요." 그가 말했다. "오늘날 사람들이 겪는 대부분의 문제는 어수선한 마음이 일으키는 혼란에서 비롯된답니다. 그러니 혼란을 일으키는 요인을 제거해야죠."

그는 그렇게 심신에 주목한 후 상상력을 발휘하여 툴라(Tulah)를 설립했다. 툴라는 '균형'을 의미한다. 툴라는 코티콜론이 아라비아해가 내려다보이는 인도 남부의 케랄라주에 조성한 1억 달러 규모의 건강

　　　　　　　　　

센터인데, 그곳에 서식하는 새들로 가득한 정글의 매력까지 만끽할 수 있다. 이 현대적인 복합 단지는 20세기 중반 건축 양식을 21세기 감각으로 재해석했으며, 세련된 돔 구조와 수로, 고대 바빌론을 연상시키는 아름다운 공중정원이 주변 자연 경관과 조화를 이루고 있다. 코티콜론이 직접 운영하는 조립식 건물 생산업체가 툴라 건설을 맡았고, 약 11만 9000제곱미터 부지에 완전히 지속 가능한 생태계를 조성하려고 모든 세부 사항을 세심하게 고려하여 설계했다.

툴라는 2025년 2월에 정식으로 문을 열었다. 툴라는 독창적인 아유르베다 함만 마사지 침대 등의 글로벌 특허를 출원했으며, 환자의 다양한 신체·정신·심리 상태를 종합적으로 추적하는 툴라 라이프 인덱스(Tulah Life Index) 지표를 모니터링할 디지털 플랫폼을 정교하게 다듬고 있다.

툴라에서는 보기보다 훨씬 많은 일이 진행되고 있다. 툴라는 전 세계 건강 산업의 판도를 뒤흔들려는 원대한 계획의 일부다. 코티콜론은 툴라가 건강과 존재 방식을 완전히 재해석하는 데 목적이 있다고 믿는다. 툴라는 코티콜론과 의료진, 영적 조언자들로 구성된 팀이 세심하게 건강을 관리하는 과정에서 정신과 육체 간 연결고리가 진지하게 재해석되는 최적의 중심지 역할을 할 것이다.

툴라는 5000년 역사를 자랑하는 인도의 아유르베다 의학 체계에 기반한 마사지와 허브 오일 치료법 등 오감을 활용하는 최상의 고대 치유 기법과 엄격한 데이터 기반의 21세기형 서양 의학과 과학을 결합할 것이다.

이는 한 부자의 무모한 도전이 아니다. 세밀하게 기획된 21세기형 글로벌 비즈니스가 형성되는 과정을 보여준다. 툴라는 그가 구상한 최고의 건강·웰빙 아이디어를 발전시키고 시험할 맞춤형 고급 서비스이며, 이후 보급형 서비스를 선보일 예정이다. 코티콜론은 집으로 돌아가는 고객이 주기적으로 재충전할 수 있도록 전 세계에 소규모 툴라 센터를 설립할 계획이다. 다시 말해 코티콜론은 툴라가 궁극적으로 평온한 마음과 막대한 부를 창출하는 고급 글로벌 건강 브랜드로 자리매김하는 미래를 그린다. 첫 번째 툴라 센터는 2025년 두바이에 문을 열었고, 계획이 모두 순조롭게 진행된다면 이어서 유럽에 센터를 열 것이다.

"툴라는 제가 열정을 쏟아부은 프로젝트예요." 코티콜론이 말했다. "툴라를 통해 오늘날 의료 서비스가 제공되는 방식을 획기적으로 바꿀 거예요. 우리는 이제 내면을 들여다봐야 해요. 세상은 심각한 위기에 처해 있죠. 툴라의 목적은 세상을 다른 관점에서 새롭게 구상하는 겁니다."

코티콜론은 거시적 차원에서 이 시대의 주요 문제를 해결하고자 자신의 부를 투입하고 있다. 그는 교육과 의료 서비스 분야에 정부와 함께 투자하고 있으며, 디지털화와 인구 고령화, 기후 변화 등 중요한 메가트렌드를 다루고 있다. 하지만 미시적 차원에서는 포트폴리오가 아니라 자신의 부를 관리하고 있다.

누구나 코티콜론처럼 행동할 수 있다. 목표하던 성공을 달성하고 부를 창출하는 데 도움이 되는 일과 삶의 습관을 기르고 실천한 후, 그 성공을 다른 이와 나누고 사회에 환원하여 큰 기쁨을 얻고, 궁극적으로 다른 사람들이 각자의 삶을 추구하도록 힘을 보태보자.

더 나은 건설 산업 구축

"건설 산업은 변하지 않은 유일한 섹터입니다." 쉰 살인 스페인 부동산 개발업자 파블로 카스트로 사에즈(Pablo Castro Saez)가 냉소적으로 말했다.[12] "인류는 여전히 300년 전과 똑같이 손으로, 장인의 방식으로 건물을 짓습니다. 자동차 산업이 이룬 놀라운 발전을 보세요. 물류 산업은 어떤가요? 10년 전과는 전혀 다릅니다. 식품과 농업은 얼마나 변했죠? 이제 건설 섹터를 보세요. 그동안 나아진 거라고는 아마도 자재의 품질뿐, 그 외에는 아무것도 달라지지 않았습니다. 오늘날 건설 현장은 200년 전과 사실상 똑같죠."

사에즈는 이 모든 관행을 뒤집을 생각이다. "돈 문제를 잠시 제쳐두더라도 제가 아끼는 건설 섹터를 산업화하는 것이 제게는 커다란 꿈입니다."

한때 스페인에서 최대 규모 부동산 개발업자였던 사에즈는 자신의 회사가 만들어낸 비용 효율적인 산업화 과정을 활용해 지속 가능한 조립식 주택을 생산하겠다는 꿈을 실현하는 단계에 거의 다다르고 있다.

사에즈의 설명에 따르면, 대다수 조립식 주택 모듈은 지나치게 단조롭고 획일적이다. 목재로 만든 골조는 크레인이 들어 올리면 금세 흔들리고 제자리를 벗어나기 일쑤다. 이와 반대로 콘크리트를 부어 만든 골조는 비효율적이고 지속가능성과 거리가 멀다.

사에즈가 바르셀로나에 설립한 부동산 그룹은 독자적인 시스템을 개발했다. 주택 골조의 90퍼센트를 재활용 철강으로 만들어 대량 생산한 후 이를 퍼즐 조각처럼 조립하는 시스템이다. 이른바 '샌드위치' 방식 벽 패널은 단열재와 압축된 재활용 자재로 만들어진다. 고도로 자동화된 사에즈의 생산 공정은 탄소 배출이 순제로인 공장에서 진행되며, 조립식 주택 모듈을 건설 현장으로 운송할 때 발생하는 이산화탄소 배출량을 줄이도록 전기 트럭이 투입된다.

말하자면 스페인의 부동산 재벌 사에즈는 건설 시스템의 모든 단계를 지속 가능한 형태로 만드는 노력을 기울였다. 그의 공장은 에너지를 자급자족할 수 있고 생산 과정에서 물을 사용하지 않는다. 물은 점점 귀한 자원이 되고 있지만, 전통적인 건설 업계에서는 물을 무분별하게 낭비해왔다.

사에즈의 설계 시스템은 대단히 유연하다. 그의 컴퓨터 소프트웨어는 단 한 평도 허투루 쓰이지 않도록 토지의 기본 형태에 맞춰 개발 면적을 즉시 재구성한다. 주택 설계와 자재(외장재 등)를 지역별 건축 기준에 따라 쉽게 맞춤 설정할 수 있다.

사에즈는 바르셀로나에 있는 약 3000제곱미터 부지에 조립식 건물 프로토타입을 설계하고 건축했는데, 이후 규모의 경제를 이용하여 제조 원가를 낮출 필요가 있음을 깨달았다. "개념 증명은 다 마쳤습니다." 사에즈가 말했다. "그 건물은 지방정부의 검증을 거쳤고 저희 시스템은 잘 작동했죠. 문제는 가격이었습니다. 전통적인 건축 방식보다 25퍼센트나 더 비쌌거든요."

사에즈는 회사가 나아갈 다음 단계를 100여 년 전 헨리 포드(Henry Ford)가 대량 생산 체제를 도입한 시점에 비유한다. 포드는 대량 생산으로 모델 T의 제조 원가를 1909년 850달러에서 1924년 260달러로 낮췄다.[13] 2021년 말, 매년 아파트 40만 채를 신규 건설하겠다는 공약을 내건 중도좌파 성향의 독일 총리 올라프 숄츠(Olaf Scholz)가 집권하자, 사에즈는 주택 건설 시장에도 자동차 생산 설비와 비슷한 방식을 개발할 기회가 왔다고 판단했다.

그는 독일 정부의 사회 환경 정책이 일으킬 흐름을 잘 탄다면 자신의 부와 사업이 목표한 궤도에 더 빠르게 안착할 것이라고 확신했다. 이는 돈을 추구하는 것이 세상의 작동 방식을 이해하는 매우 강력한 기준점이 되는 이유를 잘 보여준다. 결국 우리 같은 투자자나 사에즈, 코티콜론, 마티예비크 같은 기업가나 부를 창출하려는 모든 사람은 돈을 추구한다.

그러나 사에즈는 독일에 적절한 인맥이 없었다. 그때 그는 고객 네트워크를 갖춘 UBS에 도움을 청했다. UBS는 사에즈를 독일의 유력한 대지 소유주에게 소개했고, 두 사람은 베를린을 시작으로 여러 도시에 합리적인 가격대로 지속 가능한 아파트를 연간 3000채씩 공급할 계획을 세웠다. 그러나 첫 번째 프로젝트의 착공을 앞둔 시점에 러시아가 우크라이나를 침공하면서 독일 정부의 지출 우선순위가 전혀 다른 방향으로 전환되었고, 해당 건축 프로젝트는 결국 보류되고 말았다.

사에즈는 곧장 미국으로 방향을 틀었다. UBS는 독일 외에도 마이애미에 투자 물건을 소개했고, 사에즈는 2019년부터 미국에 투자해왔다. 그는 간소화된 승인 절차를 거쳐 대규모 저가 주택 개발을 신속하게 추진하도록 허용하는 새로운 지방 법규에서 사업 기회를 포착했다.

사에즈의 미국 법인 휴허브(HueHub)는 최종 인허가를 받아 마이애미데이드의 노스코리더에서 4032세대 규모 아파트 단지 공사를 2026년에 착수할 예정이다. 현지 언론은 웨스트 리틀 리버에 약 4만 8600제곱미터 부지를 개발하는 사에즈의 프로젝트를 남부 플로리다에서 이뤄지는 최대 규모의 개발 사업으로 평가했다. 이 프로젝트는 올림픽 규격 수영장부터 팟캐스트 스튜디오까지 갖춘 '도시 안의 도시'와 자족형 생활권을 지향한다.[14] 이 아파트 단지는 태양광 패널, 스마트 온도조절 장치, 저탄소 배출 유리 패널을 비롯한 다양한 설비를 사용해 저비용으로 지속 가능한 모델을 구현하려 한다.

이는 '적정 주거' 프로젝트의 일환이며, 유럽 공장에서 생산한 지속 가능한 저비용 조립식 건축 패널을 미국으로 운송한 후 현지 공급업체와 장인들이 시공과 마감을 담당한다. 사에즈의 휴허브 아파트는 이러한 혼합 방식으로 건설되며 마이애미데이드의 경찰, 교사, 학생 등에게 양질의 주거 공간을 제공하는 것을 목표로 한다. 스튜디오, 방 1개, 방 2개짜리 임대 주택의 임대료는 월 1200~1800달러 수준으로 책정될 예정이다. 사에즈는 앞으로 10년 동안 이러한 중저가 아파트 4만 세대 건설을 계획하고 있다.

사에즈는 대규모 프로젝트가 제공하는 규모의 경제 덕분에 조립식 아파트를 전통적 건설 방식보다 20퍼센트 더 저렴하게 공급하고, 갈수록 치솟는 플로리다의 보험료 상승에 따른 비용 부담을 해소할 수 있는 유리한 위치에 올라설 수 있다고 말한다. 게다가 일반적으로 아파트 3000세대를 짓는 데 보통 5~6년이 걸리지만, 조립식 시스템을 활용하면 1년이면 충분히 지을 수 있다. 이렇게 건축 기간이 단축되면

사에즈와 사업 파트너에게는 또 다른 숨은 경제적 이익을 가져다준다.

"건설 섹터에서는 부패가 많이 일어납니다." 사에즈가 말한다. "공사가 길어지면 협박을 당하기도 하고, 가격을 '흥정'해야 할 수도 있죠." 사에즈의 조립식 생산 시스템과 사업 모델에서는 공사 과정에서 예기치 않은 변수가 불쑥 나타나더라도 가격을 재조정할 여지가 거의 없다. 그는 이런 방식으로 한 걸음씩 나아가며 자원과 에너지 효율성을 고려한 새로운 21세기형 주택 건설 방식을 찾아내고 있다. 그는 현실 세계에서 인구 구조와 탈탄소화 문제 해결을 돕는 전문가 네트워크의 일원이다.

공병 회수 산업화

태국의 특수 화학 전문 기업 인도라마 벤처스(Indorama Ventures)의 전무이사이자 그룹 부회장인 수치트라 로히아(Suchitra Lohia)는 올해 예순 살이 되었다.[15] 그는 임팩트 기업가라는 새로운 세대에 속하는 인물로서 CEO인 남편 알로크 로히아(Aloke Lohia)와 성인 자녀 셋과 함께 사업을 이끌고 있다.

수치트라는 UN이 제시한 17가지 지속가능발전 목표에 대해 흥미로운 견해를 갖고 있다. 그의 주장은 이렇다. "아마도 UN의 지속가능발전 목표는 비현실적일지 모르지만 우리를 올바른 길로 인도합니다. 우리 인류가 풍요롭게 누려온 지구를 살리고 싶은 사람이 많습니다. UN의 목표는 이제 사업하는 방식을 재해석할 때임을 일깨워주죠. 많은 기업이 억지로 떠밀린 형식이기는 하지만 지속가능성을 추구하려고 노력하고 있습니다. 이제 모두가 가능한 한 피해를 최소화하려 애를 쓰죠.”

상장 기업인 인도라마 벤처스가 플라스틱병 생산에 사용되는 원료를 만든다는 점을 고려하면 이는 매우 놀라운 발언이라 할 수 있다. 많은 환경 운동가에게 플라스틱병은 현대 문명의 가장 큰 골칫거리이자 완전한 산업적 폐해로 취급된다. 2023년 매출 160억 달러를 달성한 세계적 화학 기업인 인도라마 벤처스는 “더 나은 세상을 만들고자 화학을 재구상”하는 것을 기업의 목적으로 명시했다.[16]

흔히 페트(PET)로 불리는 폴리에틸렌 테레프탈레이트(Polyethylene terephthalate)는 투명하고 단단하면서 가벼운 플라스틱이다. 그러나 다른 일회용 플라스틱과 달리 페트는 100퍼센트 재활용할 수 있으며, 미국음료협회(American Beverage Association)의 말을 빌리면 “재생산을 전제로 생산된(made to be remade)” 소재다.[17] 비교적 순수 상태인 페트병을 모아 녹여 플레이크나 펠릿(플레이크는 플라스틱을 분쇄해 잘게 부순 형태, 펠릿은 플레이크를 녹이고 길게 뽑아 작은 알갱이로 만든 형태—옮긴이)으로 가공한 다음, 이를 다시 병 제조 공정에 활용할 수 있다. 일반적으로 새 병의 5~20퍼센트는 이와 같은 재활용 원료로 만들고, 나머지는 재활용되지 않은 신규 PET 소재[버진(virgin) 페트]로 만든다. 재활용된 페트는 카펫이나 자동차 생산에 활용되기도 하며, 인도라마 벤처스는 이러한 재활용 제품 분야를 선도하는 세계적 기업이다.

이 기업의 임팩트 투자 여정은 2011년으로 거슬러 올라간다. 그해 인도라마 벤처스는 웰먼 인터내셔널(Wellman International)의 유럽 자산을 인수했다. 웰먼은 연간 16억 개에 이르는 폐플라스틱병을 재활용하고 폴리에스터 스테이플 섬유 제품과 재활용 페트 플레이크를 제조하는 선두 업체였다. 인도라마 벤처스는 웰먼을 인수한 뒤 세계 최대 재활용 기업으로 도약했다.

이는 UN의 지속가능발전 목표와 전혀 상관없이 순전히 기업의 사업적 판단에 따른 결과였다.

당시 로히아 일가는 인도라마 벤처스를 수직 계열화하여 코카콜라(CocaCola), 펩시(Pepsi), 다논(Danone) 같은 음료업체와 병입업체 등 고객사를 위한 재활용 플레이크부터 신규 페트 제품 생산까지 페트의 전 공정을 확보하고자 했다. 수치트라는 이렇게 회고한다. "언젠가는 모든 것이 재활용되어야 하기에 기업 내부에서 직접 재활용 처리를 관리해야 한다는 비전을 세웠습니다."

UN이 지속가능발전 목표를 제시한 후 인도라마 벤처스가 추구한 선구적인 사업 목표는 사회적으로나 환경적으로나 필수 과제로 자리매김했다. 예컨대 EU 집행위원회는 2025년까지 페트병을 생산할 때 적어도 25퍼센트는 재활용 소재를 사용하고, 2030년까지는 이를 30퍼센트까지 끌어올리도록 의무화했다. (나는 정치인들이 이러한 수치와 시한을 산정할 때 과학자들에게 제대로 자문을 받았는지, 아니면 단순히 비율을 정해놓고 서명만 했는지 의문이 들 때가 많다.) 수치트라가 말하길, "남편의 새로운 꿈은 더는 길바닥에 페트병이 버려지지 않는 것이며, 모든 병을 다시 회수한다는 목표는 병입 업계가 내건 원대한 구상이다."

순환 경제(재활용의 또 다른 이름이자 21세기의 주요 투자 테마 중 하나)에서 리더로 우뚝 서는 것은 말처럼 쉬운 일이 아니다. "기술은 큰 문제가 아닙니다." 수치트라가 설명했다. "기술적인 운영은 간단합니다. 문제는 수거입니다. 전 세계에서 공통으로 병 수거에 필요한 인프라가 부족합니다."

개발도상국에서 재활용은 가난한 이들의 생계 수단이다. 이들은 쓰레기 매립지를 샅샅이 뒤져 가치가 있는 것이라면 무엇이든 수거한다. 세계은행에 따르면, 태국의 전체 고형 폐기물 중 89퍼센트가 재활용되고,[18] 이론상으로 인도라마 벤처스는 이러한 신흥 경제에서 중고 페트병을 비교적 저렴하게 구매할 수 있다. 하지만 수치트라의 지적대로, 쓰레기를 수거하는 사람들의 교육 수준과 재활용 업계의 전반적인 위생 상태가 아직 골칫거리로 남아 있다.

"전 세계가 이제 일반폐기물에서 플라스틱, 알루미늄, 병을 분리배출하려고 노력하죠. 이는 많은 교육이 필요한 일이라서 저희는 특히 태국과 인도네시아에서 재활용 글로벌 교육 프로그램을 진행하고 있습니다."

인도라마 벤처스는 태국에서 500개 학교를 대상으로 교육 프로그램을 운영한다. "저희는 플라스틱병이 귀한 자원이므로 쓰레기처럼 취급해서는 안 된다는 사실을 미래 세대에게 가르치고 싶습니다. 페트는 평범한 플라스틱이 아닙니다. 우리 일상의 일부이며 삶을 편리하게 해주는, 대체할 수 없는 소재잖아요. 그냥 막 버리면 안 됩니다. 학교에서 이 이야기를 듣고 공감한 아이들이 집으로 돌아가 부모에게 알려줍니다."

한편 선진국에서는 값비싼 재활용 산업화가 체계적으로 이뤄지고 있다. 지방자치단체나 민간에서 운영하는 재활용 쓰레기 수거 트럭이

골목골목을 다니며 분리배출된 재활용 쓰레기를 수거해 간다. 수치트라의 설명에 따르면, 이러한 재활용 수거 시스템은 일반적으로 물류상의 한계로 실패한다. 미국만 보더라도 수거 지점이 병 제조업체와 너무 멀리 떨어져 있어서 실질적인 가치를 창출하기 어렵고, 독립적으로 운영되는 재활용 공장은 규모의 경제를 충분히 확보하지 못해 경쟁력이 약하다. 이러한 이유로 재활용 페트 제품은 보통 버진 페트 제품보다 50퍼센트가량 더 비싸다.

그가 제안한 해결책은 이렇다. 인도라마 벤처스 같은 페트 공급업체와 병입업체가 페트 재활용 공장에서 가까운 곳에 자체 수거 거점을 구축한다면 공급망 전체에서 이익을 확보하고 재활용 비용을 상쇄할 수 있다. 인도라마 벤처스는 이 같은 전면적인 인프라 대전환의 중심에 서겠다는 의지를 보였다. 2030년까지 물리적 재활용에 15억 달러를 추가로 투자하기로 했다. 2025년까지 매년 500억 병을 재활용하겠다는 목표를 세웠으며, 최근에는 인도와 나이지리아에 새로운 재활용 공장 건설 계획을 세우고 2030년까지 1000억 병을 재활용하겠다는 목표도 밝혔다.

소비자의 역할도 중요하다. 수치트라에 따르면, 새로 생산된 병은 재활용 페트로 만들 수 있지만 100퍼센트 재활용 소재로 만든 병은 불투명하거나 회색을 띤다. 이는 최근까지 생수를 구매하는 소비자에게 기피 요인으로 작용했다. 그러나 인도라마 벤처스는 이제 전 세계의 똑똑한 소비자들이 '어쩔 수 없이' 변화한 기업들처럼 대의를 위해 초기의 거부감을 극복할 것이라고 믿는다.

피지 워터(Fiji Water)를 비롯해 여러 브랜드가 2025년까지 미국 시장에서 100퍼센트 재활용 페트로 만든 병을 쓰겠다고 자신 있게 선언한 것도 바로 이러한 이유다.[19] 다시 말해 민간 부문에서 이뤄낸 성과는 이미 EU 집행위원회와 캘리포니아주가 제시한 목표치(2032년까지 플라스틱의 65퍼센트를 재활용해야 한다는 규정)를 훌쩍 뛰어넘는다.

실제로 로히아 일가는 EU의 지속가능발전 목표를 달성하고자 페트 재활용 외에도 다양한 일을 추진한다. 2030년까지 고품질 재활용과 바이오매스 원료 사업에 추가로 70억 달러를 투자하겠다고 약속한 것이다. 이로써 화장품과 세제 원료로 쓰이는 계면활성제 제품까지 점차 친환경 소재로 만들고자 한다. 인도라마 벤처스는 이를 위해 밀라노에 설립한 새 벤처 캐피털 법인을 통해 전 세계를 대상으로 재활용과 바이오 기반 원료 분야에서 상용화할 수 있는 기술과 프로젝트를 발굴하고 있다.

한편 수치트라는 딸과 함께 패밀리 오피스(family office, 초고액 자산가 또는 부유한 가문이 자산을 체계적으로 관리하려고 운영하는 전담 조직 – 옮긴이)를 통해 볼타 서클(Volta Circle)을 설립했다. 이 펀드는 지속 가능한 식품 시스템, 기업의 환경 영향을 줄일 수 있는 기술, 의료와 교육에 접근성을 높이는 도구에 투자한다.

이는 쉽지 않은 길이다. 좋은 시기든 어려운 시기든 선택과 집중이 필요하다. 인도라마 벤처스는 2023년 여러 거시적 요인이 한꺼번에 회사를 덮치면서 혹독한 한 해를 보냈다. 이에 로히아 일가는 단호하게 대응해야 했다. 2024년 3월, 수치트라의 남편은 우선 비핵심 자산을 매각하고 부채 수준을 낮춰 수익성을 회복하겠다고 발표했다. 하지만 이처럼 힘든 시기에도 지속가능성에 대한 의지는 흔들리지 않았다. 오히려 그 반대였다. 로히아 일가는 목표치를 더 높였다. 예컨대 인도라마 벤처스는 '지속가능성과 혁신을 활용'하기만 한다면 새로운 효율성 강화 전략으로 매년 3억 5000만 달러 가치를 추가로 창출할 수 있다고 전망했다.

"기업가이자 투자자로서 저희는 임팩트와 수익의 균형을 맞춰야 한다고 믿습니다. 그것이 우리 가족이 믿는 방향이자 기업의 경영 철학입니다. 따라서 '수익성 있는 임팩트'라는 개념을 임직원 2만 6000명의 마음속에 스며들게 하는 방법을 찾는 것이 저희의 과제입니다. 직원들이 보고 읽을 수 있는 자료에 그치지 않고, 회사의 DNA로 새겨지기를 원합니다. 그러려면 끊임없이 노력해야 하죠."

나는 이처럼 시장과 정부의 관계에서 종종 간과되는 진실을 보여주는 이야기에 끌린다. 정부의 지시와 복잡한 규제는 민간 부문에서 기업가의 혁신을 저해하고, 강경한 통제는 기업 운영을 극도로 어렵게 만들 수도 있다. 그러나 때로는 정부의 개입이 산업 수준을 긍정적으로 끌어올리기도 한다. 20세기 초 미국의 육류 가공 산업이 그러했고, 현재 석유 화학 섹터에서도 비슷한 일이 일어나는 것으로 보인다.

정부의 페트 관련 지침은 석유 화학 기업가들에게 21세기에 적합한 새로운 사업 방식을 찾도록 유도하고 있다. 그러나 그러한 자극만으로 거대한 플라스틱 바다에 가라앉는 인류를 정말 구할 수 있을까?

솔직히 알 수 없다. 그러나 적어도 정부의 보조금과 지침이 민간 부문의 독창성을 자극하고 자본을 촉발하여 인류의 실존적 문제를 해결하는 동력으로 작용할 것이며, 그것이 앞으로 인류가 나아갈 방향의 궤적을 바꾸는 데 필요한 수조 달러를 모을 유일한 방법일 것이다.

이는 곧 우리가 고객의 사례에서 예상할 수 있는 21세기의 풍경이자 투자자에게 보상을 안겨줄 가능성이 큰 미래 지향적인 기업들의 모습이다. 이들이 정부를 따라 매수하고 이 시대의 거대한 투자 테마를 정확히 포착하고 있기 때문이다.

단순한 일화를 넘어

어떤 사람들은 내가 '새로운 규칙'이라는 개념을 강화하려고 기업가들의 사례 연구를 입맛에 맞게 선별하여 언급했을 뿐, 실제 비즈니스의 세계는 그렇게 돌아가지 않는다고 주장할지도 모른다. 그러나 나는 그러한 주장에 동의하지 않는다. 비슷한 고객 사례만으로 책 한 권은 거뜬히 채울 수 있다.

예컨대 인도네시아 최대 건축 자재 공급업체를 살펴보자. 이 업체를 설립한 기업가는 아들의 미래에 대한 걱정, 신앙에 따라 죄를 짓지 않겠다는 생각으로 출발하여 기존의 PVC 제품을 지속 가능한 재활용 소재로 체계적으로 바꾸고 있다.

디지털 도구를 활용하여 전 세계에 흩어져 있는 소규모 독립 커피 재배 농가를 하나의 거대한 네트워크로 묶어낸 커피 트레이더도 있다. 그는 이들의 커피 품질과 수확량을 높이는 동시에 이들이 공급자로서 집단 협상력을 발휘하여 런던과 뉴욕 소매 시장에서 더 큰 이윤을 남기도록 지원한다.

한때 가톨릭 신문 편집자로 일했던 인물이 금융 홍보 회사를 재편하여 목적 지향적 고객에게 전념하는 커뮤니케이션 전문 회사로 탈바꿈시킨 사례도 있다.

닐슨(Nielsen), 〈월스트리트 저널(Wall Street Journal)〉, 에델만(Edelman), 액센츄어, 〈포브스(Forbes)〉, 〈하버드 비즈니스 리뷰(Harvard Business Review, HBR)〉, IBM, 전미소매연맹(National Retail Federation), 〈포천(Fortune)〉, 딜로이트(Deloitte) 등 여러 기관과 언론사가 미국에서 실시한 설문조사와 기업 연구를 자세히 살펴보면 임팩트 기업가 정신이 부상하고 있음을 알 수 있다.[20] 이 시대의 중대한 문제를 긍정적으로 해결하려는 기업을 지지하는 소비자의 강한 열망이 핵심 동력으로 작용한 것이다.

대표적인 연구로 2015년 〈HBR〉의 설문조사 '목적을 위한 비즈니스 사례(The Business Case for Purpose)'[21]를 꼽을 수 있다. 이 연구는 목적 지향적 기업이 다른 기업에 비해 더 높은 수익성을 보인다는 사실을 보여준다.

이 설문조사에서 CEO와 기업은 세 집단으로 나뉜다. 목적을 '최우선'으로 삼는 집단, 목적을 실현하려고 노력하지만 성과가 엇갈리는 '개발자' 집단, 기업의 목적을 잘 이해하지 못하거나 깊이 고려하지 않는 '후발 주자' 집단이 있다. 〈HBR〉의 조사에 따르면 목적을 우선시하는 기업의 58퍼센트가 지난 3년 동안 10퍼센트 이상 매출 성장률을 기록했다. 그런 반면에 개발자 집단은 25퍼센트, 후발 주자 집단은 15퍼센트에 불과했다.

요컨대 앞에서 살펴본 임팩트 기업가의 트렌드는 단편적인 사례가 아니라 중요한 비즈니스 흐름의 일부다. 물론 일직선으로 움직이는 트렌드는 없다. 성장은 상승 궤도에 있다고 해도 간헐적으로 불규칙하게 전개된다. 기업들이 긍정적인 영향을 추구하는 방향으로 빠르게 재편된 후, 특히 미국에서는 최근 몇 년 동안 ESG 목표를 달성하려는 기업의 참여에 반발하는 움직임이 일어나고 있다.[22]

많은 임팩트 투자자는 이를 긍정적인 현상으로 여긴다. 이들은 이러한 반발이 지속가능성을 마케팅 수단으로만 활용하려는 기업의 '그린워싱(greenwashing)' 활동을 드러내는 계기가 될 것으로 본다. 진정으로 목적을 달성하고 영향을 미치는 데 전념하는 기업만 시장에 남게된다면 소비자는 더 나은 선택을 할 수 있게 된다는 논리다. 하지만 어찌 보면 이는 본질적인 문제가 아니다. 철학적 관점에서 좋든 나쁘든 간에, 나는 성공을 거둔 전 세계 고객과 이야기를 나누면서 이 책에서 살펴본 임팩트 중심 혁신(에너지 섹터, 건설 산업, 석유 화학 사업, 헬스케어 사업의 재구상)이 거스를 수 없는 대세이며, 결코 가볍게 넘길 수 없는 현상이라고 확신하게 되었다. 이러한 혁신은 오늘날 소비자와 정부의 수요를 더 잘 충족하는 제품을 만들어내며, 그 과정에서 일부 거대 산업의 수익성과 지속가능성을 모두 탈바꿈할 기회가 열리고 있다.

이와 같은 이야기가 여전히 영감을 주는 이유는 내적 동기에 이끌려 일과 투자, 가치관, 열정을 효과적으로 결합하는 사람이 여전히 소수이기 때문이다. 그러나 다음 세대 투자자들은 단순히 그 결과를 지켜보는 것만으로는 만족하지 않을 게 분명하다. 그들 역시 비슷하게 영감을 받고 영향력을 의미 있게 발휘하고 싶어 한다. 비록 그러한 미래에 이르는 길이 늘 평탄한 건 아닐지라도 말이다.

주로 미국에 기반을 두고 운용 자산 규모가 1100만 달러에서 160억 달러에 이르는 65개 가족 재단(전체 자산 규모는 총 890억 달러에 달한다)을 대상으로 진행한 최신 연구에 따르면, 이들 중 92퍼센트가 글로벌 임팩트 투자 네트워크(Global Impact Investing Network)와 MIE(Mission Investors Exchange, 사회 및 환경 문제 해결에 힘쓰는 비영리 네트워크로, 250여 개 재단 및 자선 단체로 구성되어 있다. – 옮긴이) 같은 단체에서 활발하게 활동하는 것으로 나타났다. 그러나 그중 실제로 임팩트 투자에 적극적으로 참여한 재단은 단 5퍼센트에 불과했다.[23]

어째서 이러한 단절이 일어난 걸까? 이번 설문조사를 후원한 제프 스콜(Jeff Skoll)의 캐프리콘 인베스트먼트 그룹(Capricorn Investment Group)과 브리지스팬 소셜 임팩트(Bridgespan Social Impact)는 투자를 망설이는 이유를 '초심자의 딜레마'에서 찾았다. 재단들이 어디서부터 시작해야 할지 막막해하면서 임팩트 투자가 지나치게 제한된 틈새 영역이라고 여긴다는 것이다. 임팩트 투자 전략을 추구하면 수익이 줄어들지도 모른다고 우려하기도 한다. 이는 매우 합리적 반응이다. 재단들이 투자 수익이 낮아질 가능성을 걱정하지 않아도 된다면 재단에서 추구하는 자선 활동과 유사한 목표를 달성하는 영역에 투자하지 않을 이유가 없을 것이다.

재단들은 UBS 최고투자부서가 처음에 경험했던 확장성 문제를 겪으며 회의적인 태도를 보이고 있다. 하지만 이들은 이제 본격적으로 투자에 나서야 한다. 파괴적 혁신의 5D 중 하나인 인구 구조 변화가 곧 엄습할 것이기 때문이다.

변화를 원하는 상속자들

그동안 전 세계 억만장자 고객에게 조언하고 자산을 관리하는 과정에서 알게 된 사실이 하나 있다. 임팩트 투자 교육이 시작되었지만 여전히 망설이는 이들이 아주 많다는 점이다. 캐프리콘과 브리지스팬의 연구가 이러한 현실을 뒷받침한다. 하지만 그 이면을 깊이 들여다보면 전혀 다른 그림이 드러난다. 이 새로운 투자 방식을 주도하는 건 현재 재단을 이끄는 의사결정자들이 아니다.

향후 20~30년 동안 의사결정을 맡게 될 다음 세대 가족 구성원이 변화를 주도하고 있다. 이들은 임팩트 투자를 아우르는 방향으로 포트폴리오 운용 방식을 발전시키려 한다.

고객들에게서 나타나는 세대 간 차이는 연구 데이터로도 드러난다. 이를테면 지구 온난화를 떠올려보자. 갤럽에서 2018년까지 3년 동안 무작위 표본으로 추출한 성인 4103명을 대상으로 환경 문제에 관한 세대별 인식 격차를 조사했는데, 미국인 대다수가 기후 변화와 지구 온난화를 우려하는 것으로 나타났다. 55세 이상 응답자의 56퍼센트는 "지구 온난화를 매우 혹은 꽤 많이 걱정하고 있다"라고 답했다. 그런데 연령대가 낮을수록 불안은 커졌다. 18~34세 응답자의 70퍼센트가 "기후 변화와 지구 온난화를 대단히 우려한다"라고 답했다.[24]

이러한 시장 데이터가 금융시장에 미칠 파장과 우리가 직접 관찰한 고객의 반응을 종합하면 결론은 자명하다. 21세기 중반으로 접어들수록 밀레니얼 세대와 Z세대가 점차 전면에 나서게 되면 거대한 환경 문제와 존재의 우려가 금융시장에 본격적으로 부상하고 금융 상품에 통합될 가능성이 높다.

이 새로운 세대가 전면에 나설 때 임팩트 투자는 소수의 금융 엘리트 투자자가 선호하는 틈새 투자 방식에서 대중을 위한 '일반적인' 투자 방식으로 바뀔 것이다. 이는 시장이 작동하는 기본 법칙이다. 수요가 늘어나면 금융 상품이 많아지고 더 많은 투자 선택지가 생겨난다.

자본의 흐름을 따라 임팩트 투자의 미래상을 교차 점검해보자. 이를 위해 5억 달러 이상의 투자 자산을 보유한 가문이 자산을 효율적으로 관리하려고 패밀리 오피스를 설립한 사례를 살펴보자. 이 고객군에 초점을 맞추는 데는 이유가 있다. 자산관리 업계에서 패밀리 오피스는 최신 금융 상품과 아이디어를 시험하는 선도적 역할을 하기 때문이다.

초고액 자산가를 상대로 구상한 성공적인 새로운 투자 아이디어나 상품은 부의 피라미드를 타고 아래로 내려가 점차 대중에게 확산되어 소매금융 상품으로 탄생한다. 예컨대 비상장 주식과 대체투자는 원래 패밀리 오피스와 부유층만 접근할 수 있는 영역이었다.[25] 그러나 지금은 비상장 시장에 투자하는 뮤추얼 펀드나 ETF로 대중에게도 투자 기회가 열려 있다.[26]

패밀리 오피스의 임팩트 투자 방식

의미를 찾아서

애틀랜타 출신인 로라와 리사는 화학 업계에서 막대한 부를 일궈낸 억만장자 가문의 후손이다. 두 자매는 50대 중반에 가문의 재산을 상속받았고, 패밀리 오피스를 통해 뜻을 함께했다. 이들은 남부 지역에서 어려움을 겪는 지역 사회를 지원하고 기후 변화 문제를 해결하여 세상에 긍정적인 영향을 끼치고자 한다. 두 사람은 이러한 사회적 목표를 달성하는 일에 자선 활동을 넘어 임팩트 투자를 적극 활용하고 있다.

로라와 리사는 경제적으로 취약한 남부 지역의 저가 주택, 지역 개발, 교육 프로젝트에 자금을 지원하는 지방채에 가문의 자산 중 일부를 투자하고 있다. 남부 지역에 집중된 포트폴리오의 균형을 맞추고자 자산을 전 세계에 분산해 투자하고 있는데, 이 역시 현재 인류가 직면한 거대한 환경 문제와 사회 문제를 해결하려는 산업에 대한 투자로 구성된다.

두 자매는 주로 패시브 투자와 액티브 상장 주식 투자를 한다. 한 예로, 상장 주식 투자는 기후 관련 테마와 포용적 사업(inclusive business) 분야에 집중한다. 여기에서 포용적 사업 투자는 여성이 사회적으로 소외된 지역에서 활동하는 여성 경영 기업에 투자하는 것을 말한다.

마찬가지로 기후 변화와 사회적 영향 같은 주제(성별 문제와 주거 비용 문제 등)는 비상장 시장에서 로라와 리사의 자산 배분을 이끄는 원동력이 된다. 비상장 시장에서는 자본이 장기간 묶이지만, 두 자매가 올리는 수익은 한 자릿수 후반에서 두 자릿수 초반에 이른다.

"이를테면 저희는 기후 변화와 관련해 온실가스 감축 목표치를 정해놓지는 않습니다." 로라와 리사의 자산관리를 맡은 자문가는 말한다. "두 사람의 요구 사항은 아주 명확합니다. '이 해법이 어떤 식으로든 문제를 구체적으로 해결할 것인가? 자산운용사가 그 영향력을 의

미 있는 방식으로 측정하고 있는가?'죠."

세대 간 부의 이전

인도네시아의 알림스 가문은 여러 세대를 거치며 부동산과 산업 제국을 일구고 억만장자 반열에 올라섰다. 50대 후반에서 60대 초반에 진입한 3세대가 임팩트 투자로 전환을 주도하고 있다. 이들은 자선 활동과 임팩트 투자에 집중하는 패밀리 오피스를 설립했다.

이들은 자녀들, 즉 4세대가 수익자인 신탁을 설정했고 신탁 자산 전액을 임팩트 투자에 할당했다. 전통적 자산 운용에서 임팩트 투자로 전환하는 과정은 수년에 걸쳐 서서히 신중하게 체계적으로 진행된다.

알림스 가문은 주로 기후 변화와 신흥시장, 개발도상국을 대상으로 하는 광범위한 임팩트 투자에 초점을 맞추고 있다. 이들이 구성한 임팩트 포트폴리오 투자 비율은 다음과 같다.

- 상장 주식(액티브 및 패시브 혼합) 20~40퍼센트
- 채권 10~20퍼센트
- 비상장 시장(성장 벤처에 집중) 10~20퍼센트
- 사모 신용 20~30퍼센트
- 사모 '실물 자산'(산림지, 인프라, 민간 상업용 부동산) 5~10퍼센트
- 현금은 사실상 무시해도 좋을 수준으로만 보유

알림스 가문의 투자 자문가는 임팩트 투자 산업의 현재 위치와 앞으로 나아갈 방향에 대한 통찰을 제공한다. "철학적 관점에서 보면,

1세대와 2세대는 아직 개념을 받아들이지 못한 것 같습니다. 3세대가 임팩트 투자에 관심을 두고 있지만, 아직은 전통적인 투자 형태를 따르고 있고 포트폴리오 자금이 사모 시장에 장기간 묶여 있어 임팩트 투자에 본격적으로 뛰어들 수 없는 상태입니다. 하지만 자녀들의 신탁을 100퍼센트 임팩트 투자로 설계할 수는 있죠. 바로 여기에서 사고방식의 전환이 일어납니다. 대체로 포트폴리오를 임팩트 투자로 전환하는 데 시간이 소요되는 이유도 바로 이 때문이죠."

지역 사회로 확장

다음으로 소개할 억만장자 가문은 잭슨가인데, 미국 북동부 지역의 대표 사례다. 젊은 세대가 변화를 열망하자 잭슨 가문은 최대한 환경 보호와 평등이라는 두 축을 중심으로 포트폴리오를 임팩트 투자로만 구성하기로 결정했다.

유동성 주식은 대체로 '액티브 멀티 테마' 주식으로 구성된다. 이는 이 책의 서두에 언급한 거시적 테마와 파괴적 혁신 기업뿐만 아니라 ESG 분야에서 영향력 있는 선두 기업에도 투자하는 것을 의미한다. 한편 포트폴리오의 유동성 채권 자금은 지속 가능한 임팩트 채권에 투자되며, 그 외 다자간 개발은행 채권(예컨대 세계은행이 중남미의 풍력 발전소 건설을 위해 발행하는 채권)에도 상당한 규모로 투자된다.

잭슨 가문은 주택담보대출 채권에 투자하여 저소득층과 중위 소득층 대출자를 지원하고, 소수 인종과 저소득층이 주로 사는 지역의 다가구 주택에 투자하여 주거비 안정을 꾀하려 했다. 이들은 저가 주택과 지역 재개발 프로젝트에 자금을 지원하는 과세형 지방채도 대거 매입했다.

한편 유동성이 낮은 사모 시장에서는 다양한 임팩트 성과에 초점을 맞추고 있다. 이를테면 벤처 자본과 사모 대출로 노동시장 참여 기회를 넓히고, 주거비 부담을 낮추고, '포용적인' 창업을 지원한다.

각 가문의 사례에서 공통으로 두드러지는 특징은 부를 다음 세대로 이전하는 행위 자체가 임팩트 투자로 나아가는 전환의 촉매제가 되었다는 점이다.

막대한 재산으로 변화를 이끄는 상속자들

각 가문이 임팩트 투자로 전환한 배경에는 미래 세대가 있다. 돈의 흐름을 추적하면 그 의미가 분명하게 드러난다. 연구 기관인 세룰리 어소시에이츠(Cerulli Associates)의 추산에 따르면, 향후 20년 동안 미국의 고액 및 초고액 자산가들이 후손과 지정한 자선단체에 상속하게 될 금액이 무려 84조 4000억 달러에 달한다.[27] 이러한 자금 흐름은 시장을 뒤흔들 만큼 막대한 규모이기에 거대한 부의 이전이라 불린다. 이 막대한 부의 이전은 대부분 베이비붐 세대가 축적한 자산에서 비롯되었다. 베이비붐 세대의 후계자들은 총 72조 6000억 달러를 직접 상속받을 것이고, 나머지 11조 9000억 달러는 자선단체를 통해 사회 문제와 환경 문제를 해결하는 데 투자될 것이다.[28]

이러한 세대 간 부의 이전은 전 세계적으로 전개되는데, 앞서 논한 인구 구조 때문에 예기치 못한 방향으로 흘러가고 있다. 출생률이 감소하니 부의 집중이 일어나는 것이다. 양가 조부모가 혼인한 자녀들에게 자산을 물려주고, 이들이 다시 자녀에게 자산을 물려주는 상황을 상상해보자. 여러 세대를 거쳐 축적된 자산이 결국에는 자녀 한 명에게 집중된다. 이렇게 축적된 자산이 앞서 언급한 거대 자금을 형성하고, 투자자들은 이 거대한 자금 흐름을 현명하게 따르고 있다.

갤럽 여론조사에서 나타난 18~34세 청년들이 느끼는 지구 온난화에 대한 불안은 어떤 형태로든 드러나기 마련이다. 부유한 밀레니얼 및 Z세대가 사회의 주역으로 부상할 즈음에는 목적의식을 갖고 투자하고, 자신의 포트폴리오를 활용해서 세상에 변화를 일으키려 할 것이다. 그때 상대적으로 부유하지 않은 다수의 밀레니얼 및 Z세대를 겨냥해 확장할 수 있는 임팩트 투자 상품이 시장에 본격적으로 출시될 가능성이 크다. 투자 업계는 늘 거대한 소비 트렌드를 따르며 돈을 벌어왔다.

앞서 설명한 여러 갈래의 자금 흐름은 전 세계 각지에서, 사회 각계각층에서 비롯된 불안과 우려에 따라 촉발되지만, 이 모든 흐름은 점차 바다로 향하는 커다란 강줄기처럼 결국 임팩트 투자로 수렴할 것이다. 이는 임팩트 투자 초기 단계와 중간 단계에 있는 투자자들에게 잠재적으로 커다란 호재가 될 수 있다.

물론 임팩트 투자의 미래를 뒤집을 수 있는 위험 요소도 많다. 앞서 언급했듯이 채권시장에서 활동하는 거친 승부사들은 정부 부채를 키워 정부의 재정 운용 능력을 무력화할 수 있다. 즉 시장의 향방을 좌우할 중요한 자본 흐름을 틀어막을 수 있는 것이다. 또는 제3차 세계대전이 발발하여 지출과 규제 우선순위를 완전히 바꿔놓을 수도 있다. 심지어 임팩트 투자 분야에서 전 세계적으로 새로운 자산 거품이 형성되었다가 붕괴될 수도 있다. 정부가 인위적으로 시장의 어느 한 부문을 부양했다가 그 반작용으로 나머지가 모두 벼랑 끝으로 내몰리는 순간이 앞당겨질 수도 있다.

이처럼 변곡점에 가까워질수록 현명한 투자자는 이 책에서 제시한 모든 규칙을 능동적으로 재고한 후 그 규칙들이 여전히 유효한지, 아니면 과감히 버리고 새로운 접근법을 모색할지 결정할 것이다.

그러나 당장 임팩트 투자 시장에 거품이 껴서 붕괴할 위험은 매우 적다. 그것은 먼 미래의 일일 것이다. 그사이에 수많은 형태의 새로운 부가 곳곳에서 창출될 가능성이 크다.

자본과 데이터를 추적하다 보면 21세기로 접어들수록 투자의 세계와 부의 창출이 나아가는 방향이 더욱 선명하게 드러나고 있다.

과도한 부채를 떠안고 있는 정부는 이 시대의 중대한 문제를 혼자서 해결할 수 없다. 하지만 민간 자본이 정부를 따라 매수하고 이 시대의 중요한 테마에 투자함으로써 얻게 될 금전적 이익과 사회적 편익을 점차 이해하면서 투자 비율을 늘리게 된다면, 공공과 민간의 투자 흐름이 맞물리면서 시장은 전환점에 도달하고 상당한 규모로 커질 수 있다. 실제로 UN을 비롯한 여러 기관에서 인류가 직면한 실존적 위협에 대응하는 데 필요한 금액으로 언급한 수조 달러 수준에 충분히 도달할 수도 있을 것이다.

어쩌면 독자도 이 책에서 다룬 열정적인 임팩트 투자자들과 같은 생각을 품고 있을지도 모른다. 점차 지지를 얻고 있는 이 새로운 투자 트렌드가 더 늦기 전에 인류의 자기 파괴적 습관을 조금이라도 바꾸는 작은 희망의 불씨가 되기를 바란다.

나는 CIO로서 시장에서 일어날 법하거나 일어나길 바라는 현상과 자금이 흘러가는 방향, 고객이 자산을 더 효과적으로 관리하는 데 도움이 되는 도구가 무엇인지 살피는 작업을 각각 분리해서 생각하려 한다. 내 일은 현재에 집중하는 것이다. 여기까지 읽은 독자라면, 내가 제시하는 규칙들이 성공적인 투자의 본질을 명확히 구분하는 데 목적이 있음을 이해할 것이다. 그것은 정부 개입과 같은 거시적 요인을 이해하고, 자산 배분이나 UBS 웰스 웨이처럼 오랜 검증을 거친 투자 프로세스와 전략을 익히는 것이다. 이는 흔히 투자에서 기대하는 흥분, 성취감, 열정과 같은 감정적인 요소와는 다르다. 그런데 현재 발전하고 있는 임팩트 투자 분야에서는 우리 고객이 이 모든 것을 성공적으로 결합하고 있다. 그래서 나는 이러한 변화의 흐름이 미래의 투자 방식으로 자리매김할 것이라고 본다. 무언가를 성공으로 이끄는 가장 강력한 원동력은 바로 성공 그 자체이기 때문이다.

결론적으로, 이 책에 담긴 규칙들은 오늘날의 순자산 규모와 무관하게 최고의 성과를 거둔 자산가들이 활용하는 자산관리 아이디어, 전략, 프로세스를 독자가 이해하도록 도우려고 고안된 것이다. 혹시 내가 처음 자산관리 업계에 뛰어들었을 때처럼, 당신도 개별 종목을 고를 때 느끼는 흥분과 공포가 투자의 본질이며 그것이 당신의 정체성이라고 생각하고 있진 않은가? 규칙 1~3번은 그런 당신에게 매매 버튼에서 손을 떼도 괜찮다고 말해준다. 정부가 인구 구조 변화, 탈탄소화, 디지털 전환 등 전 세계적인 문제에 대응하려고 GDP의 상당 부분을 통제하는 세상이 도래했다. 그 결과, 투자 환경이 훨씬 복잡해지고 경쟁도 치열해져서 단순히 주식 종목을 고르는 방식으로는 대응하기 어렵다.

종목 선정 대신 다른 방법을 찾고 있다면 규칙 4~6번을 참고하길 바란다.

지난 160여 년 동안 쌓인 고객 경험과 학술 연구를 토대로 실제 투자자들이 효과를 본 기법들을 설명했다.

투자의 기초를 충분히 익혔다면 규칙 7, 8번은 건전한 투자 전략을 한 단계 끌어올려 자산관리 전략으로 확장하도록 영감을 줄 것이다. 자신의 열정과 가치관을 투자와 결합하여 건전하고 성공적인 투자 방식으로 임팩트 투자를 채택하는 투자자가 점점 늘고 있다. 마지막으로 이어지는 보너스 규칙에서는 이 책에서 언급한 모든 기법을 실행하는 과정에서 중심을 잃지 않고 꾸준히 계획대로 밀고 나가는 법을 조언한다.

투자는
겸손을 배우는
과정임을
이해하라

겸손은 성공한 투자자의 자질 중에서도 가장 과소평가되기 쉽다. 시장에 치여 강제로 겸손해지고 싶지 않다면, 아주 간단한 방법으로 이 문제를 해결할 수 있다. 타인에게 자산관리를 맡기고 예기치 못한 일이 벌어졌을 때 그를 화풀이할 대상으로 삼는 것이다. 다만 시장의 매서움에 이미 단련되어 겸손을 체득한 사람에게 맡겨야 한다.

월스트리트는 과도한 자기 확신에 사로잡힌 유형의 사람, 소위 '우주의 지배자'들을 끌어들이는 업계로 유명하다. 1980년대 액션 배우 척 노리스(Chuck Norris)는 '두려움을 모르는 트레이더'라는 밈(meme, 소셜 네트워크 서비스에서 유행하는 재미있는 사진이나 그림, 동영상, 패러디물 등 ─옮긴이)의 대명사가 되었다. 월스트리트 트레이더들에게 큰 웃음을 선사한 척 노리스의 농담은 다음과 같다.[1]

- 당신이 손실을 본 모든 거래의 상대방은 척 노리스다.
- 척 노리스는 절대 잃지 않으므로 그에게 손절매 따위는 없다.
- 척 노리스는 거래할 때 매수/매도 호가를 스스로 정한다.
- 척 노리스는 절대 시장의 저항에 부딪히지 않는다. 시장이 감히 그

에게는 저항하지 않기 때문이다.

- 척 노리스가 매수한 옵션은 절대 만기일이 다가오지 않는다.

이는 우스꽝스러운 격언처럼 들리지만, 많은 투자자와 트레이더가 보이는 오만한 태도를 꼬집어 과장된 방식으로 묘사한 것이다.

자신의 능력을 겸손하게 평가하고 세상이 불러올 수 있는 위험을 경계하는 태도를 갖춘다면 인생과 재산을 모두 지킬 수 있다. 내가 그 사실을 깨닫기까지 오랜 시간이 걸렸고, 안타깝게도 개인의 삶에서 얻은 교훈을 시장에서 또다시 힘들게 경험해야 했다. 이 장에서는 오늘날 내 투자 방식을 형성한 위험한 순간과 몇 가지 고통스러웠던 일화를 공유하고자 한다. 나는 과도한 위험을 짊어지며 얻은 경험이 이 책에서 설명한 자산 배분 중심의 자산관리 전략을 발전시키고 고수하는 데 도움이 되었다고 생각한다.

겸손의 교훈

심각한 테스토스테론 중독

나는 혈기 왕성한 십 대 시절에 조지아 상공을 가르며 날아가는 비행기에 매달려본 적이 있다. 공수부대원이 되고 싶다는 뜨거운 열망이 하루아침에 자라난 건 아니었다. 내가 내린 일련의 선택은 나를 미 육군 공수학교(US Army Airborne School)로 이끌었다. 아버지는 대학 등록금을 보시더니 미 육군 예비역 장교 훈련 과정(Reserve Officer Training

Course, ROTC) 장학금을 신청해보라고 권하셨다. ROTC에 지원하면 1990년에 내가 1지망 대학으로 선택한 프린스턴대학교의 1년 등록금인 1만 5440달러 가운데 80퍼센트를 지원받을 수 있었다.[2] 그러나 어머니는 내가 ROTC를 고려한다는 사실만으로 큰 충격을 받으셨다. 혹시라도 전쟁에 나가 싸우게 될지 모른다며 절대 ROTC를 신청하지 말라고 거듭 간청하셨을 정도다. 하지만 아버지는 늘 ROTC와 예비군 시절을 좋은 추억으로 회상하시곤 했다. 적어도 내가 태어난 이후로 그때까지 미국이 '진짜' 전쟁에 휘말린 적은 없었다. 게다가 나는 입대하기 전에 1년 동안 '무료'로 이 프로그램을 체험할 수 있으니 잘못될 일이 뭐가 있겠는가?

나는 신입생 때 ROTC에서 즐거운 시간을 보냈다. 프린스턴 캠퍼스에 헬리콥터가 착륙하여 신입 생도들을 태워 저지 남부의 포트 딕스(Fort Dix)로 데려갔다. 그곳에서 우리는 기관총 모의 전투를 즐겼다. 나는 군대가 아주 마음에 들었고, 군대도 그런 나를 반겨주었다. 실제로 나는 그해 여름 미 육군 공수학교의 입교 대상자로 선발되었다. 프린스턴 ROTC 신입생 중에서도 극소수에게만 기회가 주어지는 강도 높은 훈련 과정이었다.

나는 뛸 듯이 기뻤다. 공수부대원이라는 꿈에 한 발짝 다가선 셈이었다.

1990년 여름이 끝나갈 무렵, 새 학기를 앞두고 나는 3주 동안 기초 공수 훈련 과정을 받으려고 조지아주와 앨라배마주 경계에 있는 포트 베닝[Fort Benning, 현 포트 무어(Fort Moore)]으로 향했다. 프린스턴이라는 상아탑에서 벗어나 진정한 군인으로 거듭나려면 정신적으로 전환이 필요했다. 그 시작은 내 이름과 개성을 내려놓고 헬멧에 새겨진 'C-323'에 맞춰 '찰리 323'으로 불리는 것이었다. 이 훈련 과정에서는 첫 주에 달리기, 팔굽혀펴기, 턱걸이 훈련으로 생도들을 걸러냈다. 우리는 공수부대 훈련을 수료한 자에게 주어지는 '은빛 날개' 배지를 따내려고 '하찮은 다리'를 간신히 끌며 고된 훈련을 감당해야 했다. 나는 지독한 두려움에 떨었다. 땀이 비 오듯 흘러 군복에는 소금 자국이 남았고, 하루 열 시간씩 교관들의 고함을 들어야 했다.

하지만 나는 스스로 이렇게 되뇌었다. 3주밖에 안 되잖아. 주말에는 자유 시간을 즐길 수 있으니 견디자. 3주면 뭐든 해낼 수 있는 기간이야. 프린스턴 ROTC 동료들은 앞으로 내게 닥칠 훈련을 견딜 수 있도록 나를 열심히 단련시켜주었다. 한번은 타워에서 뛰어내리는 연습을 했다. 실제 비행기를 타고 이륙하기 전에 포트 베닝에서 반드시 거쳐야 하는 훈련이었다. 당시 프린스턴에서는 이러한 소문이 돌았다. 타워에 올라갔을 때 조금이라도 주저하거나 무서워하는 기색을 보이면 교관들이 곧장 이를 눈치채고 일부러 안전고리를 제대로 채우지 않은 것처럼 위협하며 밖으로 내던진다는 것이다. 아니나 다를까. 실제로 그들은 몇몇 생도에게 그런 장난을 쳤다. 허공에서 팔과 다리를 허우적거리며 비명을 질렀던 이들은 끝내 프로그램을 포기했다.

프랑스 철학자 미셸 푸코(Michelle Foucault)의 저서를 즐겨 읽던 프린스턴 출신의 똑똑하고 지적인 학생도 체계적인 군대식 훈련을 거치면서 '영유아(infant)' 수준으로 격하되고[영단어 infant는 보병(infantry)의 어원이다], 단 2주 만에 무아지경의 강하 기계가 되어 공수 낙하에 필요한 모든 단계를 성공적으로 수행할 수 있게 된다.

보너스 규칙

마지막 주에는 비행기에서 첫 강하 훈련이 계획대로 진행되었다. 훈련의 효과가 빛을 발했다. 겁이 나긴 해도 끝까지 해낼 수 있다는 자신감이 내 안에서 꿈틀거렸다. 나는 380미터 상공에서 두 번째 강하 훈련을 할 때 대여섯 명으로 이뤄진 분대에서 맨 마지막 순서로 뛰어내려야 했다. 문제가 될 건 없었다. 나는 여전히 공포가 가시지 않았지만 "일어서! 낙하!"라는 구령에 맞춰 비행기 출구로 걸어 나가는 로봇으로 변해 있었다.

나는 맨 마지막에 C-130 수송기에서 몸을 던졌다. 이전처럼 조용히 지상으로 활강하는 모습을 상상했지만 마침 역풍이 불면서 문 옆에 세게 부딪혔다. 몸 절반은 기체 안에, 나머지 절반은 기체 밖에 걸치고 말았다. 그때 내 팔은 비행기 밖에서 걷잡을 수 없이 펄럭이기 시작했다.

당장 무슨 일이 일어나고 있는지, 왜 이처럼 이상한 상태에 빠진 건지 상황을 제대로 파악하지 못한 채, 내 팔이 몸에서 떨어져 나가려는 듯한 모습을 지켜봐야 했다. 그 순간 이성적인 사고는 완전히 멈추고, 순전히 동물적 감각과 공포가 내 몸과 정신을 지배하기 시작했다.

내 머릿속을 스친 유일한 생각은 단 하나였다. 살아야 한다! 반드시 살아야 한다!

강하조장(jumpmaster)이 나를 다시 비행기 안쪽으로 잡아끌었다. 아마도 나는 겁에 질린 미친 사람처럼 보였을 것이다. 그는 웃음을 터뜨리더니 빨간색 신호등을 가리켰다. 내가 뛰어내리려고 몸을 내밀던 순간, 수송기가 안전 낙하 구역을 벗어나면서 신호등이 돌연 빨간색으로 바뀌었던 것이다. 강하조장이 마지막 찰나에 내 낙하산 가방을 잡은 탓에 나는 C-130 기체 측면에 세게 부딪히고 말았다.

비행기는 낙하지점을 선회해 되돌아왔고 조교가 다시 외쳤다. "일어서!" 그 순간 훈련의 기억이 즉각 되살아났다. 두려움은 사라졌다. 강하조장이 내 머릿속 컴퓨터를 재부팅했고, 나는 프로그램을 실행했다. 그의 지시를 모두 따랐고 두 번째 강하 훈련을 무사히 마쳤다.

지금은 대수롭지 않게 이야기할 수 있지만, 사실 살면서 그렇게 극심한 혼란과 공포를 겪어본 적이 없었다. 그 경험은 내가 공수부대 훈련의 실질적인 위험성을 제대로 인지하지 못하고 있었음을 뼈저리게 일깨워주었을 뿐만 아니라, 내 정신 상태가 얼마나 유동적일 수 있는지도 알려주었다. 그 순간에는 본능적인 반사 작용을 제외하고 다른 모든 의식과 사고 체계의 전원이 단번에 꺼져버린 듯했다.

어니스트 헤밍웨이(Ernest Hemingway)가 파산 과정을 "처음에는 서서히, 그러다 어느 순간 갑자기" 일어난다고 묘사했듯,[3] 생사를 가르는 위험도 똑같은 방식으로 예고 없이 찾아왔다. 나는 실제 사건이 일어나기 몇 개월, 심지어 몇 년 전부터 합리적으로 판단하고 신중하게 결정하고 위험을 대비했지만, 절체절명의 순간에는 내 모든 것이 통제 불능 상태가 되었다. 장학금을 받고 ROTC를 즐기던 때에는 강하 훈련이 대수롭지 않은 일이었지만, 이제는 도저히 감당하기 힘든 위협으로 다가왔다.

나는 그토록 갈망하던 은빛 날개를 따려다 죽을지도 모른다는 생각과 생명의 위협을 짧게나마 체감한 후 훨씬 거시적 차원의 위험을 마주했다. 그때 처음으로 인생에서 중대한 결정을 내려야 했다.

1990년 8월 2일, 내가 포트 베닝에서 공수부대 훈련을 막 시작했을

보너스 규칙

즈음에 이라크군이 사담 후세인의 명령으로 쿠웨이트를 침공했다.[4] 사흘 후 조지 H. W. 부시(George H. W. Bush) 대통령은 이를 두고 "용납할 수 없는 사태"라고 말했다.[5]

그렇게 걸프전(Gulf War)이 발발했다. 내가 마지막으로 강하 훈련을 한 수송기 C-130은 착륙 후 급히 연료를 보급하고 사막 방패 작전(Operation Desert Shield)에 합류하려고 곧장 중동으로 떠났다. 내가 ROTC 장학 프로그램에 지원했을 때만 해도 미국이 베트남전 이후 큰 전쟁에 직접 참전한 적은 없었다. 그런데 이제 상황이 바뀌었다. 내 양옆에 섰던 동료 찰리 322와 찰리 324가 전장으로 배치되었고, 나는 그제야 내가 마주한 위험을 실감할 수 있었다.

공수 훈련 수료식에서 지휘관은 우리가 정예 부대의 일원이 되었음을 상기시켰다. 그는 노르망디 상륙작전 당시 미 육군 공수부대가 병력의 70~80퍼센트를 잃었으나 끝내 임무를 완수했다며 자랑스럽게 말했다.[6]

나는 비로소 그 단순한 수치의 의미를 이해할 수 있었다.

어째서 내가 처할 위험은 제대로 깨닫지 못했을까?

바람에 휩쓸려 힘겹게 몸을 가누던 순간에는 메스꺼움조차 느낄 여유가 없었지만, 이렇게 지상에 꼿꼿이 서 있다 보니 그제야 속이 울렁이면서 토할 것만 같았다. 그런데 양옆을 흘끗 바라보니, 찰리 322와 찰리 324는 참담한 생존 확률을 들었는데도 오히려 자부심에 가득 차 있었다. 나와 전혀 다른 감정을 느낀 것이다. 그날 졸업한 생도 중에서도 체구가 왜소하고 나약한 축에 속했던 나는 분명히 프랑스 전선에서 시신으로 발견될 공수부대원에 해당했다.

나는 주관적 위험과 객관적 위험의 차이를 아직 완전히 알지 못했지만 조금씩 이해하기 시작했다. 이전에는 규율을 지키고 훈련하면 비행기에서 뛰어내릴 때 위험이 줄어든다고 확신했고, 주관적으로는 위험이 줄어들었다고 느꼈다. 하지만 다음 강하는 실제 전투 상황에서 벌어질지도 모를 일이었다. 그것은 매우 현실적이고 객관적인 위험이었다. ROTC 장학금을 받고 졸업한 선배들은 아버지처럼 예비군으로 배치되는 것이 아니라 4년 동안 현역으로 복무해야 한다는 소식도 들려왔다. 수료식을 마치고 집에 전화를 걸었다. 어머니는 이미 내가 전장에 나갈지도 모른다는 분노와 두려움에 휩싸여 계셨다. 어머니가 아버지를 강하게 몰아붙이셨는지, 전화기를 건네받으신 아버지는 더는 예전처럼 군대가 멋진 곳이라는 이야기를 꺼내지 않으셨다.

"아버지, 저는 모든 걸 잘 계획했다고 생각했어요. 예비군에 들어가서 학비 지원을 받으려고 했는데, 제가 졸업할 때 전쟁이 터지면 저는 예비 낙하산도 없이 150미터 상공에서 바로 낙하해야 할지도 몰라요. 아무래도 그만둬야 할 것 같아요."

아버지가 말하셨다. "그래? 그렇다면 빨리 결정하는 게 좋을 거다."

일리 있는 지적이었다. ROTC는 1학년 학비를 지원해주는데, 그때까지는 금전적으로 불이익 없이 프로그램을 그만둘 수 있었다. 하지만 2학년부터는 입대 의무가 생긴다.

나는 대차대조표를 다시 검토했다. 아이비리그 대학에 재학 중인 열아홉 살 학생. 성적도 좋았고 가족의 사랑도 듬뿍 받았다. 그 순간 내가 얼마나 많은 것을 누려온 사람인지 알 수 있었다. 함께 강하 훈련을 받은 동기 중에는 공수부대에 주어지는 추가 강하수당과 위험수당

보너스 규칙

을 이유로 지원한 이들도 있었다. 나보다 어리고 똑같이 겁이 많았던 동기 중에는 이미 가정을 꾸리고 자녀가 있는 이들도 있었는데, 이들 가족에게는 매달 받는 추가 수당이 절실했다.

그때 나는 직관적으로 이해할 수 있었다. 비록 모든 것을 투자자의 언어로 풀어낼 수는 없지만, 이 청년들은 목숨을 담보로 풋옵션을 매도한 것이나 다름없었다. 위험수당은 그들이 얻어낼 수 있는 최선의 거래였다. 시장에서 풋옵션을 매도할 때와 마찬가지로, 그들은 현재 추가 수당을 받는 대가로 훗날 전쟁이라는 위험이 닥칠 확률을 떠안은 셈이었다.

나는 다른 거래를 준비했다. 늘 내 편을 들어주신 다정한 부모님을 둔 행운아라는 사실과 좋은 성적표가 내게 또 다른 선택지를 열어주었다. 미 육군의 지원으로 대학 등록금을 해결하는 선택지, 첫해만 지원받고 불이익 없이 계약을 종료한 후 학자금 대출을 받는 선택지가 있었다.

그때 나는 실제로 세상이 돌아가는 방식을 깨달았다. 누구나 살면서 어떤 형태로든 옵션 계약을 맺게 되는데, 그 옵션을 사들인 미 육군 같은 매수자가 훗날 대가를 요구할 때 매도자는 반드시 약속한 전액을 지불할 준비가 되어 있어야 한다. 옵션 계약의 위력은 내게 강렬한 인상을 남겼다. 그 이후로 나는 최악의 상황에서 치러야 할 대가의 의미를 알지 못한 상태로는 어떤 일에도 무턱대고 뛰어들고 싶지 않았다. 나무에 오를 때는 안전하게 내려올 길을 두세 가지 정도 확보하기 전까지 절대 발을 내딛지 않겠다고 다짐했다.

꿈을 포기하는 것은 고통스러운 결정이었다.

이미 매몰 비용이 너무도 많았다. 나를 도와준 선량한 사람들이 실망할 거라는 생각에 밤잠을 설친 적도 많았다. 아무것도 하지 않는 것이 가장 쉬운 길이었다. 결정을 미루고 그냥 내버려둘 수도 있었다. 하지만 결국 나는 ROTC라는 선택지에는 감당하기 힘들 만큼 높은 위험이 따른다는 결론을 내렸다. 그 결정이 평생 마음에 남아 후회와 수치심을 불러오겠지만, 그래도 미국 정부에 진 빚을 어떤 식으로든 갚을 세월이 아직 내게는 남아 있다고 생각했다.

나는 2학년을 시작하기 직전에 과감히 ROTC를 포기했다. 어머니의 축복과 안도의 한숨이 귓가에 맴돌았다.

대의를 위해 기꺼이 희생을 택한 동기들과 달리 나는 중도에 물러났고 그 결정을 늘 부끄럽게 생각했다. 수치스러웠다. 몇몇 동기가 졸업 후 아이티 같은 나라에서 평화 유지군 임무를 명예롭게 수행하는 동안 나는 풀브라이트(Fulbright) 장학생으로 선발되어 호주로 건너갔다. 얼마나 비겁한 행보인가.

하지만 나중에야 깨달았다. 그만둘 줄 아는 능력도 세계적 수준의 훌륭한 역량이 될 수 있다는 것을.

그때의 결정이 여전히 부끄럽고 후회되지만, 그 덕분에 내 인생에 전혀 다른 길이 펼쳐졌으니 지금은 감사한 마음도 든다.

생존의 가치

나는 프린스턴 졸업생 시절에 겸손과 위험에 대한 또 다른 중요한 교훈을 얻었다. 미국에서 가장 높은 산인 알래스카의 매킨리산[Mount McKinley, 현(現) 디날리(Denali)[7]]에 올랐을 때의 일이다. 암 연구 기금을 마련하는 자선행사인 '클라임 포 더 큐어(The Climb for the Cure)'는 내가 프린스턴을 졸업한 직후에 생겨났다. 하지만 시작은 그보다 4년 전으로 거슬러 올라간다. 나는 신입생 오리엔테이션 프로그램인 '아웃워드 액션(Outward Action)'에서 뉴욕 출신의 똑똑한 학생이었던 앨릭스 프리드먼[9]을 우연히 만나 친구가 되었다. 그는 훗날 나를 UBS로 이끌었다.

앨릭스와 나는 새 학기에 프린스턴 버틀러 칼리지(Princeton's Butler College)에서 다시 만났다. 둘 다 야외 활동을 좋아해서 금세 친해졌다. 어느 날 앨릭스는 구내식당에서 HIV/에이즈(AIDS) 연구와 인식 개선을 위한 기금을 마련하는 디날리 등반 프로젝트를 조직해보자는 아이디어를 제안했다. 나는 그의 기발한 계획에 깜짝 놀랐다. 그때 앨릭스는 내게 '리세스 땅콩버터 컵' 이론을 설명해주었고, 나는 실생활에서 처음으로 비즈니스 교훈을 얻었다. 각각 훌륭하지만 독립적으로 존재하는 두 가지 요소(초콜릿과 땅콩버터)를 결합하면 새로운 혁신을 만들어낼 수 있다는 이론이었다.

당시 HIV/에이즈는 상상을 초월할 정도로 세상에 엄청난 공포와 혼란을 불러일으키고 있었다. 수많은 사망자가 발생했는데도 면역결핍증은 여전히 사회적으로 금기시되는 주제였다. 앨릭스는 북미에서 가장 높은 산에 오르는 프린스턴 학생들의 도전을 후원하는 프로젝트를 만든다면 에이즈라는 심각한 보건 위기에 대한 사회적 인식을 제고하고 이 비극적인 건강 문제를 다른 시각으로 바라보며 사회의 주류 담론으로 만들 수 있을 거라고 생각했다.

앨릭스는 그 일을 추진할 자격을 두루 갖춘 인물이었다. 이미 HIV/

에이즈에 대한 인식을 제고하는 칼럼을 주요 언론에 기고했고, 뛰어난 등반가이기도 했다. 그는 약속을 지키는 것을 넘어 기대 이상의 결과를 달성했다. 미국의 유명 아침 방송 〈투데이 쇼(Today Show)〉에 출연하여 브라이언트 검벨(Bryant Gumbel)과 인터뷰하고, 〈뉴욕 타임스〉에도 실렸다.[10] 정말 놀라운 성과였다.

하지만 등반 전부터 쏟아진 언론의 관심은 반드시 성공해야 한다는 압박으로 이어졌다. 그것은 아직 산길이 얼어붙은 디날리에 발을 들여놓기도 전부터 숨은 위험 요소가 되어 우리에게 알게 모르게 부담을 주고 있었다.

1993년 6월 12일,[11] 대학생 아홉 명이 파스타와 텐트 등 온갖 장비를 챙겨 알래스카로 향했다. 해발 6190미터에 달하는 디날리 정상[12]에 오르려고 준비한 장비의 무게만 총 907킬로그램에 달했고, 그 장비를 비행기에 실어 나르는 과정은 까다로운 물류 훈련과도 같았다. 비행기가 절벽과 봉우리 사이를 아슬아슬하게 가르며 한바탕 극적인 비행을 이어가다가 해발 2133미터에 있는 카힐트나 빙하(Kahiltna Glacier) 베이스캠프에 착륙했다.[13] 우리는 며칠 동안 그곳에 머물며 훈련을 반복하고 고산지대에 적응했다. 그때 우리가 서 있는 자리에서 약 24킬로미터 떨어진 곳에 우뚝 솟아 있는 디날리 정상이 햇빛을 받으며 눈부시게 반짝였다.

나는 산 중턱에 다다르고 나서야 수많은 사람이 노르망디에 투입된 공수부대원처럼 등반 도중에 목숨을 잃었다는 사실을 뒤늦게 전달받는 최악의 상황을 또다시 겪고 싶지는 않았기에, 이 도전에 나서기 전부터 철저히 조사했다. 디날리에서 발생한 모든 사고 보고서를 집요하게 읽어 내려가며 어느 지점에서 사람들이 죽거나 크게 다쳤는지 살펴보았다. 디날리 등반에 나선 사람 가운데 정상까지 오른 이는 절반에 불과했지만, 실제 사고율은 그보다 훨씬 낮았다.

고도에 적응하지 못하거나 날씨가 따라주지 않아 불운을 겪은 사람도 있었지만, 사고는 대부분 무모하게 위험을 무릅쓰다가 발생한 것 같았다. 적어도 차분히 앉아 사고 보고서를 읽을 때만 해도 그렇게 생각했다. 결과적으로 디날리 등반이 힘들기는 하겠지만 치명적인 위험이 따르지는 않을 것이라는 확신이 들었다.

하지만 그 경험은 내게 뼈아픈 교훈을 남겼다. 매일 산을 오를 때마다 예상치 못한 새로운 통찰이 불현듯 솟아나 나를 겸손하게 만들었고, 그것은 훗날 내가 투자자로 살아가는 데도 깊은 영향을 끼쳤다.

예를 들어, 저지대에서 사고 보고서를 읽을 때는 저런 어리석은 실수를 하지 말고 감수하는 위험은 반드시 통제해야겠다고 쉽게 다짐했다. 그러나 현실은 달랐다. 주관적 위험이란 스스로 감수하기로 결정하는 위험, 즉 어느 정도 자신이 통제할 수 있다고 믿는 계산된 위험을 말한다. 이러한 생각 때문에 등반가들은 칫솔 손잡이를 잘라내어 무게를 조금이라도 줄여 몸을 가볍게 움직이려 한다. 하지만 진짜 문제는 산에서 30일을 버티는 동안 마주하는 객관적 위험이다. 이때는 칫솔 무게가 얼마나 나가든 간에 위험 수준이 급격히 높아진다.

산에서는 매일 피로와 추위, 낙석, 험한 날씨를 마주하게 된다. 해가 저물자마자 기온은 단숨에 30도 가까이 떨어졌고, 몇 분도 채 지나지 않아 온몸이 걷잡을 수 없이 떨렸다. 산길에서 위험은 결코 추상적인 요소가 아니다. 하루는 친구 세라 프래거(Sarah Prager)가 내 앞에서 로프에 몸을 묶고 눈과 얼음을 뚫고 나아가다가 크레바스(빙하가 갈라져서 생긴 좁고 깊은 틈—옮긴이)에 발이 깊숙이 빠지고 말았다. 그를 안전하게 끌어올리는 데만 거의 한 시간이 걸렸다. 그때 우리 머리 위로 아무것도 떨어지지 않아서 천만다행이었다.

또 어느 날 아침에 일어나 지나온 길을 돌아보니 밤사이에 거대한 바위들이 굴러 내려간 흔적이 보였다. 내가 그 자리에 계속 있었다면 이미 죽은 목숨이었을 것이다. 게다가 나는 아주 어리석고 치명적인 실수를 저질렀다. 안전띠를 고정하는 것을 깜빡한 것이다. 해발 4267미터에 있는 야영지의 절벽 구간에서 체력이 바닥난 아주 위험한 상태에서 벌어진 일이었다.

나는 분명히 사고 보고서를 여러 번 읽었고 안전띠를 제대로 매지 않는 건 바보 같은 일이라고 생각했다. 그렇게 어리석은 실수를 절대 저지를 리 없을 것이라고 자신했다.

그 일을 계기로 훈련이 위험을 줄일 수는 있어도 완전히 제거하지는 못한다는 사실을 깨달았다.

실제로 훈련은 오히려 잘못된 안도감을 줄 수 있다. 객관적 위험이 커질 때 전반적인 위험은 누적되지 않고 배로 불어난다. 디날리를 등반한 경험은 훗날 투자에서 얻은 깨달음을 더 깊이 이해하는 데 도움이 되었다. 특히 위험을 회피하고 있다고 생각할 때는 위험을 관리하는 중일 수 있고, 위험을 관리하고 있다고 믿을 때는 이미 통제 불능 상태에 놓여 있을 수 있다.

노련한 등반 가이드조차 치명적인 실수를 하루에 100개에서 3개 정도로 줄일 수는 있어도 실수를 완전히 없앨 수는 없다. 산에 오른 기

   보너스 규칙

간이 길어질수록 언젠가는 무사히 내려오지 못할 가능성도 커진다. 학생들을 안전하게 디날리 정상까지 안내한 수석 가이드 스콧 피셔(Scott Fischer)는 '클라임 포 더 큐어' 원정을 다녀온 지 3년 만에 에베레스트산에서 사망한 채로 발견되었다.[14] 해발 4267미터 기지에서 우리와 함께한 전문 등반가 중 상당수가 5년이 채 지나기도 전에 세계 곳곳에 있는 산에서 목숨을 잃었다.

이탈리아 티롤 출신의 유명 등반가 라인홀트 메스너(Reinhold Messner)는 이렇게 말했다. "산은 공정하지도 부당하지도 않다. 그저 위험할 뿐이다."[15] 시장과 투자도 마찬가지다. 시장은 산처럼 위험이 따른다. 내가 디날리에 오르면서 얻은 교훈이자 훗날 비즈니스와 시장을 경험하며 다시 깨친 가르침은, 실수가 필연적으로 일어나며 그것이 생사를 가르는 상황으로 번질 수 있다는 점이다.

위험을 대비하려면 미리 계획을 세워야 한다. 그런 점에서 UBS 웰스 웨이의 유동성 버킷은 매우 유용한 전략일 수 있다.

사람들은 자신이 통제할 수 있을 것 같은 주관적 위험을 얼마나 잘 관리하는지에 지나치게 몰두한 나머지 정작 누구도 통제할 수 없는 시장 위험이 주변에서 꾸준히 증가하고 있다는 사실을 미처 인식하지 못한다.

달리 표현하면, 사는 동안 그저 경제 위기가 닥치지 않기를 바라는 것은 제대로 된 투자 전략이 아니다. 인생에서 적어도 한 번은 금융위기를 경험하게 될 것이라고 가정하는 것이 훨씬 현실적이고 건전한 투자 계획의 출발점이 될 것이다.

마침내 정상에 오를 날이 밝았다. 우리는 정상에 오르려고 올림픽 스키 활주로처럼 가파른 경사를 겨우 기어올랐다. 산등성이를 따라 오르다 보니 미식축구 경기장만 한 고원이 나왔고, 그곳에서 마지막으로 정상에 오를 채비를 했다. 그때 등반 가이드 한 명이 고산병에 걸려 더는 오를 수 없게 되면서 한 팀이 발길을 돌려야 했고, 결국 두 팀만 남았다.

정상으로 이어지는 능선에 오르자 매서운 바람이 몰아치며 얼굴을 아프게 때렸고 흰 눈보라가 시야를 가렸다. 로프에 묶인 채 내 앞에서 걸어 나가는 애니 하월(Annie Howell)의 모습이 희미하게 비쳤다. 그는 산등성이에서 발을 헛디딜 것처럼 위태롭게 걸었다. 만약 애니가 한쪽으로 넘어지면, 나는 반대편으로 몸을 던져 로프의 무게 균형을 맞춰야 했다. 그래야 로프에 같이 묶인 다른 친구들이 로프에 끌려가 죽음으로 내몰리는 일을 막을 수 있다.

적어도 이론상으로는 그러했다. 그런데 실제로 그렇게 침착하게 행동하는 것은 쉽지 않은 일이다.

정상을 불과 몇십 미터 남겨둔 지점에서 머릿속에 이러한 생각이 스쳤다. 우리는 가이드를 이미 한 명 잃었고, 사람들은 점점 지쳐가고 있다. 애니는 비틀거리며 언제 넘어질지 모르는 상태다. 오늘 반드시 산 정상에 올라야 한다는 외부 압박이 거세다. 상황이 점점 심각해지고 있다. 우리는 무리하고 있고, 바람은 거세게 몰아친다.

나는 우리가 새로운 위험 수준에 진입했음을 직감했다.

이제 산과 협력하는 단계는 지났다는 목소리가 내면에서 울리며 위험 신호를 보냈고, 나는 더는 정상에 오를 방법을 떠올리지 않게 되었다. 그저 정상에 오른 뒤 무사히 내려올 방법만 생각했다. 내가 책에서 배운 중요한 교훈 하나는, 대다수 참사가 하산하면서 일어난다는 사

　　　　　　　　　　　　　　　　　　　　　　보너스 규칙

실이었다. 사람들이 정상에 오르는 데 모든 에너지를 쏟아붓느라 내려올 힘을 남겨두지 않기 때문이다.

하지만 내게는 아직 버틸 힘이 남아 있었다. 게다가 애니와 팀원들이 나를 앞으로 끌어주고 있었다. 하지만 산에서 내려갈 때까지 잘 버틸 수 있을지 확신할 수 없었다. 나는 또다시 감당하기 힘든 상황에 빠졌고, 어느 방향으로 나아갈지 신속하게 결정해야 했다. 이는 나뿐만 아니라 내가 아끼는 사람들에게도 큰 영향을 미칠 선택이었다.

나는 로프를 잡아당기며 소리쳤다.

"애니, 제발. 더는 못 가겠어. 그만하자."

애니는 무아지경 상태로 움직이고 있었고 거기서 멈추려 하지 않았다. 그는 정상까지 얼마 남지 않았다고 소리쳤다.

나는 고개를 저으며 단호하게 말했다.

"난 돌아갈래."

한 명이라도 돌아가길 원한다면 로프에 묶인 전원이 함께 되돌아가야 한다. 내 결정이 로프를 타고 피셔가 이끄는 선두팀과 앨릭스에게도 전해졌다. 앨릭스는 소식을 듣고 격분하며 얼음도끼로 눈을 힘껏 내리찍었다. 피셔는 로프 하나에 기대어 정상으로 향하는 것은 너무 위험하니 두 팀 모두 베이스캠프로 돌아가야 한다고 판단했다.

애니는 사실 몸 상태가 좋지 않아 토할 것 같았다고 털어놓으며 내 결정을 너그럽게 받아들였다. 임무를 반드시 완수해야 한다는 압박감에 시달리던 앨릭스는 눈에 띄게 불안한 기색을 보였다. 다른 친구들도 속으로 비슷하게 화가 났을지 모르지만, 내게 직접적으로 감정을 드러내지는 않았다. 내가 묶인 로프를 담당한 가이드 롭 헤스(Rob

Hess)가 내게 다가와 말했다. "저는 그 결정을 내린 당신을 나쁘다고 생각하지 않아요."[16]

그의 말을 듣자 부끄러움이 밀려오는 동시에 다른 생각도 들었다.

나를 위로하는 헤스의 마음이 고맙게 느껴졌다. 사실 내가 모두의 발걸음을 돌려세운 장본인이라는 점에서 스스로도 불편한 마음이 들었다. 하지만 그날 바람이 거세게 분 탓에 다른 원정대도 정상에 오르지 못했다. 어쩌면 그날 정상에 오를 찰나의 순간이 있었는데 우리가 놓쳤을지도 모른다. 어쩌면 애초에 그런 기회 자체가 없었는지도 모른다. 어쨌든 그날 산에 오른 다른 팀도 모두 도중에 포기했다. 그렇지만 나는 소중한 사람들에게 실망을 안겼고 그러한 결정을 내린 대가를 받아들이는 법을 익혀야 했다.

통계에 따르면, 클라임 포 더 큐어 팀의 절반만 7월 2일에 가까스로 정상에 올랐다. 나는 다른 팀들이 두 번째 시도에 나설 때 베이스캠프에 머물며 체온을 유지하려 애쓰고 있었다. 훗날 잡지 〈피플〉에 실린 앨릭스의 등반 일지에서 그의 기쁨을 엿볼 수 있었다. "내 인생에서 가장 힘겨운 10시간이었다. 스스로의 한계를 뛰어넘는 순간이었다. 지금은 너무 지쳐서 글을 쓸 힘조차 없지만, 오늘 나는 매킨리산 정상에서 눈물을 흘렸다. 이 순간을 평생 잊지 못할 것이다. 정말 감사할 따름이다."[17]

나는 앨릭스의 결정과 성취를 기쁘게 여겼고, 당시 내 결정을 스스로 받아들이는 법도 익혔다. 정상에 이르는 능선까지 오른 것만으로도 나는 충분히 목표에 근접했다고 생각한다. 물론 나 역시 성취를 갈망하긴 했지만, 친구들과 함께한 시간이 내겐 진정한 즐거움이었다.

　　　　　　　　　　　　　　　　　　　　보너스 규칙

다행히 그때 내가 발걸음을 돌려세운 친구들은 30년이 지난 지금까지도 나와 변함없는 우정을 이어가고 있다.

나는 그때 또다시 중도 포기했다. 그때의 결정은 여전히 나를 괴롭히곤 하지만, 나는 이제 알고 있다. 진정한 성공을 거둔 투자자나 등반가는 살아 돌아온 사람이라는 사실을. 빌보 배긴스(Bilbo Baggins, J. R. R. 톨킨의 소설 《호빗》과 《반지의 제왕》의 등장인물－옮긴이)의 이야기에 '또 다른 시작(There and Back Again)'이라는 부제가 붙은 데는 이유가 있다. 그러니 나를 강인한 사내보다는 호빗으로 봐도 좋다. 나는 산을 오르면서도 이미 내려올 방법을 고민하고 있었으니 말이다.

나는 디날리 등반에 나섰을 때 등반의 신이자 마운틴 매드니스(Mountain Madness)의 창립자인 스콧 피셔가 아니라, 그보다 덜 유명한 가이드 리 앤 오언(Lee Ann Owen)에게서 큰 가르침을 얻었다. 그가 내게 알려준 좌우명은 다음과 같다.

오늘 겁쟁이처럼 살아남아 내일 다시 도전하라.

한순간에 현실로 끌어내리는 시장

안타깝게도 나는 인생을 살면서 얻은 가르침을 시장에서 또다시 부딪히며 익혀야 했다. 1999년 초, 나는 친구 래리 캠과 함께 하버드 기숙사에서 소닉 펀드를 정식으로 설립한 후 가족과 친구들에게 발품을 팔며 투자금을 유치했다. 돌이켜보면 당시 투자금은 적은 액수였지만, 부자도 아닌 우리 가족과 친구들이 맡긴 돈이었기에 억만금의 무게를 지니고 있었다.

당시 전 세계는 Y2K라는 엄청난 공포에 사로잡혀 있었다. 이유는 단순했다. 당시 컴퓨터는 연도를 표시할 때 보통 마지막 두 자리만 사용했다. 그런데 00으로 쓰면 1900년인지 2000년인지 구분하지 못할 것이므로 2000년 1월 1일이 되면 전 세계 컴퓨터 시스템이 연쇄적으로 마비되어 붕괴할 수 있다는 우려가 제기된 것이다.[19]

Y2K는 이제 막 컴퓨터 시대에 진입한 인류가 한 번도 경험해보지 못한 미지의 영역이었다. 연도가 2000년으로 넘어가는 순간 어떤 일이 벌어질지 그 누구도 정확히 예측할 수 없었다. 지금은 황당한 이야기로 들리지만, 당시 사람들은 정말로 공포를 느꼈다. 예컨대 항공관제 시스템이 멈춰 하늘길에서 대혼란이 일어날지 모른다는 두려움이 퍼졌기에 새해를 비행기에서 보내고 싶은 사람은 거의 없었다.

기업들은 잠재적 Y2K 문제에 대비하느라 수십억 달러를 지출했다. 가트너 그룹(Gartner Group)은 이러한 비용이 최대 6000억 달러에 이를 것으로 추정했다.[20] 말 그대로 기업들이 돈을 퍼붓는 격이었다. 월스트리트의 거물이자 훗날 내 상사가 되는 데이비드 고엘(David Goel)은 당시 전설적인 헤지펀드인 타이거 매니지먼트(Tiger Management)에서 일하고 있었다. 그는 Y2K 문제를 해결하려고 고용된 수많은 프로그래머가 휴식 시간에 인터넷으로 페라리와 포르셰를 검색하는 모습을 보고 거품이라는 확신이 들었다고 한다.[21]

그러나 앨런 그린스펀이 이끄는 연준은 Y2K를 매우 심각한 문제로 받아들였다. 21세기에 들어서는 순간 은행 시스템이 멈춰 설지 어떨지 알 수 없었기 때문이다. 1990년대 후반, 연준은 금융 시스템에 대규모 유동성을 추가로 공급하기 시작했다.[22]

분명 연준은 Y2K 사태에 대비하여 최악의 상황을 미리 차단하려는

　　　　　　　　　　　　　　　　　　　　　보너스 규칙

선한 의도로 움직였다. 하지만 연준의 대응책은 정작 보호하고자 했던 사람들에게 오히려 피해를 주었다. 이는 시장에 값싼 돈을 지나치게 오래 풀면 결국 대중이 막대한 대가를 치를 수밖에 없다는 사실을 보여주는 또 하나의 사례로 남았다.

래리와 나는 연준이 유도한 경기 부양으로 촉발된 호황기에 헤지펀드 사업을 시작했다. 그 시기에 인터넷 산업이 폭발적으로 성장했고, 정부 정책과 시장이 맞닿은 지점에서 우리는 의도치 않게 중요한 교훈을 얻었다. 당시 우리는 지금처럼 세세하게 모든 것을 이해하지는 못했지만, 적어도 기본적인 사실만큼은 분명히 알고 있었다. 주식시장은 점점 실물경제와 괴리를 보였다. 실질적으로 가치가 전혀 없는 기업의 밸류에이션이 끝도 없이 부풀려졌고, 돈을 전혀 벌지 못하는 회사들이 우후죽순 생겨났다.

하지만 바로 그 점이 우리가 적극적으로 헤지펀드를 시작한 이유이기도 했다. 래리는 상승장이 이어지던 시기에도 과대 선전하며 사기를 치는 인터넷 기업들을 간파하고 공매도(하락에 베팅)하며 탁월한 실적을 쌓았다. 래리가 종목을 고르고 내게 시장을 가르쳐주는 동안, 나는 펀드 관리 업무를 비롯하여 모든 잡무를 처리했다. 회계와 경영의 기본기를 터득하면서 얻은 자신감은 수년에 걸쳐 막대한 성과로 돌아왔다.

나는 래리가 기업 회계를 살피며 현금 흐름을 추적하는 모습을 지켜보면서 종목을 고르는 방법을 배웠고, 점차 나만의 방법을 찾아 나섰다. 그 덕분에 우리는 새로운 관리자와 투자 아이디어를 접할 수 있었다. 한번은 더스트리트닷컴(TheStreet.com)의 공동설립자 짐 크레이머(Jim Cramer)에게 무작정 이메일을 보내기도 했다.[23] 우리는 이메일을 주고받기 시작했고, 얼마 지나지 않아 크레이머는 디지털 시대의 인기 정보지로 자리 잡은 자사 매체에 칼럼을 기고할 기회를 주었다. 그때의 경험은 인맥을 넓히고 소닉 펀드를 운영하는 데 활용할 아이디어를 확장하는 계기가 되었다.

래리와 나는 피터 린치 같은 전설적인 투자자가 정립한 종목 선정 게임의 규칙을 그대로 따르고 있었다. 나는 목표 기업의 경쟁업체를 조사하고 래리가 집중하는 기업과의 유사점과 차이점을 분석하는 식으로 래리를 지원했다. 그렇게 우리는 나무 한 그루가 아니라 숲 전체를 바라볼 수 있었다. 그 과정에서 나는 좋은 투자 요건이 무엇인지 고민하며 나만의 원칙을 정리하기 시작했다. 나는 대학에서 배운 경제사와 외교사 지식을 토대로 항상 거시경제와 미시경제를 연결하고 시장을 주도하는 테마를 찾아내려고 노력했다.

그러나 1999년 봄, 나는 몇 가지 중대한 난관에 부딪혔다.

◉

어느 날 어머니가 복부에서 시작된 극심한 통증이 등 주위로 퍼졌다며 몹시 괴로워하셨다. 의사들은 원인을 밝히려고 여러 가지 검사를 진행했다. 그 무렵 나는 운동을 하러 친구 바드와 하버드 퀸시 하우스 체육관으로 향하고 있었다. 당시 그는 매사추세츠 종합병원에서 내과 전공의 과정을 밟는 동시에 신경생물학 분야에서 하버드-MIT 통합 박사 학위를 준비하고 있었다.

 보너스 규칙

내 얼굴에서 걱정이 역력했는지 바드는 곧장 무슨 일이냐고 물었고, 나는 어머니의 증상을 설명했다. 그는 그때 아무 말도 하지 않았는데 속으로는 췌장암을 의심했다고 한다. 며칠 후 CT 촬영 결과가 나왔고, 안타깝게도 나쁜 예감은 빗나가지 않았다. 어머니에게 주어진 시간이 겨우 두 달뿐이라는 진단이 나왔다.

그 소식을 들은 날 친구 저스틴 캐미(Justin Cammy)는 수업까지 빼먹고 직접 차를 몰아 나를 집까지 데려다주었다. 차에서 내려 대문에 다다르자 온 가족이 흐느끼는 소리가 들렸다. 하늘이 무너져 내리는 것만 같았다.

그날 밤 오랜 친구 마크 브릭스(Mark Briggs)가 전화를 걸어 나를 위로해주었다. "인생에서 무슨 일이 벌어질지 알 수 없고 통제할 수도 없어. 하지만 그 힘든 시기를 어떻게 받아들이고 행동할지, 어떤 사람이 될 것인지는 우리 스스로 정할 수 있지. 가족의 곁을 지켜주렴."

나는 정말 좋은 친구들을 만나는 행운을 누렸다. 래리는 내가 의사들과 소통할 때 정확히 방향을 이해하고 의논할 수 있도록 많은 자료를 조사하며 큰 도움을 주었다. 바드는 우리 가족이 의료 시스템을 제대로 파악하지 못하고 있음을 알아차렸고 어머니의 간호를 도맡아주었다. 또 다른 친구 조지 데일리(훗날 하버드 의과대학 학장이자 저명한 의학자가 된 인물이다)도 흔쾌히 우리 가족을 도와주었다. 그 덕분에 어머니는 지역 병원에서 매사추세츠 종합병원으로 옮겨 세계 최고 수준의 암 전문의들에게 치료를 받으실 수 있었다.[24] 새로운 항암제 조합을 찾으려는 임상 실험에도 참여한 결과, 불과 6개월 만에 암 크기가 25퍼센트나 줄어드는 기적 같은 효과가 나타났다.

요컨대 나는 당시 정서적으로 가족과 괴로운 시기를 보내고 있었지만 그와 동시에 래리에게 투자에 대해 많은 것을 배웠다. 일에 집중하려면 철저한 워커홀릭이 되어 공과 사를 극단적으로 분리할 수밖에 없었다. 금요일 오후와 주말 내내 본가에 머물며 일했고, 주중에는 다시 케임브리지로 돌아가는 생활을 이어갔다.

새벽이 오기 전이 가장 어둡다고 하지만, 오히려 새벽이 더 칠흑같이 어두운 때도 있다.

◉

래리와 나는 연준이 쏟아부은 유동성과 무법지대 같은 인터넷 환경이 주식시장에 광기를 불러일으키고 있다고 생각했다. 그러나 이렇게 과열된 시장에서 수익을 내는 것이야말로 소닉 펀드가 의도적으로 고안한 비즈니스 모델의 결과였다. 우연이 아니었다. 우리는 이미 시장이 상승하는 국면에서도 공매도로 수익을 내고 있었고, 시장이 불가피하게 하락세로 돌아서면 공매도로 많은 수익을 올릴 수 있을 것이라 판단했다.

거품이 터지기 직전, 급등 후 이어지는 급락장에서 상황이 얼마나 걷잡을 수 없이 전개되는지 우리는 감히 상상조차 하지 못했다. 이러한 판단 착오로 그동안 업계에서 쌓은 명성이 송두리째 무너졌고 회사가 끝장날 뻔했다. 1999년 여름, 래리는 월드포트 커뮤니케이션(WorldPort Communications)이라는 회사를 찾아냈다. 조지아주에 있는 이 통신사는 규모는 작지만 인수합병에 열을 올리며 한창 성장하고

보너스 규칙

있었다.[25] 1998년 6월, 이 회사는 약 1억 달러를 들여 핵심 자산으로 네덜란드 통신사 에너텔(EnerTel)을 인수했다.[26] 에너텔은 네덜란드 전역에 광섬유 연결망을 구축했고, 자국에서 '업계를 선도하는 2위 전송망 사업자'를 자처했다.

래리는 평소처럼 월드포트의 재무 상태를 면밀히 들여다보았고, 몇 가지 흥미로운 사실을 내게 들려주었다. 에너텔은 네덜란드 광섬유 인프라를 구축하는 데 너무 많은 돈을 지출한 탓에 수익성이 매우 떨어진 상태였다. 월드포트는 과도한 부채를 떠안아 자금 구조가 엉망진창이었고, 매우 취약한 사업 모델에 의존하여 회사를 간신히 떠받치고 있었다. 래리는 월드포트가 파산할 것이라고 확신했고 우리는 월드포트를 공매도했다.

하지만 '확신'과 투자가 결합되면 상당히 불안정한 결과를 초래할 수 있다.

물론 헤지펀드 매니저가 확고한 신념을 갖지 않으면 그 펀드는 무너지고 만다. 하지만 지나치게 확고한 신념을 앞세워도 실패한다. 겸손과 두려움을 모두 갖춰야 하는데 대부분 그 사실을 인식하지 못한다. 월드포트가 유동성 위기에 봉착할 것이라는 점은 분명했지만, 그것이 곧 파산으로 이어질지는 확실하지 않았다. 경제학자 존 메이너드 케인스(John Maynard Keynes)의 말처럼, "시장은 당신이 버티는 기간보다 더 오래 비이성적 상태를 유지할 수 있다."[27]

1999년 11월 11일, 영국 기업 에너지스 PLC(Energis PLC)는 월드포트의 에너텔을 무려 3억 2500만 파운드에 인수했다.[28] 이는 1999년 당시 환율로 5억 7000만 달러인데, 불과 16개월 전 월드포트가 에너텔을 인수할 때 지불한 가격의 다섯 배에 달했다. 돈이 넘쳐나는 호황기가 끝나자, 사람들은 뒤늦게 에너지스가 실질적으로는 돈을 까먹는 회사였음을 알아차렸고 결국 에너지스는 파산했다. 이는 우리의 가설이 옳았음을 입증한 사건이었다.[29] 그러나 그 사실은 우리에게 아무런 위안이 되지 않았다.

우리가 취한 월드포트 공매도 포지션이 큰 손실을 내면서 운용 자산 중 상당한 금액을 순식간에 날리고 말았다. 그 돈은 그리 부유하지 않은 우리 가족과 친구들이 마련해준 소중한 투자금이었다.

컴퓨터 화면에 주가가 요동치는 모습을 보고 있자니 내 손은 얼음장처럼 차가워졌고 그 냉기가 팔을 타고 심장까지 파고들었다. 심장이 터질 것처럼 미친 듯이 뛰기 시작했고, 속이 뒤집혀 당장이라도 토할 것만 같았다.

내가 도대체 무슨 짓을 저지른 거지?

권투 선수 마이크 타이슨(Mike Tyson)은 끔찍한 순간에 대해 이렇게 말했다. "누구나 그럴싸한 계획을 갖고 있다. 처맞기 전까지는."[30]

이대로 손 놓고 걱정만 하고 있을 시간이 없었다. 당장 우리가 해야 할 일은 소닉 펀드를 안정시키고 가족을 포함한 투자자들과 대화하는 것이었다. 나는 그중에서도 가장 힘든 상대를 마지막 순서로 미뤘다. 바로 병원에 계신 어머니였다. 어머니가 돈을 잃어 속상해하시는 모습, 이미 건강이 급속히 악화해 불안한 상태인데 또 다른 고통이 더해져 깊은 번민에 잠기시는 모습을 보고 있자니 심연으로 끝없이 추락하는 기분이 들었다.

월드포트 공매도로 본 손실은 전적으로 래리와 나의 책임이었다.

분명히 우리의 잘못이었다. 부모님과 친구들을 마주하고 월드포트의 손실을 설명해야 했던 경험은 일찍이 겸손을 익히는 중요한 계기가 되었다.

나는 효과적인 의사소통이야말로 시장의 혼란을 관리하는 핵심 열쇠임을 알게 되었다. 명확한 소통을 이루는 요소에는 정보뿐만 아니라 감정도 포함된다. 우리가 가족과 친구들에게 전할 수 있는 말은 단 하나였다. "이건 우리 책임이니 반드시 바로잡겠습니다." 나는 절대 이 일을 포기할 수 없었다. 아무리 상황이 끔찍할지라도 끝까지 버티면서 앞으로 나아가지 않는다면 스스로 용납할 수 없으리라는 것을 나는 직감했다.

래리와 나는 1년 만에 거의 모든 손실을 만회했다. 우리의 비즈니스 아이디어는 적중했고, 인터넷 거품이 마침내 터졌을 때 다른 투자자들의 포트폴리오는 녹아 내렸지만 소닉 펀드의 포트폴리오는 수익을 냈다. 하지만 안타깝게도 흐름이 터무니없는 방향으로 치닫다가 끝내 우리에게 유리하게 돌아서는 국면을 시의적절하게 예측하지 못한 대가는 상당했다. 거품 붕괴 이후 우리가 벌어들인 모든 수익은 지난 손실을 메우는 데 그쳤다.

나는 여전히 쓰라린 상처를 안고 산다. 내가 좋은 실적을 올린 모습을 어머니는 끝내 보지 못하셨다. 우리가 손실을 회복하기도 전에 세상을 떠나셨기 때문이다.

지금도 부끄러운 마음이 든다.

하지만 그 부끄러움이 내 안에 건전한 두려움을 심어주었음을 이제야 깨달았다. 나는 내가 정말 똑똑한 사람인지 늘 스스로 묻고 또 물어야 했다. 나는 다음과 같이 계속 질문을 던지기 시작했다. 이 투자가 잘못될 수 있을까? 두 가지 나쁜 일이 동시에 일어나면 어떻게 될까? 내 삶의 다른 요인이 투자 판단에 어떤 영향을 주고 있는가?

그러나 머릿속에서 점검하는 것보다 더 중요한 건 바로 감정이었다. 나는 그때의 감정을 결코 잊지 못할 것이다. 얼음 같은 냉기가 팔을 타고 심장까지 차오르던 그 순간을.

확실히 얻은 교훈

2004년 우리가 소닉에서 쌓아 올린 실적은 타이거 컵스(Tiger Cubs) 중 한 명인 헤지펀드계의 거물 데이비드 고엘의 눈에 들었다. 이미 뛰어난 펀드매니저였던 고엘은 더 큰 성공을 향해 나아가던 참이었고, 우리에게 매트릭스 캐피털 매니지먼트(Matrix Capital Management)의 상무이사직을 제안했다.

나는 뛸 듯이 기뻤다. 그동안 미국 시장에서 배운 것을 전 세계 시장에 적용해볼 기회가 열렸기 때문이다. 전 세계를 돌며 투자 기회를 발굴하는 것이 내 새로운 직무였다. 멕시코의 제철소를 둘러보고, 이스탄불에서 미국 대사관 소유의 요트로 보스포루스 해협을 건너고, 인도의 쇼핑몰을 분석하는 일을 했다. 나는 전 세계를 돌며 많은 것을 배웠고 몇몇 의미 있는 성과도 거두었다.

그러나 그때 래리가 나보다 한발 앞서 중대한 결정을 내렸다. 2006년 초, 그는 시장에서 이상 기류를 감지했는지 돌연 헤지펀드 업계에서 은퇴하고 소닉 펀드를 가족 자산만 운용하는 형태로 바꾸고 싶다는 뜻을 밝혔다. 다행히 우리는 가족이었다.

　　　　　　　　　　　　　　　　　　　보너스 규칙

래리는 매트릭스를 떠나 하와이 해변에 있는 펜트하우스로 이사했다. 그는 그곳에서도 소닉의 투자 프로세스에 열정을 쏟았는데, 그때부터는 전적으로 자기 방식대로 훨씬 유연하게 자산을 운용했다.

그때 내게 힘든 시기가 닥쳤다. 지난 10년 동안 래리와 매일 몇 시간씩 이야기를 나누며 일했지만, 이제 우리는 서로 다른 길을 걷고 있었다. 나는 여전히 배우는 중이었고 매트릭스에서 계속 일하고 싶었다. 그중에서도 눈길을 끈 국가는 이제 막 국영 기업들을 상장하기 시작한 베트남이었다. 베트남에 직접 뛰어들어 숨은 보석 같은 기업들을 발굴하고 새로운 부의 탄생을 앞두고 투자할 절호의 기회였다.

나는 마침내 하노이에 도착했다. 현지 투자 회사가 기업 방문을 주선해주었다. 종일 회의를 한 후 이 투자 회사의 경영진이 나를 '세련된 공산주의풍'의 독특한 현지 술집에 데려갔다. 술집 풍경은 그리 놀랍지 않았다. 그런데 그곳에서 뉴욕의 헤지펀드 매니저 예닐곱 명을 마주쳤다는 점이 충격이었다. 모두 베트남 시장을 직접 살피러 온 것이다. 그들은 내가 이미 뉴욕에서 알고 지낸 사람들이었다.

내가 보스턴으로 돌아와 고엘에게 하노이 술집에서 있었던 일을 이야기하자, 그는 이렇게 답했다. "베트남은 아직 개척되지 않은 시장인 줄 알았는데 이미 끝난 판이군요."

나는 고엘의 발언을 머릿속에서 지울 수 없었다. 그 하노이 술집은 이미 세계 시장이 과열 국면에 진입했음을 보여주는 신호였고, 나는 갑자기 신흥시장의 거시적 흐름에 베팅하는 전략이 통하지 않을지도 모른다는 불안에 사로잡혔다. 때마침 내가 시도한 공매도 포지션도 만족할 만한 성과를 올리지 못했고, 당시 시장을 주도하던 애플이나 구글 같은 미국 성장주 투자는 아직 생소했다.

나는 2007년 새해를 맞이하여 임신한 아내와 함께 그랜드케이맨으로 여행을 떠났다. 며칠 동안 세븐마일 해변을 거닐며 지난 인생을 돌아보았다. 미 육군 공수부대와 대학, 헤지펀드에 몸담고 있었을 때 항상 큰 변화를 앞두고 나를 사랑하는 누군가가 다가와 그동안 내가 재정적 이유로 붙잡고 있던 길을 그만 내려놓으라고 권했었다. 그들은 모두 더 나은 삶을 살 수 있도록 도와주겠다고 약속했고, 나는 그런 믿음을 갖고 다른 길을 찾아 도약했다. 그때마다 상황은 더 나아졌다.

그때는 시장이 글로벌 금융위기로 접어들고 있다는 사실을 알지 못했다. 하지만 앞으로 신흥시장에서 성장주를 찾는 일이 나를 성공으로 이끌지는 못할 것임을 어느 정도 감지할 수 있었다. 나는 폭풍우가 몰아칠 때 억지로 앞으로 나아가려 하면 오히려 나보다 더 훌륭하고 강한 이들을 죽음으로 내몰 수 있음을 경험으로 알고 있었다. 그 경험은 위험이 엄습할 때 동반되는 고통과 적절한 수준의 두려움을 일깨워주었다.

나는 내 투자 방식과 시장 상황을 되돌아보며 이렇게 자문했다. 과연 이러한 환경에서 내가 매트릭스 팀과 매트릭스 투자 프로세스에 가치를 더할 수 있을까?

그 시점에 내 솔직한 대답은 '아니요'였다.

가장 중요한 문제는 내가 가치를 더하지 못한다는 점이었다.

나는 미국으로 돌아와 가장 먼저 고엘의 사무실을 찾았다. 그에게 매트릭스를 그만두고 헤지펀드 업계에서 은퇴하겠다고 밝혔다. 더는 매트릭스에 가치 있는 성과를 보탤 수 없다고 판단해서 내린 결정이

　　　　　　　　　　　　　　　　　　　　　보너스 규칙

었다.

고엘은 내 결정을 담담하게 받아들였다. 나는 매트릭스에서 근무하며 머물던 매사추세츠주 월섬의 아파트에서 몇 안 되는 소지품을 챙기고 나와 우리 가족이 사는 버지니아주로 돌아갔다. 이제 세상에 갓 태어난 딸을 보살필 차례였다.

그때가 2007년 1월이었다. 금융위기가 본격적으로 불거지기 시작한 2008년, 나는 업계를 떠나기로 한 내 선택이 옳았음을 확신하게 되었다.

<table>
<tr><td>정
리</td><td>공황 상태에서 내리는 결정은 평생 당신의 발목을 잡을 수 있다. 시간이 지날수록 위험을 평가하는 능력도 발전할 것이라고 믿고 싶겠지만, 점점 복잡해지는 세상에서는 그러한 초능력을 터득할 역량을 갖추었는지 의문이 들 수밖에 없다.

투자는 올바른 선택을 하는 것만으로는 부족하다. 적절한 규모와 적절한 시점에 올바른 선택을 하는 것이 무엇보다 중요하다. 인간은 흔히 목표를 달성하는 능력을 과대평가하거나 과소평가하는 경향이 있다. 일이 잘못되었을 때 실제로 어떤 감정을 느낄지도 제대로 가늠하지 못한다. 그리고 일은 한 번쯤은 반드시 틀어지기 마련이다. 따라서 분산 투자, 리밸런싱, 3L 전략과 같은 투자 기법으로 그러한 위기 상황을 미리 대비하는 것이 자신을 보호하는 확실한 길이 될 것이다.</td></tr>
</table>

사고방식을 형성하는 데 도움을 준 책들

《The Education of Henry Adams》(국내 미출간)

저자: 헨리 애덤스

긴 역사를 관통하는 메가트렌드를 파악하고 교차 검증하는 방법을 일깨워주었다.

《The Power Broker: Robert Moses and the Fall of New York》(국내 미출간)

저자: 로버트 A. 카로

미국 최고의 논픽션 책으로 꼽고 싶다. 뉴욕에서 교통 체증이 발생하는 이유도 설명해준다.

《The Art of Thinking Clearly》(국내 미출간)

저자: 롤프 도벨리

도벨리의 책은 더 체계적인 사고를 바탕으로 삶을 개선하는 실용적인 지침을 제공한다.

《얼마나 투자할 것인가(The Missing Billionaires)》(비즈니스101)

저자: 빅터 하가니, 제임스 화이트

포지션 규모, 리스크, 확신이 어떻게 맞물리는지를 설명한다.

《미국 혁명의 이데올로기적 기원(The Ideological Origins of the American Revolution)》(새물결)

저자: 버나드 베일린

미국은 음모론을 토대로 탄생했다.

《생각에 관한 생각(Thinking, Fast and Slow)》(김영사)

저자: 대니얼 카너먼

핵심 및 위성 포트폴리오 전략의 필요성을 일깨워준다. 세상에서 가장 기막힌 대장내시경 일화를 덤으로 엿볼 수 있다.

《현명한 자산배분 투자자(The Intelligent Asset Allocator)》(에이지21)

저자: 윌리엄 번스타인

저자는 독학으로 투자를 터득했다. 자산 배분에 관한 그의 통찰이 돋보인다.

《Confessions of a Street Addict》(국내 미출간)

저자: 제임스 J. 크레이머

포트폴리오 운용이 몸과 정신 건강에 미친 영향을 솔직하게 고백한다.

《지정학적 알파(Geopolitical Alpha)》(여의도책방)

저자: 마르코 파픽

현재 인류가 마주하는 거대한 문제를 분석하는 사고의 틀을 제시한다.

《스노볼(The Snowball)》(알에이치코리아)

저자: 앨리스 슈뢰더

우리는 워런 버핏이 아님을 기억하자.

《회계 속임수(Financial Shenanigans)》(리딩리더)

저자: 하워드 슐릿, 제러미 펄러, 요니 엥겔하트

재무제표를 분석할 때 세부 항목에 숨어 있어 놓치기 쉬운 중요한 단서를 설명한다.

《내러티브 경제학(Narrative Economics)》(알에이치코리아)

저자: 로버트 J. 실러

내러티브가 현실을 움직이는 방식을 이해하는 것이 갈수록 중요해지고 있다.

《No Bull: My Life In and Out of Market》(국내 미출간)

저자: 마이클 슈타인하르트

스트레스와 리스크를 관리하는 방법에 대해 많은 것을 가르쳐준 책이다.

《The Americanization of Benjamin Franklin》(국내 미출간)

저자: 고든 S. 우드

개인의 삶과 정치가 변화한 과정을 다룬다.

《붕괴하는 세계와 인구학(The End of the World Is Just the Beginning)》(김앤김북스)

저자: 피터 자이한

만약 아메리카 대륙이 전쟁을 피하고 서로 협력한다면 어떤 일이 벌어질지 상상해보자.

감사의 글

이 책은 UBS 글로벌 웰스 매니지먼트 공동 대표이자 UBS 아시아태평양 회장인 이크발 칸의 격려와 지원 덕분에 세상에 나올 수 있었다. 자산관리 업계에는 은행의 복잡한 운영 현안을 꿰뚫고 있는 인물이 많고, 특출난 고객 서비스 정신을 지닌 경영진도 있다. 그러나 두 영역에서 모두 탁월한 재능을 발휘하는 사람은 극히 드물다. 칸은 세계 각지에 폭넓은 인맥을 갖춘 프라이빗뱅커이며, 이 책에는 그가 활동하는 투자 세계의 일부분을 담았다.

글로벌 웰스 매니지먼트의 최고마케팅책임자인 리처드 모턴 (Richard Morton)은 내가 처음 CIO 직무를 맡았을 때부터 이 책을 집필할 때까지 언제나 든든한 힘이 되어주었다. 그는 젊은 시절 축구 선수로도 활약했는데, 투자 분야에서도 능숙하게 공을 몰고 나가다가 결정적인 순간에 욕심을 부리지 않고 팀원에게 패스하여 함께 득점하도록 이끄는 리더다. 내가 펜을 들어 이 책을 쓸 수 있도록 용기를 불어넣어준 두 사람에게 진심으로 감사를 전한다.

그리고 이 책의 숨은 주역이라 할 수 있는 고객들과 자산관리사들에게도 깊은 감사의 마음을 전한다.

전례 없는 방식으로 개인적인 이야기를 솔직하게 들려준 분이 많았다. 공저자인 리처드와 나는 이들의 신뢰를 얻을 수 있어 진심으로 영광이었고 감동이었다. 감사를 전해야 할 분이 너무도 많지만, 그중에서도 책 본문에 내용을 실을 수 있도록 기꺼이 이야기를 공유해준 분들을 언급하고자 한다. 빌 솔스, 파이잘 코티콜론, 어머니 고(故) 버나딘 윌리엄스 로즌솔의 이야기를 들려준 캐런 그레이(Karen Gray), 파블로 카스트로 사에즈, 파플레 마티예비크, 로제트 필립스, 수치트라 로히아에게 특별히 감사를 전한다.

세계 각지에서 이 책에 통찰과 지혜를 보태준 훌륭한 고객들과 자산관리사들의 이름을 일일이 열거하지 못해 아쉽다. 그들의 이야기와 경험을 수집하고 정리한 뉴욕의 패트릭 코리(Patrick Corry), 취리히의 서지 슈타이너(Serge Steiner)와 아네그레트-커스틴 마이어(Annegret-Kerstin Meier) 등 동료들에게 감사드린다.

독자들은 이미 눈치챘겠지만, 나는 진정한 친구와 동료, 스승, 상사, 그리고 언제나 내게 도움의 손길을 내민 따뜻한 가족 덕분에 축복이 가득한 삶을 누렸다. 특히 귀중한 시간을 들여 이 책의 작업을 도와준 천재 군단과 함께한 일은 더없는 행운이었다. 마크 브릭스, 바드 기사먼, 래리 캠에게 진심으로 감사를 전한다.

나는 UBS와 최고투자부서의 일원이 되어 매일 동료들의 친절과 뛰어난 실적에 감동을 받았다. 평소에 믿고 일을 맡길 수 있을 뿐만 아니라 이 책의 집필에도 도움을 준 다니엘라 바리아스(Daniela Barjas), 마크 앤더슨(Mark Anderson), 키란 가네시(Kiran Ganesh), 빈센트 히니(Vincent Heaney), 앤드루 리(Andrew Lee) 등 부서 동료들에게도 진심으로 감사드린다.

이 외에도 이름을 밝히지 못한 UBS 동료가 많다. 책을 완성할 수 있도록 기꺼이 시간을 내어 귀중한 통찰을 공유하고 전문성을 발휘해준 동료들 덕분에 한층 풍성한 결과물을 낼 수 있었다.

시장에서 거래가 이뤄질 때는 늘 판매자와 구매자가 있고, 그 사이에서 중개자가 역할을 한다. 이 책의 원고를 쓴 저자는 판매자였고, 구매자는 하퍼콜린스 리더십(HarperCollins Leadership, HCL)이었다. 리처드와 내가 집필한 책을 편집해준 HCL 팀에 깊이 감사드리며, 그들의 도전과 노력이 충분히 보상받기를 바란다. 출판인 매트 보허(Matt Baugher), 편집 책임자 팀 버가드(Tim Burgard), 선임 편집자 미건 포터(Meaghan Porter), HCL 지원 제작팀의 케빈 스미스(Kevin Smith), 로런 킹슬리(Lauren Kingsley), 시실리 액스턴(Sicily Axton), 조시 딜레이시(Josh deLacy), 해나 할리스(Hannah Harliss), 헤더 하월(Heather Howell), 사라 콜리(Sara Colley) 등 모두에게 진심으로 감사드린다.

UBS와 HCL의 만남은 인재 에이전트 CAA의 앤서니 마테로(Anthony Mattero)와 시드니 시프먼(Sydney Shiffman) 덕분에 가능했다. 리처드는 나오미 아이젠바이스(Naomi Eisenbeiss)가 지원하는 에이전트사 잉크웰 매니지먼트(InkWell Management)의 리처드 파인(Richard Pine)에게 감사를 전한다.

마지막으로 공저자 리처드 모라이스(Richard Morais)에게 감사를 전하고 싶다. 이 책의 집필을 제안한 것을 후회할 만큼 어려운 시기를 거쳤지만, 리처드는 전혀 힘든 기색을 보이지 않았다. 그는 열정을 바치는 예술가이자 진정한 프로다.

주석

서문

1 〈UBS 연간 보고서 2023〉(UBS 그룹, 2023), https://www.ubs.com/content/dam/assets/
cc/investor-relations/annual-report/2023/files/annual-report-ubs-group-2023.pdf.

2 버크셔 해서웨이 포트폴리오 보유 현황, 핀텔(Fintel), 2024년 9월 11일 열람, https://
fintel.io/i/berkshire-hathaway.

3 제니퍼 모살그(Jennifer Mossalgue), 〈프랑스, 모든 대형 주차장에 태양광 설치 의무화〉,
일렉트렉(Electrek), 2022년 11월 8일, https://electrek.co/2022/11/08/france-require-
parking-lots-be-covered-in-solar-panels/.

4 리처드 C. 모라이스(Richard C. Morais), 호텔 폰테네이 행사 참석 중 작성한 개인 메모,
2022년 10월 27~30일.

5 배리 리톨츠(Barry Rittholz), 〈데이비드 아인혼: 시장 구조는 망가졌다〉, 마스터스 인 비
즈니스(Masters in Business), 블룸버그 팟캐스트, 2024년 2월 8일, https://www.youtube.
com/watch?v=QuGQ0LDWUt8.

규칙 1. 거대 자본을 따라 움직여라

1 크리스토퍼 J. 니일리(Christopher J. Neely), 〈미국의 마이너스 금리?〉, 경제 연구, 제4호
(2020), https://doi.org/10.20955/es.2020.4.

2 토머스 홀스트(Thomas Holst), 〈통찰: 마이너스 유가의 진정한 의미〉, 유타대학교 킴 C.
가드너 정책연구소(University of Utah Kim C. Gardner Policy Institute), 2024년 8월 6일 열람,
https://gardner.utah.edu/blog/blog-what-negative-oil-prices-really-mean.

3 크리스토퍼 루게이버(Christopher Rugaber), 〈휘발유 및 임대료 상승에 따른 미국의 높

은 인플레이션 유지 및 연준의 금리 인하 지연 가능성〉, 미국연합통신(Associated Press), 2024년 4월 10일, https://apnews.com/article/inflation-prices-rates-economy-federal-reserve-biden-f02b969d1b44a7ccb0385be03f766de0#.

4 〈미국 국가 부채 신용등급 강등, 미 역사상 두 번째 사례〉, 하원 예산위원회, 2023년 8월 2일, https://budget.house.gov/resources/staff-working-papers/us-debt-credit-rating-downgraded-only-second-time-in-nations-history.

5 존 멕클린(John Mecklin), 〈2024년 운명의 날 시계 성명〉, 원자과학자회보(Bulletin of the Atomic Scientists), 2024년 1월 23일, https://thebulletin.org/doomsday-clock/current-time.

6 〈60억 명이 여전히 오염된 공기를 마시고 있다: 세계보건기구(WHO) 신규 데이터〉, 세계보건기구(World Health Organization), 2022년 4월 4일, https://www.who.int/news/item/04-04-2022-billions-of-people-still-breathe-unhealthy-air-new-who-data.

7 마이클 헤더리(Michael Haederle), 〈뉴멕시코대 의과학 연구진, 모든 인간의 태반에서 발견된 미세플라스틱〉, UNM 헬스 사이언스 뉴스룸(UNM Health Sciences Newsroom), 2024년 2월 20일, https://hsc.unm.edu/news/2024/02/hsc-newsroom-post-microplastics.html.

8 〈정부 부채의 자본 구축 효과에 대한 설명〉, 펜실베이니아대학교 와튼스쿨(University of Pennsylvania Penn Wharton) 예산 모델, 2021년 6월 28일, https://budgetmodel.wharton.upenn.edu/issues/2021/6/28/explainer-capital-crowd-out-effects-of-government-debt.

9 댄 새배그(Dan Sabbagh), 〈전 세계 국방비 지출 9% 증가, 사상 최고치 2조 2000억 달러 기록〉, 가디언(Guardian), 2024년 2월 13일, https://www.theguardian.com/world/2024/feb/13/global-defence-spending-rises-9-per-cent-to-record-22tn-dollars; IMF 세계 경제전망, IMF 미디어 센터, 2024년 7월 16일, https://mediacenter.imf.org/news/imf-world-economic-outlook-presser/s/f7765ca6-8a67-46e3-a368-22d0b0b626a3.

10 〈개요 및 주요 발견〉,《세계 에너지 투자 2023》(IEA, 2023년 5월), https://www.iea.org/reports/world-energy-investment-2023/overview-and-key-findings.

11 존 이건(John Egan), 〈2023년 보고서, 정부 청정에너지 투자 중 상당 비중 차지한 텍사스〉, 이노베이션 맵(Innovation Map), 2024년 3월 18일, https://houston.innovationmap.com/texas-clean-investment-monitor-report-2667540199.html.

12 〈그리스 GDP(현재 미국 달러)〉, 세계은행그룹(World Bank Group), 2024년 8월 8일 열람, https://data.worldbank.org/indicator/NY.GDP.MKTP.CD?locations=GR.

13 텍사스 주지사 그레그 애벗(Greg Abbott) 사무실, 〈텍사스, 미국에서 가장 빠른 경제 확장 주도〉, 보도자료, 2023년 3월 31일, https://gov.texas.gov/news/post/texas-leads-nation-with-fastest-economic-expansion; 〈러시아 연방 GDP(현재 미국 달러)〉, 세계은행그룹, 2024년 8월 8일 열람, https://data.worldbank.org/indicator/NY.GDP.MKTP.CD?locations=RU.

14 〈평온의 기도와 12단계 회복〉, 헤젤덴 베티 포드 재단(Hazelden Betty Ford Foundation), 2018년 10월 14일, https://www.hazeldenbettyford.org/articles/the-serenity-prayer.

15 엘리자베스 스탠턴(Elizabeth Stanton), 〈연준 사상 최대 규모의 채권 매입 막바지〉, 블룸버그(Bloomberg), 2022년 3월 9일, https://www.bloomberg.com/news/articles/2022-03-09/fed-s-biggest-ever-bond-buying-binge-is-drawing-to-a-close.

16 빅토리아 마스터슨(Victoria Masterson), 매들린 노스(Madeleine North), 〈'글로벌 부채'란 무엇이며 현재 얼마나 높은가?〉, 세계경제포럼, 2023년 12월 21일, https://www.weforum.org/agenda/2023/10/what-is-global-debt-why-high.

17 〈국가 부채: 국내총생산(GDP) 대비 총 공공부채 비율〉, 세인트루이스 연방준비은행(Federal Reserve Bank of St. Louis), 2024년 6월 27일, https://fred.stlouisfed.org/series/GFDEGDQ188S.

18 2013년 6월~2024년 6월 미국 공공 부채, 스태티스타(Statista), 2024년 7월 15일 열람, https://www.statista.com/statistics/273294/public-debt-of-the-united-states-by-month.

19 아리스 폴리(Aris Folley), 〈연방감사원, 미국 국채 위기로 인한 시장 충격 우려〉, 더 힐(The Hill), 2024년 3월 27일, https://thehill.com/business/budget/4560301-budget-watchdog-warns-us-could-suffer-market-shock-over-national-debt.

20 칼렙 네이스미스(Caleb Naysmith), 〈제롬 파월, 34조 달러 국가 부채 문제 해결을 위한 '성숙한 논의' 필요성 제기 — 재닛 옐런, 지속 가능한 재정 경로가 '매우 중요'하다고 언급〉, 벤징가(Benzinga), 2024년 2월 15일, https://www.benzinga.com/startups/24/02/37156426/jerome-powell-says-34-trillion-national-debt-is-ready-for-an-adult-conversation-janet-yellen-calls-s.

21 〈국방비보다 이자에 더 많이 지출하고 있는가?〉, 미국 예산 감시 2024(블로그), 연방책임예산위원회(Committee for a Responsible Federal Budget), 2024년 2월 20일, https://www.crfb.org/blogs/do-we-spend-more-interest-defense.

22 〈국가 부채의 이자 비용이 사상 최고치에 이를 것으로 전망〉, 재정 블로그(Fiscal Blog), 피터 G. 피터슨 재단(Peter G. Peterson Foundation), 2023년 2월 16일, https://www.pgpf.

org/blog/2023/02/interest-costs-on-the-national-debt-are-on-track-to-reach-a-record-high.

23 〈이자 비용〉, 아니타 하우저(Anita Hawser), 〈부채가 가장 많은 국가〉, 글로벌 파이낸스(Global Finance), 2023년 6월 8일, https://gfmag.com/data/economic-data/countries-most-addicted-debt; 미국 국가채무시계(US Debt Clock), https://www.usdebtclock.org.

24 에릭 월러스틴(Eric Wallerstein), 〈미국 국채 판매가 갈수록 어려워져〉, 월스트리트 저널, 2024년 4월 14일, https://www.wsj.com/finance/americas-bonds-are-getting-harder-to-sell-c3fde4de.

25 애비게일 J. 쇼도(Abbigail J. Chiodo), 마이클 T. 오양(Michael T. Owyang), 〈통화 위기 사례 연구: 1998년 러시아 채무불이행〉(세인트루이스 연방준비은행, 2002년 11월/12월), https://files.stlouisfed.org/files/htdocs/publications/review/02/11/ChiodoOwyang.pdf.

26 카린 스트로헥커(Karin Strohecker), 안드레아 샬랄(Andrea Shalal), 에밀리 챈(Emily Chan), 〈우크라이나 제재로 인한 지급 차단으로 러시아의 역사적 채무불이행 발생〉, 로이터(Reuters), 2022년 6월 27일, https://www.reuters.com/markets/europe/russia-slides-towards-default-payment-deadline-expires-2022-06-26.

27 패트릭 콜린슨(Patrick Collinson), 〈덴마크은행, 세계 최초 마이너스 금리 주택담보대출 출시〉, 가디언, 2019년 8월 13일, https://www.theguardian.com/money/2019/aug/13/danish-bank-launches-worlds-first-negative-interest-rate-mortgage.

28 게릿 쾨스터(Gerrit Koester) 외, 〈유로 지역과 미국의 인플레이션 동향〉, ECB 경제 게시판(2022년 8월), https://www.ecb.europa.eu/press/economic-bulletin/focus/2023/html/ecb.ebbox202208_01~c11d09d5fd.en.html.

29 〈암호화폐 관련 금융 서비스업체 주의보〉, 공공 서비스 공지 경보 번호: I-042524-PSA, FBI, 2024년 4월 25일, https://www.ic3.gov/Media/Y2024/PSA240425; 〈재닛 L. 옐런 미 재무장관의 최근 암호화폐 시장 동향 관련 성명서〉, 미국 재무부, 2022년 11월 16일, https://home.treasury.gov/news/press-releases/jy1111.

30 〈비트코인 가격, 11월 고점 대비 50퍼센트 하락〉, BBC, 2022년 5월 9일, https://www.bbc.com/news/business-61375152.

31 터커 릴스(Tucker Reals), 〈재닛 옐런, 암호화폐의 '위험성'을 보여주는 FTX 붕괴〉, CBS 뉴스, 2022년 11월 15일, https://www.cbsnews.com/news/ftx-collapse-janet-yellen-crypto-economy-inflation-diesel-shortage-ev-batteries-china.

32 데이비드 야페-벨라니(David Yaffe-Bellany), 〈암호화폐 부활? 비트코인 급등의 의미〉, 뉴욕 타임스(New York Times), 2024년 3월 5일, https://www.nytimes.com/2024/03/05/

technology/cryptocurrencies-bitcoin-explainer.html.

33 제시 해밀턴(Jesse Hamilton), 〈트럼프의 미국 비트코인 보유고 발언에 관련 업계는 세부 내용 주시 중〉, 코인데스크(CoinDesk), 2024년 7월 29일, https://www.coindesk.com/news-analysis/2024/07/29/trumps-talk-of-bitcoin-reserve-for-the-us-leaves-industry-waiting-for-more-details.

34 게리 리처드슨(Gary Richardson), 알레한드로 코마이(Alejandro Komai), 마이클 고우(Michael Gou), 〈루즈벨트의 금 프로그램〉, 연방준비제도사(Federal Reserve History), 2024년 8월 4일 열람, https://www.federalreservehistory.org/essays/roosevelts-gold-program.

35 〈대통령, 금 보유 단속법 발동〉, 뉴욕 타임스, 1933년 4월 6일, https://timesmachine.nytimes.com/timesmachine/1933/04/06/issue.html.

36 〈정부의 금 몰수에 대한 이해〉, 미국 금국(United States Gold Bureau), 2024년 8월 4일 열람, https://www.usgoldbureau.com/gold-confiscation.

37 크리스 콜빈(Chris Colvin), 필립 플라이어스(Philip Fliers), 〈1930년대 미국 정부가 전 국민의 금 보유를 금지한 사건〉, 더 콘버세이션(The Conversation), 2020년 5월 21일, https://theconversation.com/how-the-us-government-seized-all-citizens-gold-in-1930s-138467.

38 〈마리오 드라기〉, 유럽중앙은행, 2024년 8월 7일 열람, https://www.ecb.europa.eu/press/conferences/ecbforum/previous_fora/2017/html/biographies/draghi.it.html.

39 〈마리오 드라기 발언 전문〉, 글로벌 투자 콘퍼런스(Global Investment Conference), 런던, 2012년 7월 26일, 유럽중앙은행, https://www.ecb.europa.eu/press/key/date/2012/html/sp120726.en.html.

40 〈2010년 7월~2024년 7월 암호화폐 시장 시가총액〉, 스태티스타, 2024년 8월 4일 열람, https://www.statista.com/statistics/730876/cryptocurrency-maket-value.

41 〈미국 상업용 부동산〉, 스태티스타, 2024년 8월 4일 열람, https://www.statista.com/outlook/fmo/real-estate/commercial-real-estate/united-states#value; 〈글로벌 암호화폐 시가총액 차트〉, 코인게코(Coingecko), 2024년 8월 4일 열람, https://www.coingecko.com/en/global-charts.

42 《국방전략》(백악관, 2022년 10월), https://www.whitehouse.gov/wp-content/uploads/2022/10/Biden-Harris-Administrations-National-Security-Strategy-10.2022.pdf.

43 롭 가버(Rob Garver), 〈중국과 미국의 반도체, 흑연 무역 상호 제재〉, 미국의 소리(Voice of America), 2023년 10월 20일, https://www.voanews.com/a/china-us-swap-trade-sanctions-on-semiconductors-graphite-/7320136.html.

44 피터 반햄(Peter Vanham), 니콜라스 고든(Nicholas Gordon), 〈EBRD 수석 이코노미스트, '경제 단절의 위험'에 맞서 기업 리더들의 대응 촉구〉, 포천(Fortune), 2024년 1월 10일, https://www.voanews.com/a/china-us-swap-trade-sanctions-on-semiconductors-graphite-/7320136.html.

45 루이스 토레스(Luis Torres), 〈미국 최대 교역국 지위 굳히며 중국과의 격차 확대 노리는 멕시코〉, 댈러스 연방준비은행(Federal Reserve Bank of Dallas), 2023년 7월 11일, https://www.dallasfed.org/research/economics/2023/0711.

46 샤메인 제이콥(Charmaine Jacob), 〈인도는 중국을 대체할 최고의 제조 거점을 노리지만 먼저 베트남을 넘어서야 한다〉, CNBC, 2024년 4월 1일, https://www.cnbc.com/2024/04/02/india-wants-to-become-the-top-manufacturing-alternative-to-china-but-first-it-needs-to-beat-vietnam.html.

47 이지훈, 신시아 김(Cynthia Kim), 〈한국, 2023년 세계 최저 출산율 재경신〉, 로이터, 2024년 2월 28일, https://www.reuters.com/world/asia-pacific/south-koreas-fertility-rate-dropped-fresh-record-low-2023-2024-02-28.

48 펑 왕(Feng Wang), 바오창 구(Baochang Gu), 용 차이(Yong Cai), 〈중국의 한 자녀 정책의 종말〉, 브루킹스 연구소(Brookings Institution), 2016년 3월 30일, https://www.brookings.edu/articles/the-end-of-chinas-one-child-policy.

49 이지훈, 신시아 김, 〈한국, 2023년 세계 최저 출산율 재경신〉.

50 파라 마스터(Farah Master), 〈중국 인구 2년 연속 감소, 출생률 역대 최저〉, 로이터, 2024년 1월 17일, https://www.reuters.com/world/china/chinas-population-drops-2nd-year-raises-long-term-growth-concerns-2024 - 01 - 17; 마이클 E. 오핸런(Michael E. O'Hanlon), 〈중국 인구 감소와 미래 국력의 제약〉, 브루킹스 연구소, 2023년 4월 24일, https://www.brookings.edu/articles/chinas-shrinking-population-and-constraints-on-its-future-power.

51 〈한국〉, PopulationPyramid.net, 2024년 8월 5일 열람, https://www.populationpyramid.net/republic-of-korea/2019.

52 〈유럽〉, PopulationPyramid.net, 2024년 8월 5일 열람, https://www.populationpyramid.net/europe/2080.

53 〈미국〉, PopulationPyramid.net, 2024년 8월 5일 열람, https://www.populationpyramid.net/united-states-of-america/2080.

54 《고령화 시대, 아무도 소외되지 않는 사회: 2023 세계 사회 보고서》(UN 경제사회국(United Nations Department of Economic and Social Affairs), 2023년 1월), https://www.un.org/

development/desa/dspd/wp-content/uploads/sites/22/2023/01/2023wsr-chapter1-. pdf.

55 《2024년 세계 이주 보고서》(국제이주기구(International Organization for Migration), 2024년), 21, https://publications.iom.int/books/world-migration-report-2024.

56 〈GDP 대비 미국 의료비 지출 비율〉, USA 팩트(USA Facts), 2024년 8월 30일 열람, https://usafacts.org/data/topics/people-society/health/healthcare-expenditures/ healthcare-expenditures-as-of-gdp.

57 예산 기초: 메디케어, 피터 G. 피터슨 재단, 2023년 4월 18일, 2024년 8월 30일 열람, https://www.pgpf.org/budget-basics/medicare.

58 엠마 웨이거(Emma Wager) 외, 〈미국 보건의료 지출 비교〉, 헬스 시스템 트래커(Health System Tracker), 2024년 1월 23일, https://www.healthsystemtracker.org/chart- collection/health-spending-u-s-compare-countries.

59 〈다가올 10년〉, 《2024년 이후 전망: 새로운 세계》(UBS, 2023년 12월), 40, https:// advisors.ubs.com/katz/mediahandler/media/611610/digital-ubs-year-ahead-2024- global-en-3.pdf.

60 〈시장 데이터〉, 블룸버그, 2024년 8월 5일 열람, https://www.bloomberg.com/quote/ SPX:IND.

61 가버, 〈중국과 미국의 반도체, 흑연 무역 상호 제재〉.

62 엘리자베스 콜버트(Elizabeth Kolbert), 〈AI의 폭발적인 에너지 수요〉, 뉴요커(New Yorker), 2024년 3월 9일, https://www.newyorker.com/news/daily-comment/the- obscene-energy-demands-of-ai.

63 앤디 파트리지오(Andy Patrizio), 〈데이터 센터, 에너지 및 공간 확보를 위해 새로운 영 역 진출〉, 데이터센터 날리지(Data Center Knowledge), 2024년 3월 5일, https://www. datacenterknowledge.com/buildconstruction/data-centers-push-new-territories- pursuit-energy-space.

64 파트리지오, 〈데이터 센터, 에너지 및 공간 확보를 위해 새로운 영역 진출〉.

65 〈재생에너지 지침〉, 유럽위원회, 2024년 8월 5일 열람, https://energy.ec.europa.eu/ topics/renewable-energy/renewable-energy-directive-targets-and-rules/renewable- energy-directive_en.

66 〈유럽 의회 및 이사회가 제정한 2023년/2413년 EU 지침〉, 유럽연합 관보, 2023년 10 월 18일, https://eur-lex.europa.eu/legal-content/EN/TXT/?uri=CELEX%3A32023L 2413&qid=1699364355105.

67 〈경제, 정치, 환경, 사회 요인의 영향을 받는 에너지 의사결정〉, CLEAN, 2024년 8월 3
일 열람, https://cleanet.org/clean/literacy/energy5.html.

68 〈개요 및 주요 발견〉, 《세계 에너지 투자 2023》(IEA, 2023년 5월), https://www.iea.org/
reports/world-energy-investment-2023/overview-and-key-findings.

69 〈투자〉, IEA, 2024년 8월 25일 열람, https://www.iea.org/topics/investment.

70 앤드루 시슨스(Andrew Sissons), 로리 스미스(Laurie Smith), 〈계량할 필요도 없는 값싼 전
력: 저비용 재생에너지가 에너지 풍요의 시대를 열 가능성〉, 네스타(Nesta), 2024년 9
월 12일 열람, https://www.nesta.org.uk/feature/future-signals-2023/too-cheap-to-
meter-could-low-cost-renewables-create-an-abundance-of-energy/; 에너지 및 재생
에너지 사무소(Office of Energy and Renewable Energy), 〈청정에너지가 중요한 이유〉, 2024
년 9월 12일 열람, https://www.energy.gov/eere/why-clean-energy-matters; 돌프 길렌
(Dolf Gielen), 프란시스코 보셸(Francisco Boshell), 데거 사이긴(Deger Saygin), 모건 D. 바질
리언(Morgan D. Bazilian), 니콜라스 와그너(Nicholas Wagner), 리카도 고리니(Ricardo
Gorini), 〈세계 에너지 전환 시 재생에너지의 역할〉, 에너지 전략 리뷰(Energy Strategy
Reviews), 24(2019년 4월):38 – 50, https://doi.org/10.1016/j.esr.2019.01.006.

규칙 2. 정부를 따라 매수하라

1 〈2022년 인플레이션 감축법〉, 미국 에너지부, 2023년 9월 22일 개정, https://www.
energy.gov/lpo/inflation-reduction-act-2022.

2 〈Indxx 미국 인프라 개발 지수〉, Indxx, 2024년 5월 22일 열람, https://www.indxx.
com/indices/benchmark-indices/indxx_u.s._infrastructure_development_index.

3 〈개요: 바이든 대통령의 인플레이션 감축법 시행 1년, 역사적 기후 변화 대응과 미국
투자 주도로 양질의 일자리 창출과 비용 절감〉, 백악관 브리핑룸 성명, 2023년 8월 16
일, https://www.whitehouse.gov/briefing-room/statements-releases/2023/08/16/fact-
sheet-one-year-in-president-bidens-inflation-reduction-act-is-driving-historic-
climate-action-and-investing-in-america-to-create-good-paying-jobs-and-reduce-
costs; 〈개요: 반도체과학법을 통한 비용 절감, 일자리 창출, 공급망 강화, 중국 견제〉,
백악관 브리핑룸 성명, 2022년 8월 9일, https://www.whitehouse.gov/briefing-room/
statements-releases/2022/08/09/fact-sheet-chips-and-science-act-will-lower-costs-
create-jobs-strengthen-supply-chains-and-counter-china.

4 〈iShares 반도체 ETF(SOXX)〉, 나스닥, 2024년 5월 22일 열람, https://www.nasdaq.

com/market-activity/etf/soxx/historical.

5 허드슨 로켓(Hudson Lockett), 청 렝(Cheng Leng), 〈시진핑이 중국 주식시장을 통제하는 방식〉, 파이낸셜 타임스, 2023년 9월 21일, https://www.ft.com/content/f9c864c1-6cd4-405e-aa4b-d0b5e2ec6535.

6 로켓, 렝, 〈시진핑이 중국 주식시장을 통제하는 방식〉.

7 미국 법무부, 〈미 법무부의 환경법 위반 혐의로 이베이에 소송 제기〉, 보도자료, 2023년 9월 27일, https://www.justice.gov/opa/pr/justice-department-files-complaint-alleging-environmental-violations-ebay; 크리스 로살레스(Chris Rosales), 〈이베이, 배출가스 조작 장치 34만 3000개 판매 허용으로 19억 달러 과징금 예상〉, 더 드라이브(The Drive), 2023년 9월 30일, https://www.thedrive.com/news/us-sues-ebay-for-allowing-sale-of-more-than-300000-emissions-defeat-devices; 케이트 깁슨(Kate Gibson), 〈이베이, 롤링 콜(rolling coal, 디젤 엔진을 개조해 배기가스를 대량으로 배출하는 행위 – 옮긴이) 장치 판매로 최대 20억 달러 과징금 위기〉, CBS, 2023년 10월 17일, https://www.cbsnews.com/news/ebay-rolling-coal-devices-epa-justice-department.

8 〈그래머시, 환경 소송에 사상 최대 소송 자금 대출 제공〉, 헤지위크(Hedgeweek), 2023년 10월 2일, https://www.hedgeweek.com/gramercy-provides-record-litigation-loan-for-environmental-lawsuits.

9 〈디젤게이트 스캔들이란?〉, 엔바이로테크 온라인(Envirotech Online), 2022년 12월 23일, https://www.envirotech-online.com/news/air-monitoring/6/international-environmental-technology/what-was-the-dieselgate-scandal/59471.

10 이바나 코타소바(Ivana Kottasová), 〈스위스 여성들, 미흡한 기후 대응이 인권 침해라고 주장하며 유럽에서 역사적 소송 제기〉, CNN, 2023년 3월 29일, https://www.cnn.com/2023/03/29/europe/climate-lawsuit-switzerland-european-court-intl/index.html; 글로리아 디키(Gloria Dickie), 케이트 앱닛(Kate Abnett), 크리스티안 르보(Christian Levaux), 〈스위스 여성들, 유럽 최고 인권 법원에서 역사적인 기후 소송 승소〉, 로이터, 2024년 4월 9일, https://www.reuters.com/sustainability/climate-activists-seek-breakthrough-human-rights-court-ruling-against-european-2024-04-09.

11 매들린 피츠제럴드(Madeline Fitzgerald), 엘리엇 데이비스 주니어(Elliot Davis Jr.), 〈러시아의 우크라이나 침공: 위기 타임라인〉, U.S. 뉴스 & 월드 리포트(U.S. News & World Report), 2024년 2월 22일, https://www.usnews.com/news/best-countries/slideshows/a-timeline-of-the-russia-ukraine-conflict.

12 〈유럽연합 천연가스 수입 가격(I:EUNGIP)〉, Y차트(Ycharts), 2024년 5월 23일 열람,

https://ycharts.com/indicators/europe_natural_gas_price.

13 더그 밴도(Doug Bandow), 〈동맹국, 러시아 자산 압류 개시〉, 케이토 연구소(Cato Institute), 2024년 5월 30일, https://www.cato.org/commentary/allies-begin-reckless-seizure-russian-assets.

14 재키 노섬(Jackie Northam), 〈압류한 러시아 자산 3000억 달러의 처리 방식에 대한 논쟁 벌어져〉, 모닝 에디션(Morning Edition), NPR, 2024년 3월 11일, https://www.npr.org/2024/03/11/1237398076/a-debate-is-centered-on-what-to-do-with-300-billion-in-seized-russian-assets.

15 애런 아널드(Aaron Arnold), 대니얼 솔즈버리(Daniel Salisbury), 〈제재 우회 설계자들: 서방의 제재에 대비하는 모스크바〉, 로페어(Lawfare), 2024년 3월 4일, https://www.lawfaremedia.org/article/the-sanctions-busting-architects-moscow-s-preparations-for-the-west-s-sanctions.

16 〈REPowerEU: 유럽을 위한 저렴하고 안전하고 지속 가능한 에너지〉, 유럽위원회, 2022년 5월 18일, https://commission.europa.eu/strategy-and-policy/priorities-2019-2024/european-green-deal/repowereu-affordable-secure-and-sustainable-energy-europe_en.

17 롭 코플랜드(Rob Copeland), 〈세계 최대 헤지펀드가 실제로 돈을 벌어들이는 방식〉, 뉴욕 타임스, 2023년 11월 2일 업데이트, https://www.nytimes.com/2023/11/01/business/how-does-the-worlds-largest-hedge-fund-really-make-its-money.html.

18 윌 대니얼(Will Daniel), 〈레이 달리오, 뉴욕 타임스 기자가 그에 대해 쓴 충격적인 책을 '비극'이라고 비판… 브리지워터에서 퇴짜를 맞은 후 '허구를 사실처럼 꾸며낸' 인물이라 주장〉, 포천, 2023년 11월 29일, https://finance.yahoo.com/news/ray-dalio-slams-tragedy-york-074835620.html.

19 〈가치주 대 성장주: 현재 트렌드, 주요 주식 및 ETF〉, Y차트, 2023년 12월 1일, https://get.ycharts.com/resources/blog/value-vs-growth-stocks-funds-etfs-investing; 비에른 예쉬(Björn Jesch), 〈가치주 대 성장주〉, DWS, 2024년 3월 27일, https://www.dws.com/en-us/insights/cio-view/macro/cio-special-03272024.

20 새라 한센(Sarah Hansen), 〈2024년에는 가치주가 주도할 것인가?〉, 모닝스타(Morningstar), 2024년 1월 11일, https://www.morningstar.com/markets/will-value-stocks-take-lead-2024.

21 〈독일 재생에너지법〉, IEA, 2023년 5월 9일, https://www.iea.org/policies/12392-germanys-renewables-energy-act; 〈독일 고정가격매입제도〉, 세계미래회의(World

Future Council), 2024년 8월 1일 열람, https://www.futurepolicy.org/climate-stability/renewable-energies/the-german-feed-in-tariff.

22 케이트 코널리(Kate Connolly), 〈독일, 태양광 보조금 축소 예정〉, 가디언, 2012년 3월 2일, https://www.theguardian.com/world/2012/mar/02/germany-cuts-solar-power-subsidies.

23 에릭 키르슈바움(Erik Kirschbaum), 크리스토프 슈타이츠(Christoph Steitz), 〈독일, 예상보다 이른 시점에 태양광 보조금 축소 예정〉, 로이터, 2012년 2월 23일, https://www.reuters.com/article/idUSTRE81M1EH.

규칙 3. 현재에 이르게 된 과정을 이해하라

1 〈숀 윌렌츠(Sean Wilentz)〉, 프린스턴대학교, 역사학부, 2024년 8월 5일 열람, https://history.princeton.edu/people/sean-wilentz.

2 업튼 싱클레어(Upton Sinclair), 《정글(The Jungle)》(뉴욕: 그로셋 앤 던랩(Grosset and Dunlap), 1906년).

3 린든 B. 존슨(Lyndon B. Johnson), 〈육류검사법 개정안 서명에 대한 발언〉, 미국 대통령직 프로젝트(American Presidency Project), 1967년 12월 5일, https://www.presidency.ucsb.edu/documents/remarks-upon-signing-bill-amending-the-meat-inspection-act.

4 〈미국 연방법전 해설서. 제21편. 식품의약품. 제12장. 육류검사〉, 동물법 및 역사 센터(Animal Legal and Historical Center), 미시간주립대학교, 2024년 3월, https://www.animallaw.info/statute/us-meat-chapter-12-meat-inspection.

5 로버트 W. 브레이(Robert W. Bray), 〈육류 과학의 역사〉, 미국육류과학회(merican Meat Science Association), 1997년, https://meatscience.org/about-amsa/history-mission/history-of-meat-science.

6 토드 S. 퍼덤(Todd S. Purdum), 〈케네디와 존슨의 고문 월트 로스토, 86세로 별세〉, 뉴욕타임스, 2003년 2월 15일, https://www.nytimes.com/2003/02/15/us/walt-rostow-adviser-to-kennedy-and-johnson-dies-at-86.html.

7 마크 헨리 헤펠레(Mark Henry Haefele), 〈월트 로스토, 근대화, 베트남: 이론상의 성장 단계〉(Harvard University 박사학위 논문, 2000년), 프로퀘스트(ProQuest), https://www.proquest.com/openview/4079551888ced53ed48930482bfd0e75.

8 〈시장에 베팅하기〉, 프론트라인(Frontline), PBS, 2024년 8월 1일 열람, https://www.pbs.org/wgbh/pages/frontline/shows/betting/pros/lynch.html; 제이 젠킨스(Jay Jenkins),

〈8개 명언으로 정리한 피터 린치에 대한 모든 것〉, 모틀리 풀(Motley Fool), 2018년 10
월 15일 업데이트, https://www.fool.com/investing/2016/06/15/everything-you-
need-to-know-about-peter-lynch-in-8.aspx.

9 〈1907년 공황〉, 연방준비제도사, 2024년 8월 1일 열람, https://www.federalres
ervehistory.org/essays/panic-of-1907.

10 〈1907년 공황〉, 연방준비제도사.

11 〈1907년 공황〉, 연방준비제도사.

12 애비게일 터커(Abigail Tucker), 〈1907년 금융 공황: 역사로부터의 도피〉, 스미소니언 매
거진(Smithsonian Magazine), 2008년 10월 8일, https://www.smithsonianmag.com/
history/the-financial-panic-of-1907-running-from-history-82176328.

13 〈1907년 공황〉, 오디오 투어, 모건 라이브러리 & 미술관(Morgan Library and Museum),
2024년 8월 1일 열람, https://www.themorgan.org/exhibitions/online/guide/stop-23-
panic-1907.

14 앨런 포이어(Alan Feuer), 〈솔리테어(혼자 하는 카드놀이 - 옮긴이)를 하거나 경제를 구하거
나〉, 뉴욕 타임스, 2009년 3월 18일, https://www.nytimes.com/2009/03/19/
nyregion/19rooms.html.

15 〈1907년 공황〉, 인터내셔널 뱅커(International Banker), 2021년 9월 9일, https://
internationalbanker.com/history-of-financial-crises/panic-of-1907.

16 〈구텐베르크 성서〉, 모건 라이브러리 & 뮤지엄, 2024년 8월 1일 열람, https://www.
themorgan.org/exhibitions/online/bookmans-paradise/gutenberg-bible.

17 〈J. 피어폰트 모건의 도서관: 서책가의 낙원을 짓다〉, 모건 라이브러리 & 뮤지엄,
2024년 8월 1일 열람, https://www.themorgan.org/book/export/html/1381561.

18 〈J. P. 모건, 1907년 공황, 그리고 연방준비법〉, 티치 데모크라시(Teach Democracy), 2024
년 8월 1일 열람, https://teachdemocracy.org/images/pdf/jpmorgan.pdf.

19 〈1907년 공황〉, 인터내셔널 뱅커.

20 포이어, 〈솔리테어를 하거나 경제를 구하거나〉.

21 〈미국 GDP 대비 정부 지출 비율〉, 트레이딩 이코노믹스(Trading Economics), 2024년 8
월 1일 열람, https://tradingeconomics.com/united-states/government-spending-to-
gdp.

22 〈미국 GDP 대비 정부 지출 비율〉.

23 조너선 스템펠(Jonathan Stempel), 트레버 허니컷(Trevor Hunnicutt), 〈구제금융에 나선 버
핏, ‘최종 대부자’ 이미지를 공고히 하다〉, 로이터, 2017년 6월 22일, https://www.

reuters.com/article/idUSKBN19D2IJ.

24 스템펠, 허니컷, 〈구제금융에 나선 버핏, '최종 대부자' 이미지를 공고히 하다〉.

25 테런 모하메드(Theron Mohamed), 〈금융위기 당시 GE에 30억 달러를 투입한 워런 버핏, 그가 금융 업계 거인을 구한 방식〉, 비즈니스 인사이더(Business Insider), 2023년 1월 8일 업데이트, https://markets.businessinsider.com/news/stocks/warren-buffett-invested-3-billion-general-electric-ge-2008-crisis-2020-6-1029327040.

26 〈버크셔 해서웨이, 글로벌 금융위기 때 골드만삭스에 50억 달러 투자〉, 골드만삭스(Goldman Sachs), 2024년 8월 5일 열람, https://www.goldmansachs.com/our-firm/history/moments/2008-buffett-investment.html.

27 테런 모하메드, 〈워런 버핏, 2011년 부채 위기 당시 뱅크오브아메리카에 50억 달러 투입… 역대 가장 수익성 높은 거래 중 하나로 평가〉, 비즈니스 인사이더, 2023년 1월 14일, https://markets.businessinsider.com/news/stocks/warren-buffett-invested-5-billion-bank-of-america-made-fortune-2020–10-1029690339; 존 멜로이(John Melloy), 리즈 모이어(Liz Moyer), 〈워런 버핏, 영리한 뱅크오브아메리카 투자로 단숨에 120억 달러 수익〉, CNBC, 2017년 6월 30일, https://www.cnbc.com/2017/06/30/warren-buffett-just-made-a-quick-12-billion-on-bank-of-america.html.

28 마이클 플레밍(Michael Fleming), 웨일링 류(Weiling Liu), 〈롱텀 캐피털 매니지먼트의 파산 위기〉, 연방준비제도사, 2013년 11월 22일, https://www.federalreservehistory.org/essays/ltcm-near-failure.

29 〈사례 연구: LTCM〉, C. T. 바우어 경영대학(C.T. Bauer College of Business), 휴스턴대학교, 2024년 8월 5일 열람, https://www.bauer.uh.edu/rsusmel/7386/ltcm-2.htm.

30 애덤 헤이스(Adam Hayes), 〈블랙 숄스 모델: 개요, 작동 방식, 옵션 가격 산출 공식〉, 인베스토피디아(Investopedia), 2024년 7월 11일 업데이트, https://www.investopedia.com/terms/b/blackscholes.asp.

31 플레밍, 류, 〈롱텀 캐피털 매니지먼트의 파산 위기〉.

32 플레밍, 류, 〈롱텀 캐피털 매니지먼트의 파산 위기〉.

33 콜린 리드(Colin Read), 《퀀트의 부상: 마르샤크, 샤프, 블랙, 숄스 그리고 머튼(The Rise of the Quants: Marschak, Sharpe, Black, Scholes and Merton)》(영국: 팰그레이브 맥밀런(Palgrave Macmillan), 2012년), 206.

34 〈체계적 위험과 롱텀 캐피털 매니지먼트 구제〉(미국 의회조사국, 1999년 6월 10일), https://crsreports.congress.gov/product/pdf/RL/RL30232/3; 론 림쿠스(Ron Rimkus), 〈롱텀 캐피털 매니지먼트〉, CFA 연구소(CFA Institute), 2016년 4월 18일, https://www.

econcrises.org/2016/04/18/long-term-capital-management.

35   애비게일 J. 쇼도, 마이클 T. 오양, 〈통화 위기 사례 연구: 1998년 러시아 채무불이행〉
(세인트루이스 연방준비은행, 2002년 11월/12월), https://files.stlouisfed.org/files/htdocs/
publications/review/02/11/ChiodoOwyang.pdf.

36   림쿠스, 〈롱텀 캐피털 매니지먼트〉.

37   마티유 베나볼리(Matthieu Benavoli), 〈LTCM 위기〉, 극적인 금융 사건들(Extreme Events in
Finance), 2024년 8월 5일 열람, https://extreme-events-finance.net/resources/ltcm-
crisis.

38   〈버핏이 롱텀 캐피털 매니지먼트 위기를 통해 배운 교훈〉, 노벨 인베스터(Novel
Investor)(블로그), 2024년 6월 19일, https://novelinvestor.com/buffetts-lessons-long-
term-capital-management.

39   스티븐 슬리빈스키(Stephen Slivinski), 〈너무 상호 연결되어 망할 수 없다?〉, 리전 포커
스(Region Focus), 2009년 여름 호, 리치먼드 연방준비은행(Federal Reserve Bank of
Richmond), https://www.richmondfed.org/-/media/richmondfedorg/publications/
research/econ_focus/2009/summer/pdf/economic_history.pdf; 데이비드 시레프(David
Shirreff), 〈헤지펀드 롱텀 캐피털 매니지먼트 붕괴가 남긴 교훈〉, 2024년 8월 30일 열
람, 계량경제학 연구실(Econometrics Laboratory), 캘리포니아 버클리대학교, https://eml.
berkeley.edu/~webfac/craine/e137_f03/137lessons.pdf.

40   트로이 시걸(Troy Segal), 〈정부 후원 기관(GSE): 정의 및 사례〉, 인베스토피디아, 2024
년 8월 19일 업데이트, https://www.investopedia.com/terms/g/gse.asp.

41   〈패니메이 및 프레디맥에 대하여〉, 연방주택금융청(Federal Housing Finance Agency),
2024년 8월 4일 열람, https://www.fhfa.gov/about-fannie-mae-freddie-mac.

42   〈패니메이 및 프레디맥에 대하여〉.

43   〈그린스펀, 위기를 촉발한 '실수' 인정〉, NBC 뉴스(NBC News), 2008년 10월 23일,
https://www.nbcnews.com/id/wbna27335454; 브루스 바틀렛(Bruce Bartlett), 〈누가 주
택 버블을 예견했는가?〉, 포브스(Forbes), 2012년 7월 13일, https://www.forbes.
com/2008/12/31/housing-bubble-crash-oped-cx_bb_0102bartlett.html.

44   마크 칼라브리아(Mark Calabria), 〈패니, 프레디 그리고 서브프라임 모기지 시장〉(케이토
브리핑 페이퍼, 케이토 연구소, 2011년 3월 7일), https://ciaotest.cc.columbia.edu/pbei/
cato/0021652/f_0021652_17915.pdf.

45   로자나 록우드(Rosanna Lockwood), 〈영화 〈빅쇼트〉의 #모기지위기 장면을 다시 꺼내봐
야 할 때〉, X, 2023년 6월 22일, https://x.com/Roolockwood/status/16718558746

61335041.

46 《금융위기조사위원회 보고서》(금융위기조사위원회(Financial Crisis Inquiry Commission), 2011년 1월), XV, https://www.govinfo.gov/content/pkg/GPO-FCIC/pdf/GPO-FCIC. pdf.

47 〈베어스턴스 파산 관련 12개 주요 타임라인〉, 로이터, 2008년 3월 17일, https://www. reuters.com/article/idUSN17240319.

48 〈베어스턴스 파산, J.P. 모건 체이스에 매각〉, 히스토리(History), 2018년 1월 19일, https://www.history.com/this-day-in-history/bear-stearns-sold-to-j-p-morgan- chase.

49 뉴욕 연방준비은행(Federal Reserve Bank of New York), 〈뉴욕 연준, JP모건 체이스의 베어 스턴스 인수 관련 금융 조달 절차 마무리〉, 보도자료, 2008년 1월 26일, https://www. newyorkfed.org/newsevents/news/markets/2008/ma080626.

50 키스 피츠제럴드(Keith Fitz-Gerald), 〈바닥을 찍었을까?〉, 머니 모닝(Money Morning), 2008년 3월 27일, https://moneymorning.com/2008/03/27/have-we-hit-the- bottom.

51 〈S&P 500(GSPC)〉, 야후 파이낸스(Yahoo Finance), 2008년 5월 19일, 2024년 8월 4일 열 람, https://finance.yahoo.com/quote/%5EGSPC/history.

52 조 헤르난데즈(Joe Hernandez), 〈15년 전 리먼 사태로 달라진 미국 모기지 산업〉, NPR, 2023년 9월 15일, https://www.npr.org/2023/09/15/1199321274/lehman-brothers- collapse-2008-mortgages.

53 〈벤 S. 버냉키(Ben S. Bernanke)〉, 연방준비제도사, 2024년 8월 4일 열람, https://www. federalreservehistory.org/people/ben-s-bernanke.

54 벤 S. 버냉키, 《대공황에 대한 에세이》(프린스턴, 뉴저지: 프린스턴대학교 출판부(Princeton University Press), 2004년), https://press.princeton.edu/books/paperback/9780691118208/ essays-on-the-great-depression.

55 페리 G. 멀링(Perry G. Mehrling), 〈버냉키 대 킨들버거: 어느 신용 경로가 맞는가?〉, 신 경제사고연구소(Institute for New Economic Thinking), 2022년 10월 13일, https://www. ineteconomics.org/perspectives/blog/bernanke-v-kindleberger-which-credit-channel.

56 베리 아이켄그린(Barry Eichengreen), J. 브래드퍼드 드롱(J. Bradford DeLong), 찰스 킨들버 거의 《1929~1939년 대공황의 세계(The World in Depression 1929-1939)》 신판 서문, CEPR, 2012년 6월 12일, https://cepr.org/voxeu/columns/new-preface-charles- kindleberger-world-depression-1929-1939.

57 〈돈, 금, 그리고 대공황〉, 벤 S. 버냉키 연설, 2004년 3월 2일, H. 파커 윌리스(. Parker Willis) 경제 정책 강연, 워싱턴 앤 리 대학교, 버지니아주 렉싱턴, 연방준비제도이사회(Federal Reserve Board), https://www.federalreserve.gov/boarddocs/speeches/2004/200403022; 〈리뷰: 대공황이 연준에 남긴 교훈〉, 로이터, 2015년 2월 4일, https://www.reuters.com/article/idUS32838103.

58 〈디플레이션: '그것'이 일어나지 않도록 하기〉, 벤 S. 버냉키 연설, 2002년 11월 21일, 전미경제학자클럽(National Economists Club), 워싱턴 D.C., 연방준비제도이사회, https://www.federalreserve.gov/boarddocs/speeches/2002/20021121.

59 제럴드 P. 드와이어(Gerald P. Dwyer), 〈금융위기 때의 주가〉, 애틀랜타 연방준비은행(Federal Reserve Bank of Atlanta), 2009년 9월, https://www.atlantafed.org/cenfis/publications/notesfromthevault/0909.

60 데이비드 M. 허즌혼(David M. Herszenhorn), 칼 헐스(Carl Hulse), 세릴 게이 스톨버그(Sheryl Gay Stolberg), 〈혼돈의 하루 끝에 협상 결렬… 구제금융 계획 여전히 미지수〉, 뉴욕 타임스, 2008년 9월 25일, https://www.nytimes.com/2008/09/26/business/26bailout.html; 리즈 볼게머스(Liz Wolgemuth), 〈행크 폴슨, 펠로시에게 무릎 꿇다〉, U.S. 뉴스 & 월드 리포트, 2008년 9월 26일, https://money.usnews.com/money/blogs/the-inside-job/2008/09/26/hank-paulson-kneeling-before-pelosi.

61 미국 공법 110 – 343, 제110대 의회, 부실자산 구제프로그램(Troubled Asset Relief Program), 미국 연방인쇄국, 2008년 10월 3일, https://www.congress.gov/110/plaws/publ343/PLAW-110publ343.htm.

62 〈TARP 소개〉, 미국 재무부, 2024년 8월 5일 열람, https://home.treasury.gov/data/troubled-assets-relief-program/about-tarp.

63 《금융위기조사위원회 보고서》(금융위기조사위원회, 2011년 1월), 246, https://www.govinfo.gov/content/pkg/GPO-FCIC/pdf/GPO-FCIC.pdf.

64 〈〈쥐라기 공원(1993년)〉, 그들을 기억한다〉, 안데르스 안데르손(Anders Andersson), 2012년 12월 15일, 유튜브(YouTube), https://www.youtube.com/watch?v=CvrxcR-gdQ0.

65 댄 윌친스(Dan Wilchins), 조너선 스템펠(Jonathan Stempel), 〈씨티그룹, 대규모 정부 구제금융 받다〉, 로이터, 2008년 11월 24일, https://www.reuters.com/article/idUSTRE4AJ45G.

66 데이비드 엘리스(David Ellis), 〈씨티그룹, 다음 행보 고심하는 사이 주가 급락〉, CNN 머니(CNN Money), 2008년 11월 21일, https://money.cnn.com/2008/11/21/news/companies/citigroup/index.htm?postversion=20081121.

67 댄 월친스, 조너선 스템펠, 〈씨티그룹, 미 정부와 협의 중〉, 로이터, 2008년 11월 22일, https://www.reuters.com/article/idUSTRE4AK5D6.

68 연방준비제도 이사회(Federal Reserve System Board of Governors), 〈재무부, 연준, FDIC의 씨티그룹 공동 성명〉, 보도자료, 2008년 11월 23일, https://www.federalreserve.gov/newsevents/pressreleases/bcreg20081123a.htm; 〈용어 요약〉, 연방준비제도이사회, 2008년 11월 23일, https://www.federalreserve.gov/newsevents/pressreleases/files/bcreg20081123a1.pdf.

69 미국 재무부, 〈재무부, 씨티그룹 보통주 전환 합의〉, 보도자료, 2009년 2월 27일, https://home.treasury.gov/news/press-releases/tg41; 〈거래 개요〉, 미국 재무부, 2009년 2월 27일, https://home.treasury.gov/system/files/136/archive-documents/transaction_outline.pdf.

70 에릭 대시(Eric Dash), 루이스 스토리(Louise Story), 〈씨티그룹 구제, 이번이 마지막이 아닐 수도〉, 뉴욕 타임스, 2009년 2월 27일, https://www.nytimes.com/2009/02/28/business/28citi.html; 조나단 스템펠, 〈씨티그룹 주가, 사상 처음 1달러 밑으로 하락〉, 로이터, 2008년 3월 5일, https://www.reuters.com/article/idUSN05328477.

71 〈'애플파이처럼 미국적인' 은행 국유화〉, NBC 4 워싱턴, 2009년 2월 22일, https://www.nbcwashington.com/local/bank-nationalization-as-american-as-apple-pie/1865543.

72 〈벤 버냉키의 위대한 도전〉, 60분(60 Minutes), CBS 뉴스(CBS News), 2009년 3월 12일, https://www.cbsnews.com/news/ben-bernankes-greatest-challenge.

73 S&P 500(GSPC), 야후 파이낸스, 2009년 3월 17일, 2024년 8월 5일 열람, https://finance.yahoo.com/quote/%5EGSPC/history.

74 UBS, 〈마크 헤펠레, UBS 글로벌 최고투자책임자로 선임〉, 보도자료, 2014년 6월 2일, https://www.ubs.com/global/en/media/display-page-ndp/en-20140602-message-mark-haefele.html.

75 〈티머시 F. 가이트너(Timothy F. Geithner)〉, 워버그 핀쿠스(Warburg Pincus), 2024년 8월 5일 열람, https://warburgpincus.com/team/timothy-f-geithner.

76 제프 콕스(Jeff Cox), 〈버냉키, 포슨, 가이트너, '월스트리트 구제는 실물경제를 위한 것'〉, CNBC, 2018년 9월 12일, https://www.cnbc.com/2018/09/12/bernanke-paulson-and-geithner-say-they-bailed-out-wall-street-to-help-main-street.html.

77 로라 손더스(Laura Saunders), 〈미국 내 고소득자 세금 적용 대상 확대〉, 월스트리트 저널(Wall Street Journal), 2023년 6월 23일, https://www.wsj.com/articles/niit-tax-

strategies-net-investment-income-1c2f8e25.

78 재키 칼메스(Jackie Calmes), 〈오바마가 지켜낸 인물 가이트너에게 쏠린 스포트라이트〉, 뉴욕 타임스, 2011년 11월 12일, https://www.nytimes.com/2011/11/13/us/politics/ spotlight-fixed-on-geithner-a-man-obama-fought-to-keep.html.

79 데이비드 E. 생어(David E. Sanger), 〈새롭게 조명된 국유화〉, 뉴욕 타임스, 2009년 1월 25일, https://www.nytimes.com/2009/01/26/business/economy/26banks.html.

80 〈S&P 500, 90년 과거 차트〉, 매크로트렌즈(Macrotrends), 2024년 8월 1일 열람, https:// www.macrotrends.net/2324/sp-500-historical-chart-data.

81 〈마리오 드라기 발언 전문〉, 글로벌 투자 콘퍼런스(Global Investment Conference), 런던, 2012년 7월 26일, 유럽중앙은행, https://www.ecb.europa.eu/press/key/date/2012/ html/sp120726.en.html.

82 〈연준의 양적완화가 연방 예산에 미치는 영향〉, 미국 의회예산국(Congressional Budget Office), 2022년 9월, https://www.cbo.gov/publication/58457.

83 〈벤 버냉키의 위대한 도전〉.

84 〈미국의 양적완화 역사〉, 아메리칸 디파짓 매니지먼트(American Deposit Management), 2024년 8월 5일 열람, https://americandeposits.com/history-quantitative-easing- united-states.

85 〈양적완화〉, 영란은행(Bank of England), 2024년 5월 10일 업데이트, https://www. bankofengland.co.uk/monetary-policy/quantitative-easing.

86 제임스 첸(James Chen), 〈위험자산: 주식부터 암호화폐까지 정의 및 사례〉, 인베스토피 디아, 2022년 9월 29일 업데이트, https://www.investopedia.com/terms/r/risk-asset. asp.

87 미국 연방준비제도이사회, 〈연준, 주택 관련 정부후원기업(GSE)의 직접채무 및 패니 메이, 프레디맥, 지니메이가 보증한 주택저당증권(MBS) 매입 프로그램 개시 발표〉, 보도자료, 2008년 11월 25일, https://www.federalreserve.gov/newsevents/pressreleases/ monetary20081125b.htm; 〈미국의 양적완화 역사〉.

88 가타기리 미쓰루, 시노 준노스케, 다카하시 고지, 〈일본은행의 ETF 매입 프로그램 및 주식 위험 프리미엄: CAPM 해석〉, BIS 연구보고서 1029(국제결제은행(Bank for International Settlements), 2022년 7월), https://www.bis.org/publ/work1029.pdf.

89 닐 어윈(Neil Irwin), 〈양적완화 종료 임박… 차트로 보는 양적완화 효과〉, 뉴욕 타임스, 2014년 10월 29일, https://www.nytimes.com/2014/10/30/upshot/quantitative- easing-is-about-to-end-heres-what-it-did-in-seven-charts.html.

90 아말리아 에스텐소로(Amalia Estenssoro), 케빈 L. 클리센(Kevin L. Kliesen), 〈연준 대차대 조표 정상화의 메커니즘〉, 세인트루이스 연방준비은행, 2023년 8월 23일, https:// research.stlouisfed.org/publications/economic-synopses/2023/08/23/the-mechanics- of-fed-balance-sheet-normalization.

91 〈S&P 500(TR)(SP500TR)〉, 야후 파이낸스, 2014년 1월~2022년 1월, 2024년 8월 6일 열람, https://finance.yahoo.com/quote/%5ESP500TR/history.

92 윤 리(Yun Li), 네이트 래트너(Nate Rattner), 〈S&P 500, 팬데믹 저점 대비 두 배 상승… 제2차 세계대전 이후 가장 빠른 상승장 랠리 기록〉, CNBC, 2021년 8월 16일, https://www.cnbc.com/2021/08/16/sp-500-doubles-from-its-pandemic-bottom- marking-the-fastest-bull-market-rally-since-wwii.html.

93 아루니 소니(Aruni Soni), 〈미국 가구의 58퍼센트가 주식 보유… 사상 최고치〉, 야후 파 이낸스, 2023년 10월 19일, https://finance.yahoo.com/news/record-high-58- american-households-225829999.html.

94 〈미국인 중 몇 퍼센트가 주식을 보유하고 있는가?〉, 갤럽(Gallup), 2023년 5월 24일, https://news.gallup.com/poll/266807/percentage-americans-owns-stock.aspx.

95 아룬 소니(Arun Soni), 〈지난 5년간 투자자들은 주식 종목 선택형 헤지펀드에서 1500 달러 인출〉, 비즈니스 인사이더, 2024년 2월 7일, https://markets.businessinsider.com/ news/stocks/us-stock-market-losers-dotcom-era-hedge-funds-fed-rates-2024-2.

96 조셉 윌킨스(Joseph Wilkins), 〈헤지펀드, 대침체 이후 최악의 자금 유출에 휘청… 상승 장에도 많은 운용사가 월스트리트 외면〉, 비즈니스 인사이더, 2023년 7월 14일, https://markets.businessinsider.com/news/funds/hedge-funds-reeling-from-worst- outflows-since-great-recession-2023-7.

규칙 4. 종목을 고르지 말고 자산을 배분하라

1 〈자주 묻는 질문(FAQ)〉, 9/11memorial.org, 9/11기념관 & 박물관, 2024년 8월 26일 열람, https://www.911memorial.org/911-faqs.

2 마크 데이비스(Marc Davis), 〈9·11 테러가 미국 증시에 미친 영향〉, 인베스토피디아, 2023년 9월 11일, https://www.investopedia.com/financial-edge/0911/how- september-11-affected-the-u.s.-stock-market.aspx.

3 윌리엄 번스타인(William Bernstein), 《현명한 자산배분 투자자(The Intelligent Asset Allocator)》(에이지21).

4 제임스 첸, 〈자산 배분이란 무엇이며 왜 중요한가〉, 인베스토피디아, 2023년 10월 11일, https://www.investopedia.com/terms/a/assetallocation.asp.

5 버턴 G. 말킬(Burton G. Malkiel), 《랜덤워크 투자수업(A Random Walk down Wall Street)》(골드어페어).

6 메이어 스태트먼(Meir Statman), 〈분산 포트폴리오 구성에 필요한 주식 수〉, 재무 및 계량분석 저널(Journal of Financial and Quantitative Analysis) 2, no. 3, 1987년 9월, https://www.jstor.org/stable/2330969.

7 마셀 슈완테스(Marcel Schwantes), 〈워런 버핏, 직원 채용 시 가장 중요한 자질은 '성실성'... 가짜를 가려내기 위해 던져야 할 네 가지 질문〉, Inc., 2024년 3월 6일, https://www.inc.com/marcel-schwantes/warren-buffett-interview-for-integrity-to-screen-out-impostors.html.

8 제프리 피택(Jeffrey Ptak), 〈잘못된 타이밍으로 펀드 수익의 5분의 1 손실〉, 모닝스타, 2023년 8월 2일, https://www.morningstar.com/funds/bad-timing-cost-investors-one-fifth-their-funds-returns.

9 〈투자자 행동에 대한 정량적 분석〉, 달바닷컴(Dalbar.com), 2024년 8월 4일 열람, https://www.dalbar.com/ProductsAndServices/QAIB.

10 머레이 콜먼(Murray Coleman), 〈달바 QAIB 2024: 최악의 적은 투자자 자신〉, 인덱스 펀드 어드바이저스(Index Fund Advisors), 2024년 4월 8일 업데이트, https://www.ifa.com/articles/understanding-investor-behavior-portfolio-performance.

11 제임스 피체르노(James Picerno), 〈투자자 수익률 대 시장 수익률: 계속되는 실패〉, 캐피털 스펙테이터(Capital Spectator), 2017년 9월 21일, https://www.capitalspectator.com/investor-returns-vs-market-returns-the-failure-endures.

12 게리 P. 브린슨(Gary P. Brinson), 브라이언 D. 싱어(Brian D. Singer), 길버트 L. 비바우어(Gilbert L. Beebower), 〈포트폴리오 성과 결정 요인 II: 업데이트〉, 파이낸셜 애널리스트 저널(Financial Analysts Journal) 47, no. 3, 1991년 5월/6월, https://www.jstor.org/stable/4479432.

13 브린슨, 싱어, 비바우어, 〈포트폴리오 성과의 결정 요인 II: 업데이트〉.

14 애덤 헤이즈, 〈행동재무학: 편향, 감정, 금융 행동〉, 인베스토피디아, 2024년 8월 20일 업데이트, https://www.investopedia.com/terms/b/behavioralfinance.asp.

15 코리 미첼(Cory Mitchell), 〈S&P 500의 역사적 평균 주식시장 수익률(5년~150년 평균)〉, 트레이드댓스윙(TradeThatSwing), 2024년 6월 28일, https://tradethatswing.com/average-historical-stock-market-returns-for-sp-500-5-year-up-to-150-year-

averages.

16 미첼, 〈S&P 500의 역사적 평균 주식시장 수익률(5년~150년 평균)〉.

17 《2024년 장기 자본시장 가정》(인베스코 솔루션(Invesco Solutions), 2024년), https://www.
invesco.com/content/dam/invesco/apac/en/pdf/insights/2023/december/LTCMA-
USD-Dec-2023.pdf.

18 〈S&P 500(TR)(SP500TR)〉, 야후 파이낸스, 2007년 1월~2008년 12월, 2024년 8월 6일
열람, https://finance.yahoo.com/quote/%5ESP500TR/history.

19 〈ICE 미국 국채 7~10년물 채권 지수 과거 수익률〉, 커보(Curvo)의 블랙테스트, 2024
년 8월 1일 열람, https://curvo.eu/backtest/en/market-index/ice-us-treasury-7-10-
year-bond?currency=eur.

20 마르코 자코포 롬바르디(Marco Jacopo Lombardi), 블라디슬라브 수시코(Vladyslav Sushko),
〈주식과 채권 수익률의 상관관계〉, 《BIS 분기별 리뷰(BIS Quarterly Review)》, 2023년 12
월 4일, https://www.bis.org/publ/qtrpdf/r_qt2312v.htm.

21 앤디 폴라첵(Andy Polacek), 〈대재해채권: 입문 및 회고〉, 시카고 연방준비은행(Federal
Reserve Bank of Chicago), 2018년, https://www.chicagofed.org/publications/chicago-fed-
letter/2018/405.

22 솔리타 마르첼리(Solita Marcelli), 〈UBS와 함께하는 투자: 당신 곁의 최고투자책임자
(CIO)〉, UBS, 2024년 8월 25일 열람, https://www.ubs.com/us/en/wealth-manage
ment/financial-advisor-experience/articles/ubs-chief-investment-office.html.

23 매튜 앨런(Matthew Allen), 〈비밀유지법 이용해 데이터 은폐한 혐의 받는 스위스 은행
들〉, Swissinfo.ch, 2023년 2월 20일, https://www.swissinfo.ch/eng/business/swiss-
banks-accused-of-hiding-data-behind-secrecy-laws/48292728.

24 크리스티 하임(Kristi Heim), 〈게이츠 재단 최고재무책임자(CFO) 사임 발표〉, 시애틀
타임스(Seattle Times), 2009년 10월 12일, https://www.seattletimes.com/business/gates-
foundation-cfo-announces-resignation.

25 마리아 디 멘토(Maria Di Mento), 〈워런 버핏, 게이츠 재단 등에 역사적 기부 약정 총
507억 달러 체결〉, AP 통신, 2023년 6월 23일, https://apnews.com/article/warren-
buffett-donations-gates-foundation-c2f6981e46c6211b16ada2704433d3c0.

26 〈모나 섯폰(Mona Sutphen)〉, 오미디어 네트워크(Omidyar Network), 2024년 8월 1일 열
람, https://omidyar.com/omidyar_team/mona-sutphen.

27 〈카를 구스타프 야코프 야코비(Carl Gustav Jacob Jacobi)〉, 맥튜터 인덱스(MacTutor Index),
2000년 1월 업데이트, https://mathshistory.st-andrews.ac.uk/Biographies/Jacobi.

28 〈뒤집기, 그리고 어리석음을 피하는 힘〉,《멘탈 모델스(Mental Models)》(블로그), 파넘 스트리트(Farnam Street), 2024년 8월 6일 열람, https://fs.blog/inversion.

29 《2010년 연례 보고서: 우리는 멈추지 않습니다》(UBS, 2011년), 16, https://www.ubs.com/global/en/investor-relations/financial-information/annual-reporting/ar-archive.html.

30 〈정크본드 스프레드〉, 커렌트 마켓 밸류에이션(Current Market Valuation), 2024년 6월 30일 업데이트, https://www.currentmarketvaluation.com/models/junk-bond-spreads.php.

규칙 5. 자기 자신과 돈에 대한 강박을 이해하라

1 〈벤저민 그레이엄 명언 193선〉, 엘레베이트 소사이어티(Elevate Society), 2024년 8월 7일 열람, https://elevatesociety.com/quotes-by-benjamin-graham.

2 앨리스 슈뢰더(Alice Schroeder),《스노볼(The Snowball)》(알에이치코리아); 바바라 키비엇(Barbara Kiviat), 〈워런 버핏이 말하다: 내 인생의 여인들〉, 타임(Time), 2008년 9월 23일, https://time.com/archive/6904590/warren-buffett-tells-all-the-women-in-his-life.

3 〈존 그리핀(John Griffin)〉, 마이클 J. 폭스 재단(Michael J. Fox Foundation), 2024년 8월 5일 열람, https://www.michaeljfox.org/bio/john-griffin.

4 〈줄리언 로버트슨 주니어(Julian Robertson, Jr.)〉, 포브스, 2022년 4월 5일, https://www.forbes.com/profile/julian-robertson-jr.

5 〈대니얼 카너먼: 사실들〉, 노벨상(Nobel Prize), 2024년 8월 22일, https://www.nobelprize.org/prizes/economic-sciences/2002/kahneman/facts.

6 대니얼 카너먼(Daniel Kahneman),《생각에 관한 생각(Thinking, Fast and Slow)》(김영사).

7 〈폴 튜더 존스 2세(Paul Tudor Jones, II)〉, 포브스, 8월 6일 열람, https://www.forbes.com/profile/paul-tudor-jones-ii.

8 랜던 토머스 주니어(Landon Thomas Jr.), 〈남들이 잃을 때 승리한 남자〉, 뉴욕 타임스, 2007년 10월 13일, https://www.nytimes.com/2007/10/13/business/13speculate.html.

9 리처드 펠로니(Richard Feloni), 〈억만장자 투자자 폴 튜더 존스, 토니 로빈스에게 매년 100만 달러 이상 지불 후 매일 이메일 전송... 대화 내용 공개〉, 비즈니스 인사이더, 2017년 10월 7일, https://www.businessinsider.com/tony-robbins-coach-paul-tudor-jones-2017-10.

10 새라 잭슨(Sarah Jackson), 〈맥도날드를 즐겨 찾는 워런 버핏, 먹고 싶은 음식을 먹기 위

해서라면 수명의 1년을 기꺼이 내어줄 것〉, 야후 파이낸스, 2023년 4월 12일, https://finance.yahoo.com/news/warren-buffett-famously-loves-mcdonalds-163104691.html.

11 잭슨, 〈맥도날드를 즐겨 찾는 워런 버핏, 먹고 싶은 음식을 먹기 위해서라면 수명의 1년을 기꺼이 내어줄 것〉.

12 〈1970년대 석유 위기〉, 에너지 에듀케이션(Energy Education), 2024년 8월 5일 열람, https://energyeducation.ca/encyclopedia/Oil_crisis_of_the_1970s.

13 니콜라스 베가(Nicolas Vega), 〈1978년 휘발유 가격 갤런당 65센트… 이후 매년 가격 변동 추이〉, CNBC, 2022년 4월 13일, https://www.cnbc.com/2022/04/13/how-much-gas-cost-every-year-since-1978.html; 〈1978년 대비 휘발유 가격 5배 상승〉, 미국 노동통계국(US Bureau of Labor Statistics), 2013년 12월 5일, https://www.bls.gov/opub/ted/2013/ted_20131205.htm.

14 마르셀 그르자나(Marcel Grzanna), 〈일하고 저축하고 작은 집을 지어라(Schaffe, spare, Häusle baue)〉, 쥐트도이체 차이퉁(Süddeutsche Zeitung), 2020년 1월 3일, https://www.sueddeutsche.de/wirtschaft/bausparen-schaffe-spare-haeusle-baue-1.4726122.

15 파블로 우초아(Pablo Uchoa), 〈초유의 초인플레이션을 어떻게 해결할 것인가?〉, BBC, 2018년 9월 21일, https://www.bbc.com/news/business-45523636.

16 〈1978년의 8달러의 가치는 오늘날 38.59달러〉, CPI 인플레이션 계산기, 2024년 8월 5일 열람, https://www.in2013dollars.com/us/inflation/1978?amount=8.

17 〈벤저민 그레이엄 명언 193선〉.

규칙 6. 유동성, 노후, 상속 버킷을 만들어라

1 팀 사블릭(Tim Sablik), 〈1981~1982년 경기침체〉, 연방준비제도사, 2024년 8월 4일 열람, https://www.federalreservehistory.org/essays/recession-of-1981-82.

2 〈과거 CD 금리: 1984~2024년〉, 뱅크레이트(Bankrate), 2024년 8월 6일 열람, https://www.bankrate.com/banking/cds/historical-cd-interest-rates/#80s.

3 〈미시경제학 원리(2021 A.01)〉, Saylor.org Academy, 2024년 8월 4일 열람, https://learn.saylor.org/mod/book/view.php?id=31181&chapterid=7477.

4 트로이 시걸(Troy Segal), 〈심적 회계: 정의, 편향을 피하는 방법, 그리고 사례〉, 인베스토피디아, 2024년 5월 22일 업데이트, https://www.investopedia.com/terms/m/mentalaccounting.asp.

5 폴 D. 캐플런(Paul D. Kaplan), 〈과거 시장 붕괴가 2020년 우리에게 남긴 교훈〉, 모닝스타, 2020년 7월 23일 업데이트, https://www.morningstar.com/features/what-prior-market-crashes-can-teach-us-in-2020.

6 〈약세장은 얼마나 지속되는가?〉, 스태시(Stash), 2024년 1월 10일, https://www.stash.com/learn/how-long-do-bear-markets-last.

7 마리안나 마무(Marianna Mamou), 저스틴 워링(Justin Waring), 〈자산 계획을 위한 맞춤형 투자 자문: UBS 웰스 웨이〉, UBS, 2023년 7월 19일.

8 로라 로디니(Laura Rodini), 〈2020년 코로나19 주식시장 폭락: 원인과 영향〉, 더스트리트(TheStreet), 2022년 11월 10일 업데이트, https://www.thestreet.com/dictionary/covid-19-stock-market-crash-of-2020.

9 〈버나딘의 이야기: 버나딘 로즌솔의 인생 전성기〉, UBS, 2024년 8월 5일 열람, https://www.ubs.com/global/en/wealthmanagement/about-us/client-stories/2023/bernardines-story.html.

10 버나딘 윌리엄스 로즌솔(Bernardine Williams Rosenthal), 《국수 가닥 아래에서(Under the Noodle String)》(엑스리브리스(Xlibris) US, 2020년).

11 바르티카 굽타(Vartika Gupta) 외, 〈프라임 넘버스: 시장은 결국 시장이다… S&P 500 장기 수익률 분석〉, 맥킨지(McKinsey), 2022년 8월 4일, https://ww.mckinsey.com/capabilities/strategy-and-corporate-finance/our-insights/the-strategy-and-corporate-finance-blog/markets-will-be-markets-an-analysis-of-long-term-returns-from-the-s-and-p-500.

12 빌 솔스(Bill Sowles), 리처드 C. 모라이스와의 인터뷰, 2023년 12월 12일; 2024년 1월 31일 녹음된 후속 통화에서 사실 확인된 세부 내용.

13 마크 앤더슨(Mark Andersen) 외, 〈기금 운용형 포트폴리오(ESP)〉, UBS 최고투자부서(Chief Investment Office) GWM, 2024년 1월.

규칙 7. 재무적 안정을 찾은 후 임팩트 투자자가 되어 규칙에서 탈피하라

1 〈피카소의 아버지〉, 피카소 미술관(Museu Picasso), 2024년 8월 1일 열람, https://museupicassobcn.cat/en/collection/artwork/artists-father-25.

2 〈파블로 피카소 청색 시대〉, 마스터웍스 파인아트 갤러리(Masterworks Fine Art Gallery), 2024년 8월 1일 열람, https://www.masterworksfineart.com/artists/pablo-picasso/blue-period.

3 사빈 리왈드(Sabine Rewald), 〈입체주의〉, 메트로폴리탄 미술관, 2004년 10월, https://
www.metmuseum.org/toah/hd/cube/hd_cube.htm.

4 페이건 케네디(Pagan Kennedy), 〈윌리엄 깁슨의 미래는 지금〉, 뉴욕 타임스, 2012년 1월
13일, https://www.nytimes.com/2012/01/15/books/review/distrust-that-particular-
flavor-by-william-gibson-book-review.html.

5 〈임팩트 투자에 대해 꼭 알아야 할 사항〉, 글로벌 임팩트 투자 네트워크, 2023년 1월
1일, https://thegiin.org/impact-investing/need-to-know/#what-is-impact-investing.

6 〈지속 가능한 투자란?〉, CFA 연구소, 2024년 8월 5일 열람, https://www.cfainstitute.
org/en/rpc-overview/esg-investing/sustainable-investing.

7 〈로제트 필립스 박사, GIBS 경영진 합류〉, 프리토리아대학교 고든 경영대학원, 2021
년 3월 8일, https://www.gibs.co.za/news/dr-rozett-phillips-joins-gibs-executive-
team.

8 리처드 C. 모라이스, 2022년 10월 10일 로제트 필립스와 인터뷰; 2022년 11월 11일
에 사실 확인 인터뷰 녹음.

9 조이스 침비(Joyce Chimbi), 〈아프리카에는 광활한 경작 가능한 토지가 있어도 환금 및
식량 작물 재배에 활용되지 못한다〉, 글로벌 이슈/인터프레스 서비스(Inter Press
Service), 2023년 1월 16일, https://www.globalissues.org/news/2023/01/16/32820#:~:t
ext=Outside%20of%20countries%20such%20as,the%20world's%20uncultivated%20
arable%20land.

10 랜드리 시네(Landry Signé), 〈아프리카 청년 리더십: 글로벌 과제를 해결하기 위한 지역
리더 육성〉, 브루킹스 연구소, 2019년 3월 27일, https://www.brookings.edu/articles/
africa-youth-leadership-building-local-leaders-to-solve-global-challenges/.

11 〈지속가능발전 의제〉, 국제연합(United Nations), 2024년 9월 20일 열람, https://www.
un.org/sustainabledevelopment/development-agenda-retired/#:~:text=On%201%20
January%202016%2C%20the,Summit%20%E2%80%94%20officially%20came%20
into%20force.

12 다나 보리세크(Dana Vorisek), 슈 위(Shu Yu), 〈지속가능발전 목표 달성 비용의 이해〉(세
계은행그룹 정책연구 보고서 9146, 2020년 2월), https://documents1.worldbank.org/curated/
en/744701582827333101/pdf/Understanding-the-Cost-of-Achieving-the-
Sustainable-Development-Goals.pdf.

13 〈요약〉, IMF 연구보고서, 주식시장의 기후 위험 분석, 2024년 8월 26일, https://www.
imf.org/en/Publications/WP/Issues/2023/06/30/Decomposing-Climate-Risks-in-

Stock-Markets-534307.

14 사이먼 스마일스(Simon Smiles) 외, 〈인식, 단순화, 기여〉(백서, UBS, 2019년 1월), 9, https://catalogue.unccd.int/1124_wef-wp-final.pdf.

15 마리나 거너(Marina Gerner), 〈자본주의를 영원히 바꿀 수 있는 임팩트 투자〉, 라꽁떼르 (Raconteur), 2020년 8월 9일, https://www.raconteur.net/finance/sir-ronald-cohen.

16 리사 콕스(Lisa Cox), 〈난민에서 벤처 투자자, 사회적 임팩트 개척자로〉, 포브스, 2018 년 8월 20일, https://www.forbes.com/sites/sorensonimpact/2018/07/30/from-refugee-to-venture-capitalist-to-social-impact-pioneer/?sh=6801cd146886.

17 거너, 〈자본주의를 영원히 바꿀 수 있는 임팩트 투자〉.

18 로널드 코헨 경(Sir Ronald Cohen), 소셜 파이낸스(Social Finance), 2024년 8월 1일 열람, https://socialfinance.org/person/sir-ronald-cohen.

19 록펠러 재단(Rockefeller Foundation), 〈피터버러 사회성과연계채권의 성공〉, 보도자료, 2014년 8월 8일, https://www.rockefellerfoundation.org/insights/perspective/success-peterborough-social-impact; 데이비드 에인즈워스(David Ainsworth), 〈피터버러 사회성과연계채권 투자자 전액 상환〉, 시빌 소사이어티(Civil Society), 2017년 7월 27일, https://www.civilsociety.co.uk/news/peterborough-social-impact-bond-investors-repaid-in-full.html.

20 소셜 파이낸스, 〈피터버러 사회성과연계채권, 재범률 8.4퍼센트 감소; 2016년 투자자 수익 지급 예정〉, 보도자료, 2014년 8월 7일, https://www.slideshare.net/Rockefeller Found/peterborough-social-impact-bond-reduces-reoffending-by-84-percent.

21 제트 파월(Jet Powell), 〈피터버러 재범률 감소〉, 소셜 파이낸스, 2024년 8월 4일 열람, https://www.socialfinance.org.uk/work/reducing-reoffending-in-peterborough.

22 〈IRS의 역사적 주요 연혁〉, IRS, 2023년 10월 23일 업데이트, https://www.irs.gov/newsroom/historical-highlights-of-the-irs.

23 〈민간 재단이란?〉, 피델리티 자선재단(Fidelity Charity), 2024년 8월 6일 열람, https://www.fidelitycharitable.org/guidance/philanthropy/private-foundations.html.

24 로버트 H. 헐(Robert H. Hull), 〈좋은 거버넌스: 가족 재단 운영을 위한 기본 규칙〉, 전미 가족 자선센터, 2019년 10월 24일, https://www.ncfp.org/knowledge/basic-rules-for-governing-a-family-foundation.

25 〈크루즈선〉, 지구의 벗(Friends of the Earth), 2024년 8월 25일 열람, https://foe.org/projects/cruise-ships.

26 조지 로턴(George Lawton), 〈ESG 투자, 규제, 관행의 타임라인 및 역사〉, 테크타깃

(TechTarget), 2024년 8월 16일, https://www.techtarget.com/sustainability/feature/A-timeline-and-history-of-ESG-investing-rules-and-practices.

27 〈기술: 박테리아로 기름 분해〉, 뉴사이언티스트(NewScientist), 1990년 9월 22일, https://www.newscientist.com/article/mg12717353-100-technology-bacteria-make-a-meal-of-oil-slicks.

28 〈지속가능발전 목표: 목표 배경〉, UN 개발 프로그램, 2024년 8월 25일 열람, https://www.undp.org/sdg-accelerator/background-goals.

29 〈사이먼 스마일스〉, 세계경제포럼, 2024년 8월 7일 열람, https://www.weforum.org/people/simon-smiles.

30 에밀리 구스타프슨-라이트(Emily Gustafsson-Wright),《임팩트 본드 시장의 규모와 범위》(브루킹스 연구소 글로벌 경제개발, 2020년), 8, https://www.brookings.edu/wp-content/uploads/2020/09/Impact_Bonds-Brief_1-FINAL-1.pdf.

31 구스타프슨-라이트,《임팩트 본드 시장의 규모와 범위》, 8.

32 《UBS 연례 보고서 2016》(UBS 그룹 AG, 2017), 74, https://www.ubs.com/global/en/investor-relations/financial-information/annual-reporting/ar-archive.html.

33 〈바드 기사먼(Bard Geesaman)〉, 링크드인(LinkedIn), 2024년 8월 25일 열람, https://www.linkedin.com/in/bgeesaman.

34 〈환자의 치료 성과를 혁신할 기업 구축〉, MPM 바이오임팩트(MPM BioImpact), 2024년 8월 25일 열람, https://www.mpmcapital.com/#about.

35 〈바드 기사먼 Ph.D〉, 피치북(PitchBook), 2024년 8월 25일 열람, https://pitchbook.com/profiles/person/13620-16P.

36 〈바이오테크 분야 톱10 벤처캐피털 회사〉, 르랜드(Leland), 2023년 5월 19일, https://www.joinleland.com/library/a/the-top-10-venture-capital-firms-for-biotechnology.

37 〈안스베르트 가디케(Ansbert Gadicke)〉, MPM BioImpact, 2024년 8월 25일 열람, https://mpmbioimpact.com/team.

38 존 S. 로젠버그(John S. Rosenberg), 〈조지 데일리 하버드 의과대학 학장 임명〉, 하버드 매거진(Harvard Magazine), 2016년 8월 9일, https://www.harvardmagazine.com/2016/08/harvard-medical-school-names-george-daley-dean.

39 〈인간 유전체 프로젝트 타임라인〉, 미국 국립인간유전체연구소(National Human Genome Research Institute), 2022년 7월 5일, https://www.genome.gov/human-genome-project/timeline.

40 〈H. 로버트 호비츠(H. Robert Horvitz)〉, MPM BioImpact, 2022년 10월 24일, https://

mpmbioimpact.com/team/h-robert-horvitz-ph-d.

41 UBS, 〈UBS 종양학 임팩트 펀드를 통해 바이오테크 산업의 변혁을 이끈 UBS 고객 들〉, 보도자료, 2022년 8월 17일, https://www.ubs.com/global/en/media/display-page-ndp/en-20220817-ubs-clients-help-transform.html.

42 〈협곡을 건너다(Crossing the Valley)〉, UBS, 2018년 9월 19일, https://www.ubs.com/global/en/ubs-society/our-stories/2018/crossing-the-valley.html.

43 UBS, 〈UBS, 종양학 임팩트 투자 펀드로 4억 7100만 달러 조달... 사상 최대 규모〉, 보도자료, 2016년 4월 27일, https://www.ubs.com/global/en/media/display-page-ndp/en-20160427-oncology-fund.html.

44 《UBS 연례 보고서 2016》(UBS 그룹 AG, 2017), 4, https://www.ubs.com/global/en/investor-relations/financial-information/annual-reporting/ar-archive.html.

45 구스타프슨-라이트, 《임팩트 본드 시장의 규모와 범위》, 8.

46 〈STRIPE 71 L.P. 종양학 임팩트 펀드 2〉, UBS 마케팅 프레젠테이션(영국 외 지역), 2020년 7월.

47 UBS, 〈암과 기타 질병 퇴치 위해 6억 5000만 달러 투자로 투자력 입증한 UBS 고객 들〉, 보도자료, 2021년 10월 6일, https://www.ubs.com/global/en/media/display-page-ndp/en-20211006-oif-2.html.

48 〈전 UBS 은행가 위르크 첼트너, 향년 52세로 별세〉, 로이터, 2020년 3월 23일, https://www.reuters.com/article/world/former-ubs-banker-juerg-zeltner-dies-at-52-quintet-idUSKBN21A167.

49 소피 로빈슨-틸렛(Sophie Robinson-Tillett), 〈투자 업계, 임팩트 투자 개척자 사이먼 스마일스 추모〉, 리스폰서블 인베스터(Responsible Investor), 2022년 3월 21일, https://www.responsible-investor.com/investment-world-pays-tribute-to-impact-pioneer-simon-smiles.

50 〈세계은행, 베트남의 성장과 지속가능성 지원 확대〉, 인베스팅닷컴(Investing.com), 2023년 11월 15일, https://www.investing.com/news/economy/world-bank-boosts-support-for-vietnams-growth-and-sustainability-93CH-3234869.

51 세계은행, 〈세계은행, 조지아 주요 교통 노선 현대화 계속 지원〉, 보도자료, 2017년 11월 8일, https://www.worldbank.org/en/news/press-release/2017/11/08/world-bank-continues-to-support-upgrading-georgias-major-transport-route.

52 〈부채 상품 자주 묻는 질문(FAQ)〉, 세계은행 그룹, 2024년 8월 1일, https://treasury.worldbank.org/en/about/unit/treasury/ibrd/debt-products-faqs.

53 게타나 샤시타렌(Gethana Shashitharen), 킴 크로퍼드(Kim Crawford), 〈다자개발은행 채권: 고정수익 지속가능 투자에서의 최적 지점〉, LSEG, 2023년 12월 11일, https://www. lseg.com/en/insights/ftse-russell/multilateral-development-bank-bonds-a-sweet-spot-in-fixed-income-sustainable-investing.

54 〈솔액티브 UBS 글로벌 다자개발은행 채권 USD 25퍼센트 발행사 상한 지수〉, 트랙인사이트(Trackinsight), 2024년 8월 25일 열람, https://www.trackinsight.com/en/index/solactive-ubs-global-multilateral-development-bank-bond-usd-25-issuer-capped-index.

55 〈녹색채권, 사회적 채권, 지속가능성(GSSS) 채권〉, 세계은행, 2023년 10월, https://thedocs.worldbank.org/en/doc/3d313e4819de8d6bcb4238f253874b0f-0340012023/original/GSSS-Quarterly-Newsletter-Issue-No-5.pdf.

56 마라 도브레스쿠(Mara Dobrescu), 〈녹색채권 수요 증가로 지속가능펀드 자산 급증〉, 모닝스타, 2023년 5월 9일, https://www.morningstar.com/sustainable-investing/demand-green-bonds-grows-assets-sustainable-bond-funds-surge.

규칙 8. 자산관리의 미래와 함께하라

1 〈폴린의 이야기: 운명과 불교의 신들〉, UBS, 2024년 8월 25일 열람, https://www.ubs.com/global/en/wealth-management/meet-our-clients/2023/destiny-and-the-buddhist-gods.html.

2 〈파플레의 이야기: 순제로 탄소 배출; 에너지의 성배〉, UBS, 2024년 8월 25일 열람, https://www.ubs.com/global/en/wealth-management/meet-our-clients/2023/net-zero-emissions.html.

3 샹탈 벡(Chantal Beck) 외, 《미래는 지금: 석유 및 가스 기업의 탈탄소 전략》(맥킨지, 2020년 1월), 3, https://www.mckinsey.com/industries/oil-and-gas/our-insights/the-future-is-now-how-oil-and-gas-companies-can-decarbonize.

4 〈파플레의 이야기〉.

5 〈파플레의 이야기〉.

6 〈파플레의 이야기〉.

7 미셸 마틴(Michel Martin), 줄리아 사이먼(Julia Simon), 〈석유·가스 산업에서 배출되는 메탄을 추적하도록 설계된 새로운 위성〉, NPR, 2023년 3월 5일, https://www.npr.org/2024/03/05/1235911143/new-satellite-is-designed-to-track-methane-emitted-

from-the-oil-and-gas-industry.

8 〈재생에너지 목표(Renewable Energy Targets)〉, 유럽집행위원회, 2024년 8월 25일 열람, https://energy.ec.europa.eu/topics/renewable-energy/renewable-energy-directive-targets-and-rules/renewable-energy-targets_en.

9 〈파플레의 이야기〉.

10 〈파플레의 이야기〉.

11 〈파이잘의 이야기: 베풀고 얻는 수익〉, UBS, 2024년 8월 25일 열람, https://www.ubs.com/global/en/wealth-management/meet-our-clients/2023/if-you-give-you-get.html.

12 〈파블로의 이야기: 더 나은 건설〉, UBS, 2024년 8월 25일 열람, https://www.ubs.com/global/en/wealth-management/meet-our-clients/2022/building-better.html.

13 〈모델 T(Model T)〉, 디트로이트 백과사전(Encyclopedia of Detroit), 디트로이트 역사학회(Detroit Historical Society), 2024년 8월 25일 열람, https://detroithistorical.org/learn/encyclopedia-of-detroit/model-t.

14 리디아 딘코바(Lidia Dinkova), 〈플로리다 남부 최대 '라이브 로컬 법' 개발 프로젝트의 주역들〉, 리얼 딜(Real Deal), 2024년 7월 11일, https://therealdeal.com/miami/2024/07/11/who-are-live-local-act-developers-pablo-castro-laura-tauber.

15 〈수치트라의 이야기: 화학 산업의 순환 경제〉, UBS, 2024년 8월 25일 열람, https://www.ubs.com/global/en/wealth-management/meet-our-clients/2023/chemicals-circular-economy.html.

16 〈2023년 인도라마 벤처스 매출〉, 인도라마 벤처스(Indorama Ventures), 2024년 9월 13일 열람, https://sustainability.indoramaventures.com/storage/content/document/misc/2023/revenue-in-2023.pdf.

17 〈우리는 미국 음료 기업입니다〉, 아메리칸 베버리지(American Beverage), 2024년 9월 13일 열람, https://www.americanbeverage.org.

18 〈수치트라의 이야기〉.

19 〈피지 워터, 미국 내 대표 패키지를 100퍼센트 재활용 플라스틱으로 전환〉, 피지 워터(FIJI Water), 2022년 8월 15일, https://www.prnewswire.com/news-releases/fiji-water-transitions-iconic-bottle-to-100-recycled-plastic-in-the-us-301605349.html.

20 아프델 아지즈(Afdhel Aziz), 〈목적의 힘: 목적 중심의 비즈니스 사례(1부 관련 모든 데이터)〉, 포브스, 2020년 5월 2일, https://www.forbes.com/sites/afdhelaziz/2020/03/07/the-power-of-purpose-the-business-case-for-purpose-all-the-data-you-were-

looking-for-pt-1.

21 《목적 중심의 비즈니스 사례》(하버드비즈니스리뷰 분석 서비스(Harvard Business Review Analytic Services), 2015년), https://assets.ey.com/content/dam/ey-sites/ey-com/en_gl/topics/digital/ey-the-business-case-for-purpose.pdf.

22 멜로디 브루(Melody Brue), 〈기업들의 '그린 허싱(Green Hushing, ESG 활동을 적극적으로 외부에 알리지 않는 행위 – 옮긴이)': ESG가 더는 논의 주제가 아닌 이유〉, 포브스, 2023년 6월 21일, https://www.forbes.com/sites/moorinsights/2023/06/21/green-hushing-in-the-corporate-world-why-esg-is-no-longer-a-topic-of-discussion/.

23 애비 슐츠(Abby Schultz), 〈미국 재단의 5퍼센트만 임팩트 투자 수행〉, 배런스 펜타(Barron's Penta), 2024년 2월 29일, https://www.barrons.com/articles/only-5-of-u-s-foundations-invest-for-impact-study-finds-c4fb34d4.

24 R. J. 라인하트(R. J. Reinhart), 〈지구온난화 세대 격차: 미국인 젊은 층이 가장 우려〉, 갤럽, 2018년 5월 11일, https://news.gallup.com/poll/234314/global-warming-age-gap-younger-americans-worried.aspx.

25 〈비상장 주식 및 벤처 캐피털〉, 프리킨(Preqin), 2024년 8월 25일 열람, https://www.preqin.com/academy/lesson-4-asset-class-101s/private-equity-venture-capital.

26 크리스 데이비스(Chris Davis), 〈비상장 주식: 개념과 투자 방법〉, 너드월렛(NerdWallet), 2024년 7월 2일, https://www.nerdwallet.com/article/investing/private-equity-investments.

27 〈세룰리, 2045년까지 84조 달러 규모의 자산 이전 전망〉, 세룰리 어소시에이츠(Cerulli Associates), 2022년 1월 20일, https://www.cerulli.com/press-releases/cerulli-anticipates-84-trillion-in-wealth-transfers-through-2045.

28 〈세룰리, 2045년까지 84조 달러 규모의 자산 이전 전망〉.

보너스 규칙. 투자는 겸손을 배우는 과정임을 이해하라

1 〈척 노리스 트레이딩 사실〉, 헤지노르딕(HedgeNordic), 2011년 8월 18일, https://hedgenordic.com/2011/08/chuck-norris-trading-facts.

2 〈뉴저지주 사립대학교 학부생(주민 기준) 연평균 등록금: 1990~1991학년도부터 2007~2008학년도까지〉, NJ.gov, 2024년 8월 1일 열람, https://www.nj.gov/highereducation/statistics/TUITweb08.htm.

3 샤하르 마드자르(Shahar Madjar), 〈점진적으로, 그러다 갑자기〉, 데일리 마이닝 가제트

(Daily Mining Gazette), 2023년 10월 23일, https://www.mininggazette.com/news/2023/10/gradually-and-then-suddenly.

4　〈1991년 걸프전〉, 미 국무부 역사국, 2024년 8월 1일 열람, https://history.state.gov/milestones/1989-1992/gulf-war.

5　〈부시 대통령 연설("쿠웨이트에 대한 공격은 용납할 수 없는 사태")〉, 마거릿 대처 재단(Margaret Thatcher Foundation), 1990년 8월 5일, https://www.margaretthatcher.org/document/110704.

6　지휘관이 언급한 낙하산 부대의 70~80퍼센트 사망률은 작전 당일을 앞두고 아이젠하워 장군에게 보고된 사망률 추정치에 근거한 것으로 보인다. 〈연합군 최고사령관: 아이젠하워와 작전 당일 계획〉, 미국 국립공원관리청(National Parks Service), 2024년 5월 24일 업데이트, https://www.nps.gov/articles/000/eisenhower-plans-for-d-day.htm; 발 로더(Val Lauder), 〈아이젠하워의 '영혼을 뒤흔든' 작전 당일의 결정〉, CNN, 2014년 6월 6일 업데이트, https://www.cnn.com/2014/06/05/opinion/lauder-eisenhower-d-day-anguish/index.html. 여러 보고서에 따르면, 작전 당일 비행기에 탑승한 공수부대원 1만 3400명 중 미국 공수부대원 사상자(전사, 실종, 부상 등)는 2499명이었다. 피터 크린(Peter Crean), 〈노르망디 공수작전〉, 제2차 세계대전 국립기념관(National WWII Museum), 2024년 6월 6일, https://www.nationalww2museum.org/war/articles/airborne-invasion-normandy. 전쟁 상황이 혼란스러웠기에 역사가들은 실제 사망률이 얼마나 되었는지 확신하지 못하고 있다. 데이브 루스(Dave Roos), 〈작전 당일에 얼마나 많은 이가 죽었을까?〉, 히스토리, 2019년 6월 3일, https://www.history.com/news/d-day-casualties-deaths-allies.

7　〈디날리〉, 내셔널 지오그래픽(National Geographic), 2024년 8월 3일 열람, https://education.nationalgeographic.org/resource/denali/

8　제임스 모턴 터너(James Morton Turner), 〈다양한 집단을 정상으로 이끄는 도전과 팀워크〉, 프린스턴 동문 위클리(Princeton Alumni Weekly), 2000년 11월 8일, https://swh.princeton.edu/~paw/archive_new/PAW00-01/04-1108/features1.html.

9　〈아웃도어 활동 학생 및 동문회 원정대(Outdoor Action Student & Alumni Expeditions)〉, 아웃도어 액션(Outdoor Action), 프린스턴대학교, 2024년 8월 5일 열람, https://www.princeton.edu/~oa/reports/oaex.shtml.

10　아이버 피터슨(Iver Peterson), 〈캠퍼스 저널; 에이즈 기금 25만 달러와 높은 봉우리라는 두 가지 목표〉, 뉴욕 타임스, 1992년 9월 16일, https://www.nytimes.com/1992/09/16/news/campus-journal-twin-goals-250000-for-aids-and-a-lofty-peak.html.

11 〈AIDS 회의〉, 피플닷컴(People.com), 1993년 7월 26일 업데이트, https://people.com/archive/an-aids-summit-vol-40-no-4/(content no longer available).

12 〈디날리〉.

13 〈AIDS 회의〉.

14 로빈 마크스(Robin Marks), 〈가이드 스콧 피셔, 에버레스트에서 사망〉, 존 네트워크(Zone Network), 1996년, https://www.mountainzone.com/climbing/fischer/fischer.html.

15 K2 클라이머(K2 Climber), 〈산은 공정하지도 부당하지도 않다. 그저 위험할 뿐이다.〉 - 라인홀트 메스너(Reinhold Messner), 페이스북(Facebook), 2023년 3월 10일, https://www.facebook.com/photo.php?fbid=587747760051504&id=100064488566914&set=a.350331950459754.

16 〈롭 헤스(Rob Hess)〉, 마운틴 가이드(Mountain Guides), 2024년 8월 4일 열람, https://themountainguides.com/guide/rob-hess.

17 〈AIDS 회의〉.

18 〈또 다른 시작〉, 톨킨 게이트웨이(Tolkien Gateway), 2023년 1월 수정, https://tolkiengateway.net/wiki/There_and_Back_Again.

19 클레이 홀턴(Clay Holton), 〈Y2K의 진실: 2000년에 실제로 벌어진 일, 벌어지지 않은 일〉, 인베스토피디아, 2024년 5월 31일, https://www.investopedia.com/terms/y/y2k.asp.

20 〈에드워드 W. 켈리 주니어 연준 이사 증언: 연준의 2000년 컴퓨터 문제 대응 노력〉, 연방준비제도이사회, 1998년 4월 28일, https://www.federalreserve.gov/boarddocs/testimony/1998/19980428.htm.

21 〈데이비드 고엘(David Goel)〉, 크런치베이스(Crunchbase), 2024년 8월 4일 열람, 2024, https://www.crunchbase.com/person/david-goel.

22 〈연준, Y2K 대비용으로 현금 비축〉, 와이어드(Wired), 1999년 12월 10일, https://www.wired.com/1999/12/fed-stockpiles-cash-for-y2k.

23 〈짐 크레이머(Jim Cramer)〉, CNBC, 2024년 8월 1일 열람, https://www.cnbc.com/jim-cramer-bio.

24 〈조지 Q. 데일리, MD, PhD〉, 하버드 의과대학, 2024년 8월 5일 열람, https://hms.harvard.edu/faculty-staff/george-q-daley.

25 〈미국 증권거래위원회(SEC), 워싱턴 D.C. 20549: Form10-K〉,《월드포트 커뮤니케이션 1998년 연례 보고서》, Getfilings.com, 1998년 12월 31일, http://getfilings.com/o0000950144-99-003884.html.

26 〈월드포트 커뮤니케이션(휴스턴, TX), 대안으로 에너텔 인수 계약 체결〉, 라이트웨이브(Lightwave) + BTR, 1998년 6월 1일, https://www.lightwaveonline.com/business/mergers-acquisitions/article/16655596/worldport-communications-inc-houston-tx-signed-papers-to-acquire-enertel-an-alternative.

27 데바네산 에반슨(Devanesan Evanson), 〈투자 6가지 원칙〉, 뉴 스트레이트 타임스(New Straits Times), 2023년 2월 1일, https://www.nst.com.my/opinion/columnists/2023/02/875636/six-investing-rules.

28 제이크 로이드-스미스(Jake Lloyd-Smith), 〈에너지스, 네덜란드 통신사 인수에 3억 5200만 파운드 지불〉, 인디펜던트(Independent), 1999년 11월 12일, https://www.independent.co.uk/news/business/energis-pays-pounds-352m-for-dutch-telco-1125392.html.

29 〈파산 위기 에너지스를 구한 은행들〉, CNN, 2002년 7월 16일, https://www.cnn.com/2002/BUSINESS/07/16/energis/index.html.

30 게르숀 벤 캐런(Gershon Ben Karen), 〈누구나 그럴싸한 계획을 갖고 있다. 처맞기 전까지는〉, 크라브 마가 야쉬르(Krav Maga Yashir), 2019년 8월 20일, https://www.bostonkravmaga.com/blog/self-defense/everybody-has-a-plan-until-they-get-punched-in-the-face.html.

투자의 새로운 규칙

초판 1쇄 인쇄 2026년 2월 5일
초판 1쇄 발행 2026년 2월 25일

지은이 마크 H. 헤펠레, 리처드 C. 모라이스
옮긴이 송이루
펴낸이 최순영

출판2 본부장 박태근
경제경영팀
교정교열 김영희
디자인 이세호

펴낸곳 ㈜위즈덤하우스 **출판등록** 2000년 5월 23일 제13-1071호
주소 서울특별시 마포구 양화로 19 합정오피스빌딩 17층
전화 02) 2179-5600 **홈페이지** www.wisdomhouse.co.kr

ISBN 979-11-7591-038-6 03320